云南大学历史文化丛书

主编 刘绍怀 何天淳

雲大老檔案

本册主编 张昌山

云南大学出版社
Yunnan University Press

《云大老档案》

主　　编　张昌山

副 主 编　张云孙　雷文彬

参与编辑　范永春　刘兴育　程俊睿

孙晓明　武有福

本书文书档案由云南省档案馆提供　谨致谢忱

目录

总 序

九秩东陆，文明允臻。

云南大学，居物候福地昆明。1922年，学基始奠；1923年，招生育才。今日的云南大学，是国家「211工程」重点建设大学、西部大开发重点建设院校、教育部和云南省人民政府重点共建高校、中西部高校基础能力建设工程和中西部高校提升综合实力工程实施院校。在中国高等教育史上，云南大学可谓用精诚注解了价值，以独特品格书写了浓墨重彩的华章。

九十年来，作为倡率云岭大地文运之先的高等学府，云南大学遵循「立足边疆、服务云南、提升水平、办出特色」的办学思路，秉承「会泽百家、至公天下」的云大精神和「自尊、致知、正义、力行」的东陆良训，脚踏实地，开拓进取，为民族铸希望，为国家育栋梁，渐著成为边疆黉宫之典范。

九十年，心雄志嘉，一路印迹。九十年，笃学躬行，一程佳话。九十年，励精图治，一府神韵。近年来，在承继光荣传统的基础上，云南大学以建设区域性高水平研究型综合大学为目标，以水平提升为主线，以内涵建设为重点，夯实基础，优化结构，强化优势，凸显特色，增强活力，推动学校实现了科学发展、跨越发展、超常发展、和谐发展。

文脉郁郁，星光殷殷。为进一步弘扬精神，引领发展，籍建校九十周年之际，特推出《云南大学历史文化丛书》。《云南大学历史文化丛书》凡书三部：《云南大学》、《云大记忆》、《云大老档案》，所收集与张布的乃是云南大学珍贵的美图、佳文、档案。三书或有图有文，或有史有论，或有情有义，立体多维地将有底蕴、有故事、有内涵的云大予以呈现和展示。各书之间题材、风格、内容等虽有所区处，但要旨归一，其意不言自明。当然，捧书在手，阅时有欣喜，阅罢有余韵，则是我们所乐见的。正所谓，书香动人。

九十年前，为国而立；九十年后，仍为国强。云南大学建设发展的九十年，是与时代同步伐的九十年，亦是与人民共创业的九十年，更是与国家齐奋进的九十年。知往示今，云大人对未来满怀期冀。可以预见，建校百年之时，云南大学定又是一番好风景！

是为序。

刘绍怀　何天淳

二〇一三年四月

1915年，云南省首次在全国教育行政会议上提出本省自办大学的动议。1920年，云南首批留美归国学生积极向时任督军兼省长的唐继尧倡议创立大学，得到其支持和鼓励，并下令设大学筹备处于翠湖水月轩，由靖国军司令部参议王九龄、秘书官董泽主其事。1921年2月，因滇军政变，唐继尧出走香港，大学筹备也因此中辍。1922年3月，唐继尧重主滇政，大学筹备工作得以恢复。7月1日，大学筹备处正式成立于双塔寺工业学校内，由教育司司长董泽兼任处长。8月，筹备处迁往福照街教育司所在地。

图为悬挂在福照街教育司署大门上的“东陆大学筹备处”标牌。

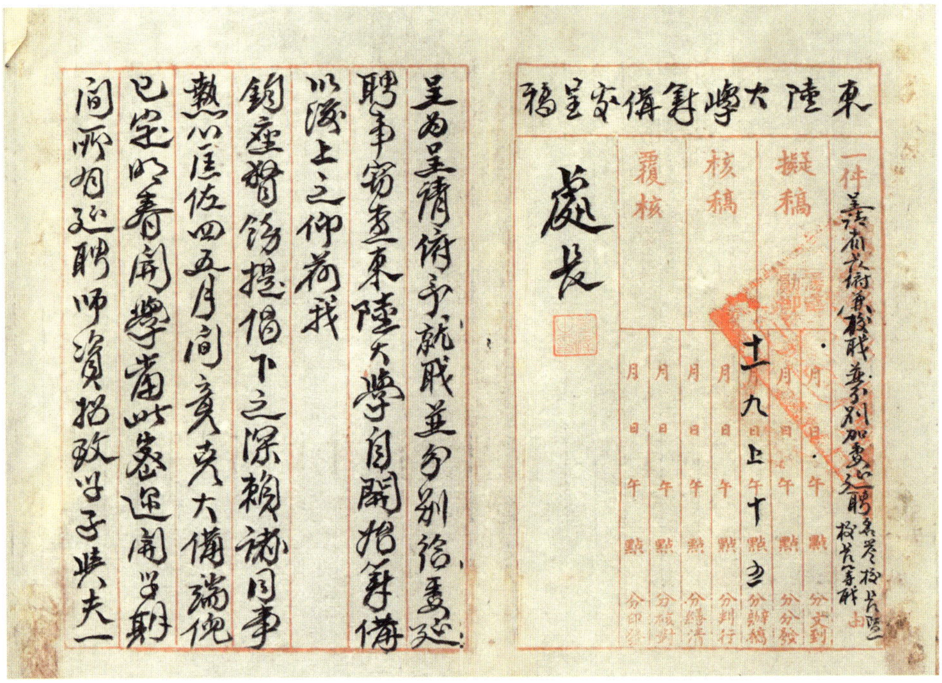

東陸大學籌備處呈稿

一件 呈請省長就名譽校職並分別加委名譽校長暨校長等職由

擬稿 核稿 覆核

處長

十一月九日上午十點

呈為呈請俯予就職並分別給委延
聘事竊查東陸大學自開始籌備
以沒上之仰荷我
鈞座贊勵提倡下之深賴諸同事
熱心匡佐四五月間亦已大備端倪
已定明春開學當此籌運開學期
間所有延聘師資招致學子與夫一

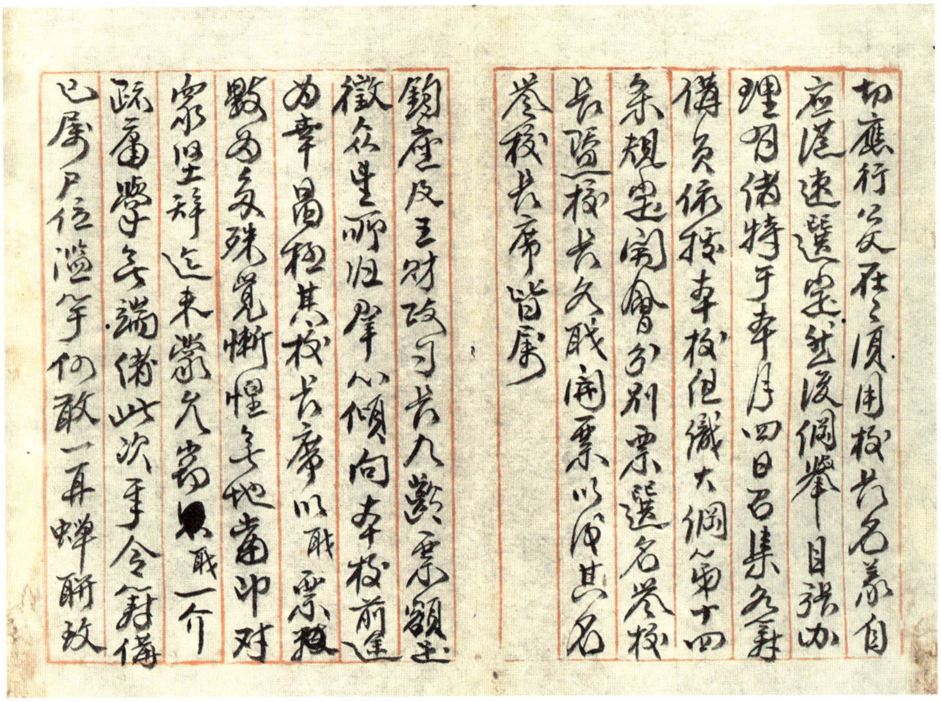

切應行公文在在須用校長名義自
應從速選定然後綱舉目張以
理內備特于本月四日召集各籌
備員依據本校組織大綱以第十四
條規定開會分別票選名譽校
長暨校長各職開票以得其名
譽校長席皆屬

鈞座及王財政司長九齡票額
徵眾望所歸群心傾向本校前途
為幸昌極其校長席以職票較
數為多殊覺慚惶無地當即對
眾堅辭迄未蒙允當職一介
疏庸學無端倪此次承令籌備
已屬尸位濫竽何敢一再蟬聯致

1922年11月，东陆大学筹备处长董泽向省长唐继尧报告校职选举结果，并呈请省长兼任名誉校长，委任王九龄为名誉校长、董泽为校长。

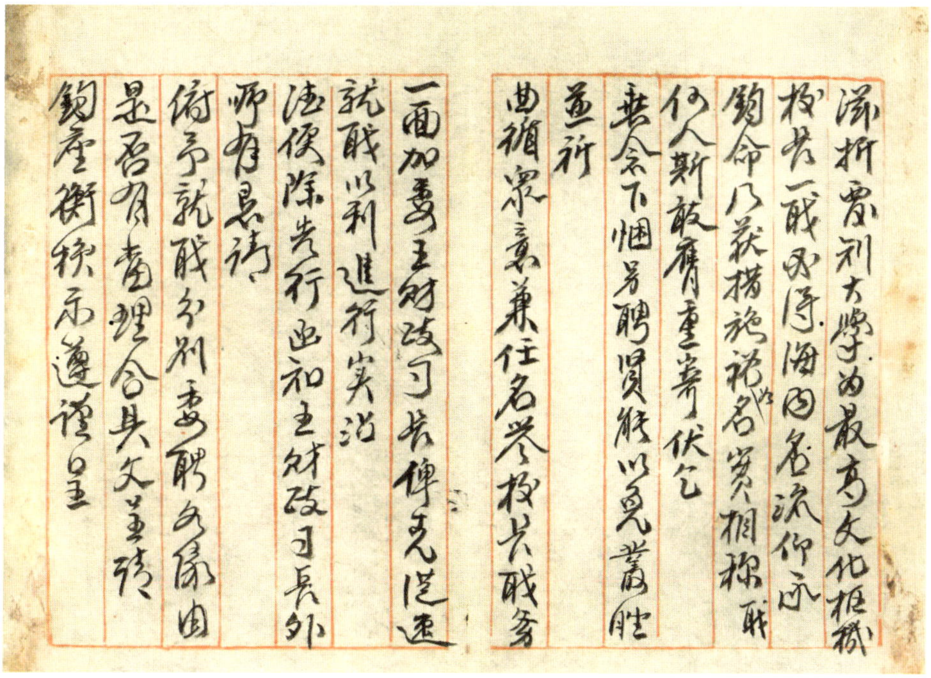

滇省東陸大學為最高文化樞紐
校長一職關係海內名流仰承
鈞命乃獲擔任猶恐名實相稱職
何人斯敢膺重寄伏乞
再念下悃另聘賢能以免叢脞
並祈
曲循眾意兼任名譽校長職務
一面加委主財政司長陳先從速
就職以利進行實洽
德便除先行函知主財政司長外
所有懇請
俯予就職名譽委聘名義緣由
是否有當理合具文呈請
鈞座衡核示遵謹呈

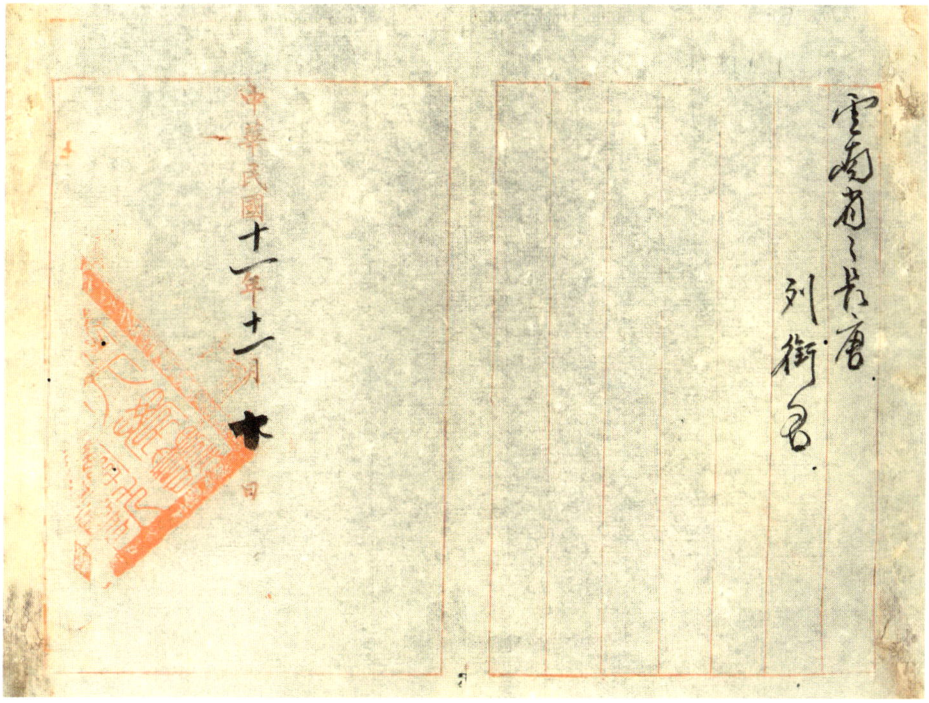

雲南省省長唐
列銜呈
中華民國十一年十一月大日

省长唐继尧批准东陆大学校职选举结果。唐继尧、王九龄为名誉校长，董泽为校长。

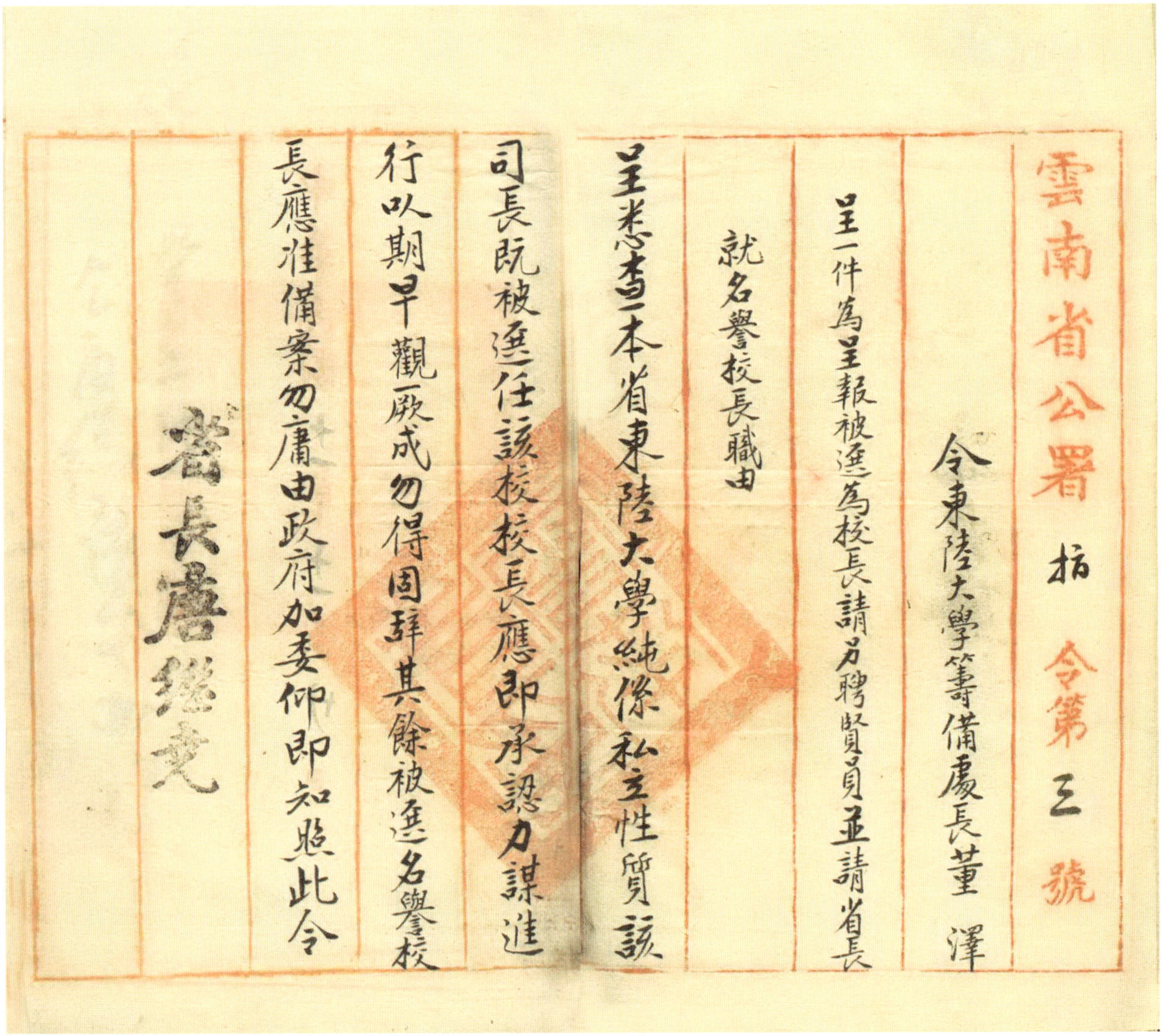

雲南省公署指令第三號

令東陸大學籌備處長董澤

呈一件為呈報被選為校長請另聘賢員並請省長

就名譽校長職由

呈悉查本省東陸大學純係私立性質該

司長既被選任該校校長應即承認力謀進

行以期早觀厥成勿得固辭其餘被選名譽校

長應准備案勿庸由政府加委仰即知照此令

省長唐繼堯

东陆大学同人公立《会泽唐公创办东陆大学记》铜碑，由滇中名士、著名书法家陈荣昌手书，现镶于会泽院大厅。

唐继尧（1883—1927），字蓂赓，云南会泽人。毕业于日本陆军士官学校，系云南重九起义和护国运动的重要人物。曾任云南都督、督军、省长，东陆大学创办人、名誉校长、第一届董事会董事长。

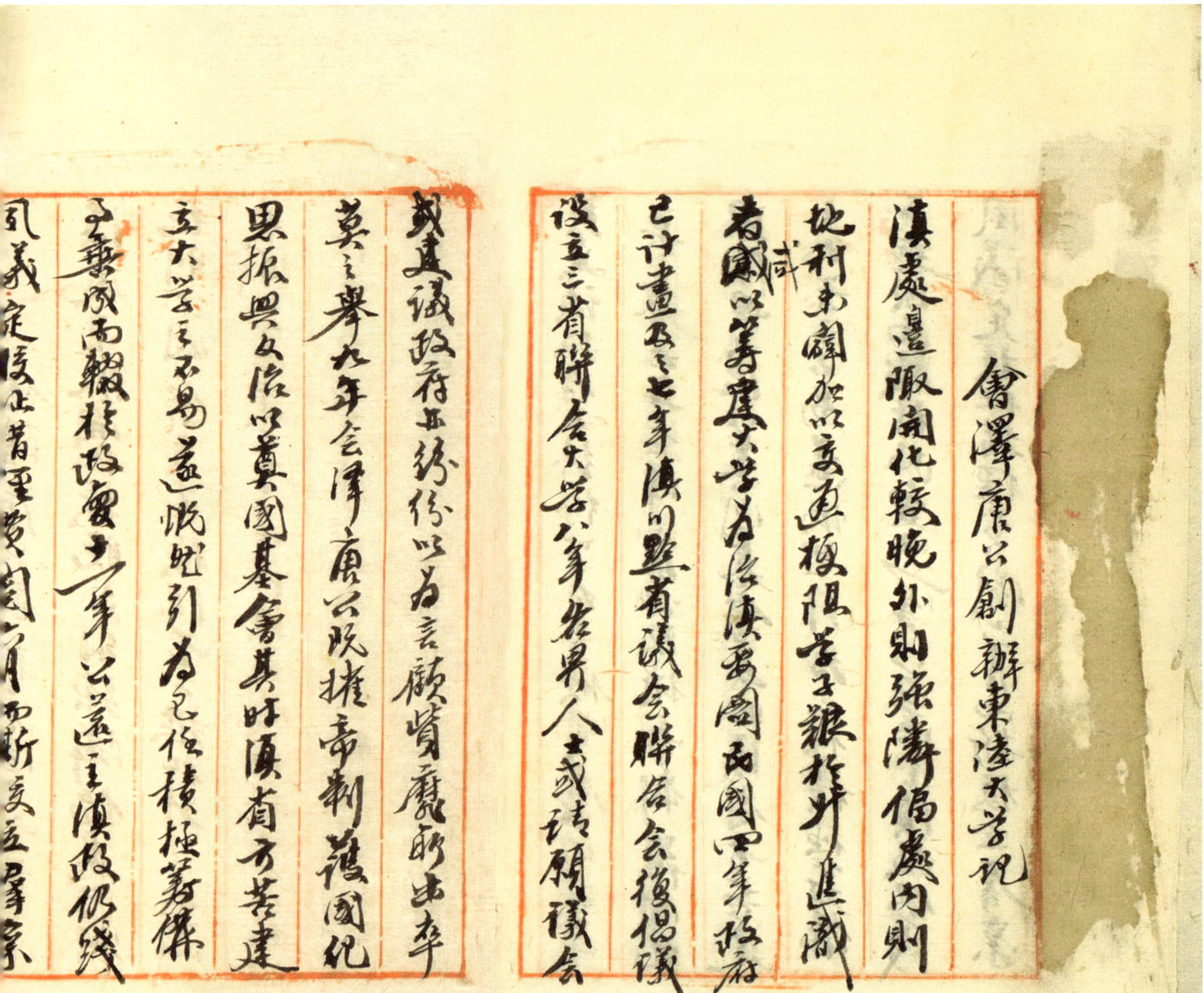
會澤唐公創辦東陸大學記
滇處邊陬，開化較晚，外則強鄰偪處，內則
地利未闢，加以交通梗阻，學子艱於進修，識
者咸以籌建大學為治滇要圖。民國四年，政府
已計畫及之。七年，滇川黔省議會聯合會復倡議
設立三省聯合大學。八年，各界人士或請願議會，
或建議政府，僉以為言，顧皆屬於空言，卒
莫之舉。九年，會澤唐公既推翻帝制，護國紀
思振興文治，以奠國基，會其時滇省方籌建
立大學之不易，並以此引為己任，積極籌備
於兼成而輟於政變。十一年，公返主滇政，仍撥
巨款，決定設立……

《会泽唐公创办东陆大学记》原稿。

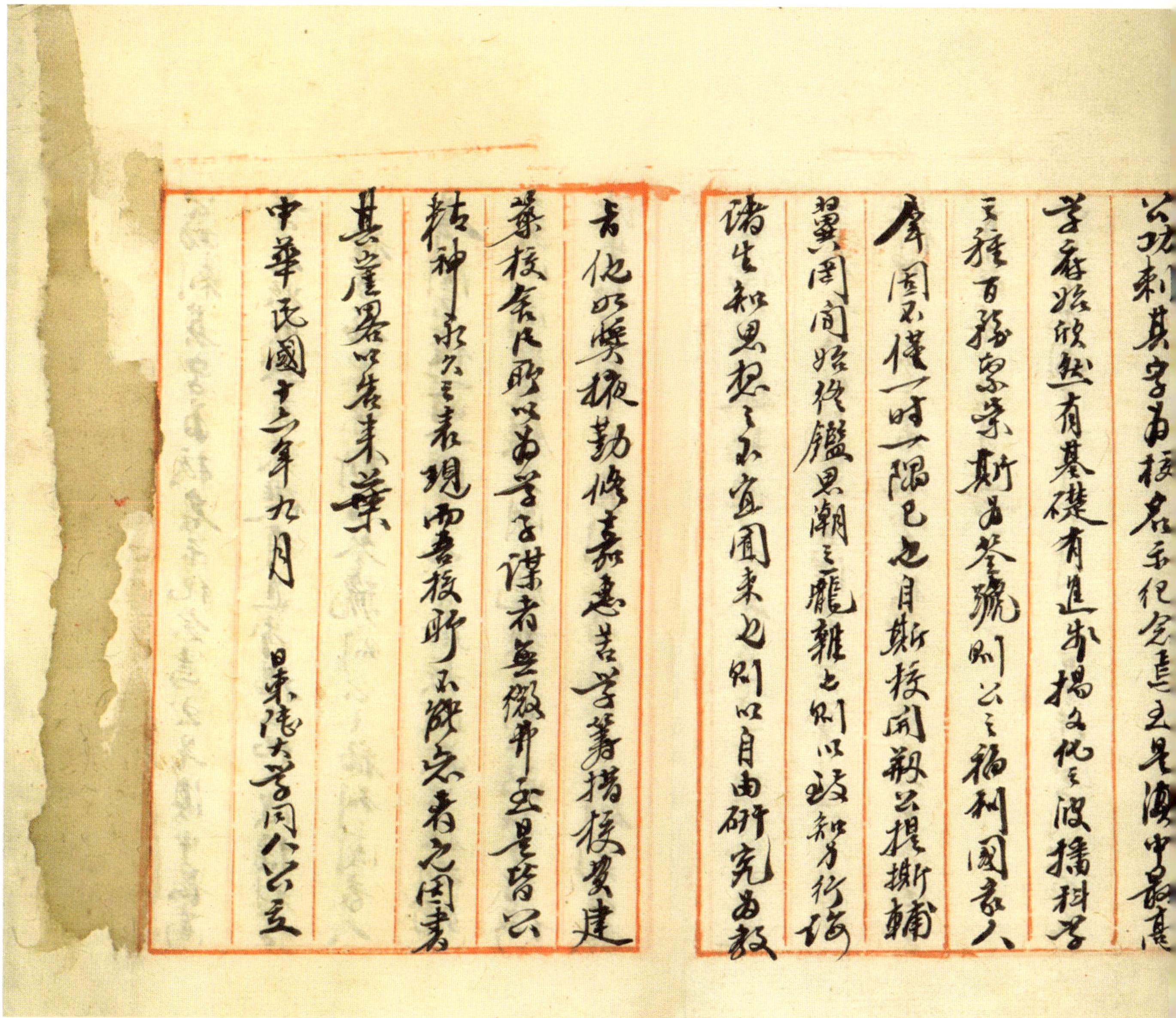
公功刺其字為校名永紀念焉是澳中最高
学府始啟然有基礎有進步揭文化之波播科学
之種百務崇崇斯為蔡號則公之福利國家人
群固不僅一时一隅已也自斯校開辦公提撕輔
翼周詳詳復鑑思潮之龐雜也則以致知力行誨
諸生知思想之不宜囿束也則以自由研究為教
旨他如獎掖勤修嘉惠苦学籌措校費建
築校舍凡所以為学子謀者無微弗至是皆公
精神永久之表現而吾校所不能忘者也用書
其崖略以告來葉
中華民國十六年九月
日東陸大学同人公立

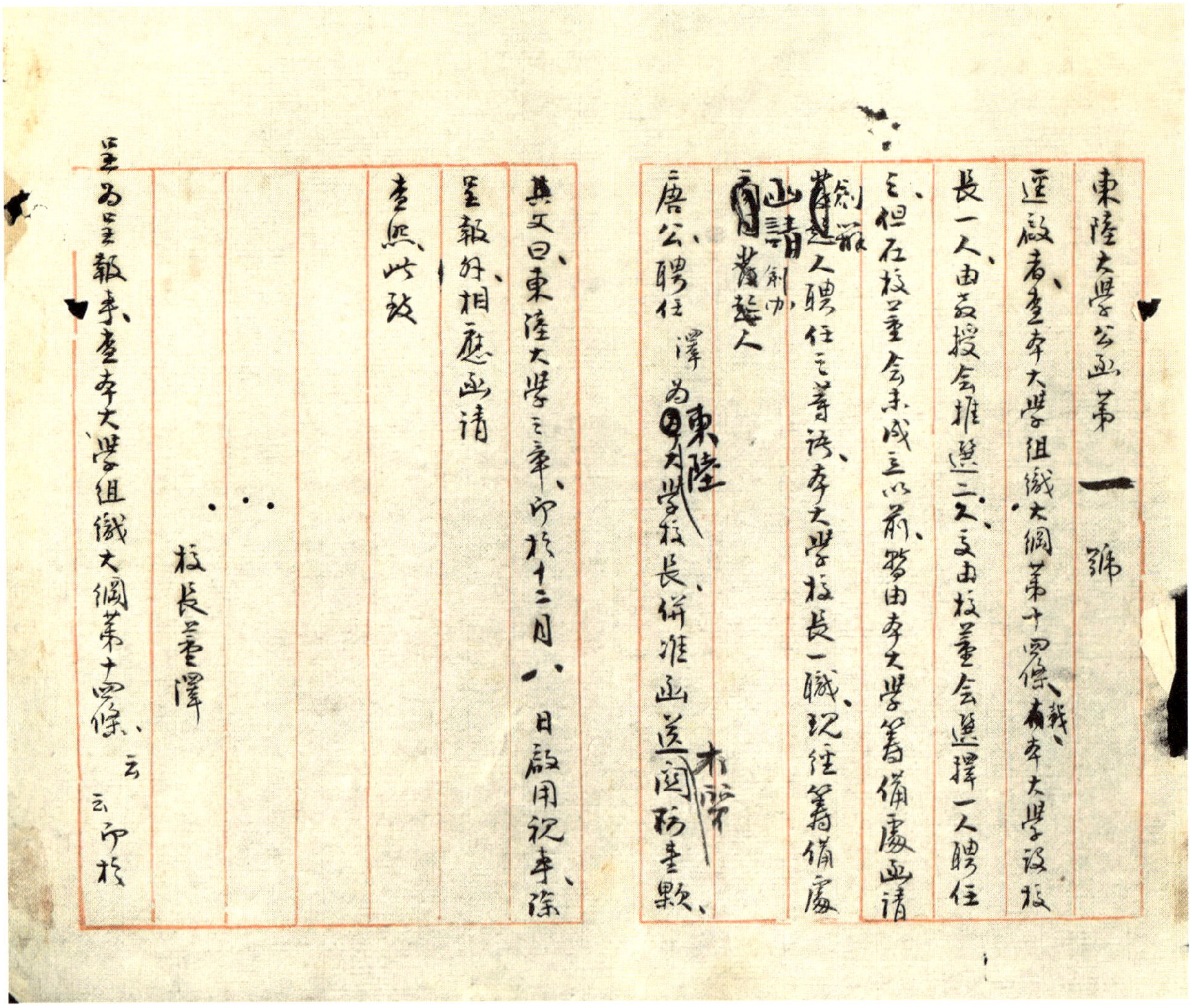

東陸大學公函第一號

逕啟者，查本大學組織大綱第十四條載：本大學設校長一人，由教授會推選二人，交由校董會選擇一人聘任之。但在校董會未成立以前，暫由本大學籌備處函請創辦人聘任之等語。本大學校長一職，現經籌備處函請創辦人唐公聘任澤為東陸大學校長，併准函送關防木質壹顆，其文曰東陸大學之章，即於十二月八日啟用，紀年、除呈報外，相應函請

查照。此致

校長董澤

呈為呈報事，查本大學組織大綱第十四條云云

东陆大学第一号公函。校长董泽请求省长唐继尧颁发东陆大学印章。

十二月八日啟用視事，除分函達各學校校長外，理合

備文呈請

查核備案。謹呈

雲南省長唐

校長董〇

据《东陆校刊》筹备大事记记载，1922年7月1日东陆大学筹备处成立，12月8日东陆大学宣告成立并启用印信。

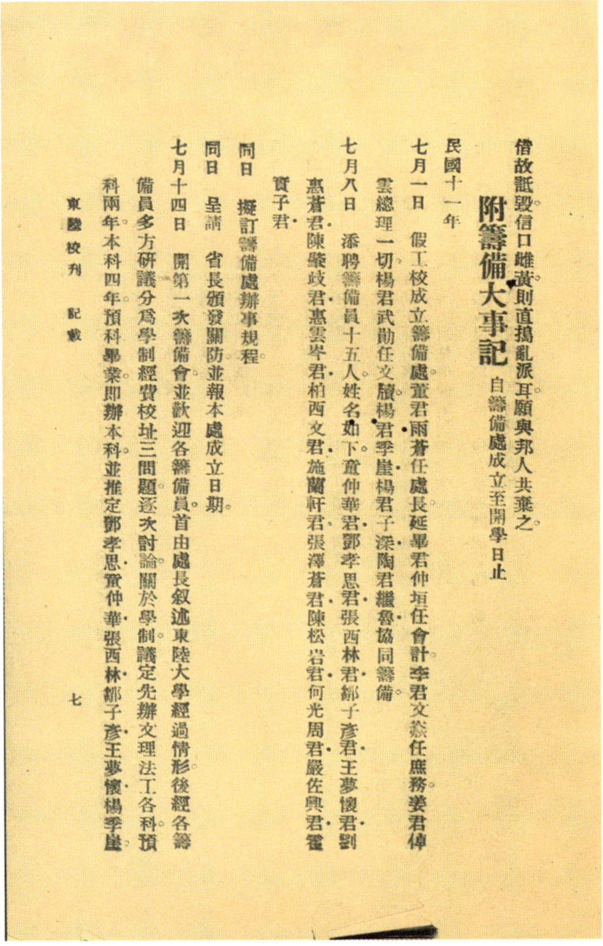
借故詆毀信口雌黃則直搗亂派耳願與邦人共棄之。

附籌備大事記 自籌備處成立至開學日止

民國十一年

七月一日 假工校成立籌備處。董君雨蒼任處長。延畢君仲垣任會計。李君文蓀任庶務。姜君倬雲總理一切。楊君武勛任文牘。楊君季崖．楊君子深．陶君繼魯．協同籌備。

七月八日 添聘籌備員十五人。姓名如下。童仲華君．鄧孝思君．張西林君．鄒子彥君．王夢懷君．劉惠蒼君．陳馨歧君．惠雲岑君．柏西文君．施蘭軒君．張澤蒼君．陳松岩君．何光周君．嚴佐興君．霍寶子君．

同日 擬訂籌備處辦事規程。

同日 呈請 省長頒發關防並報本處成立日期。

七月十四日 開第一次籌備會。並歡迎各籌備員。首由處長叙述東陸大學經過情形。後經各籌備員多方研議。分為學制。經費。校址。三問題。逐次討論。關於學制。議定先辦文理法工各科預

東陸校刊 記載 七

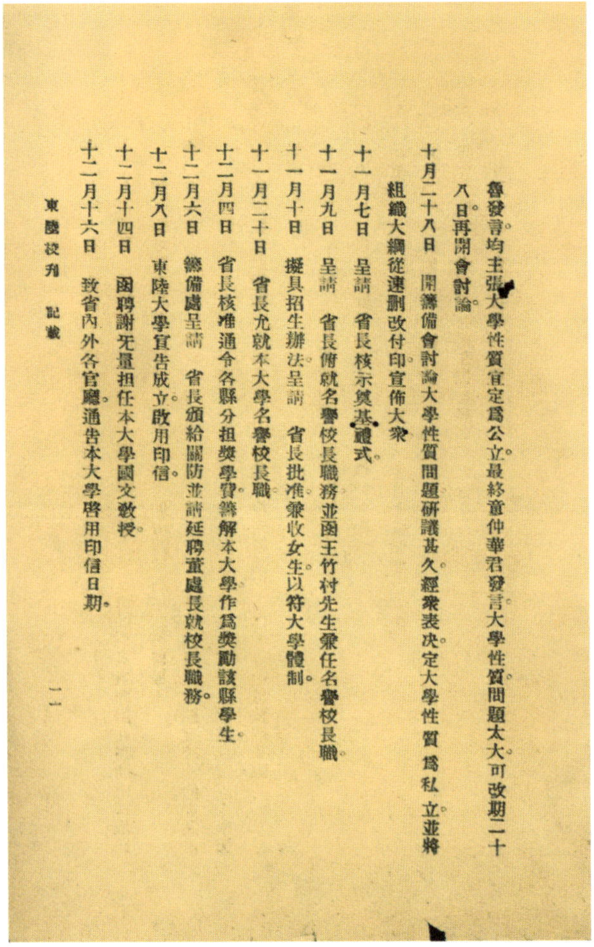
魯發言。均主張大學性質宜定為公立。最終童仲華君發言。大學性質問題太大。可改期二十八日。再開會討論。

十月二十八日 開籌備會。討論大學性質問題。研議甚久。經衆表決。定大學性質為私立。並將組織大綱。從速删改。付印宣佈大衆。

十一月七日 呈請 省長核示奠基禮式。

十一月九日 呈請 省長俯就名譽校長職務。並函王竹村先生。衆任名譽校長職。

十一月十日 擬具招生辦法。呈請 省長批准兼收女生。以符大學體制。

十一月二十日 省長允就本大學名譽校長職。

十二月四日 省長核准通令各縣分担獎學費。籌解本大學。作為獎勵該縣學生。

十二月六日 籌備處呈請 省長頒給關防並請延聘董處長就校長職務。

十二月八日 東陸大學宣告成立。啟用印信。

十二月十四日 函聘謝无量担任本大學國文教授。

十二月十六日 致省內外各官廳。通告本大學啟用印信日期。

東陸校刊 記載 一一

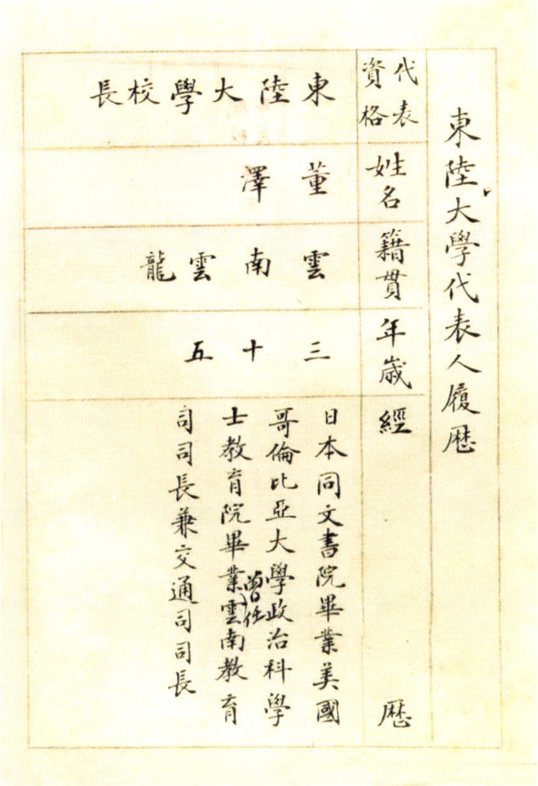

東陸大學代表人履歷

代表資格	姓名	籍貫	年歲	經歷
東陸大學校長	董澤	雲南雲龍	三十五	日本同文書院畢業美國哥倫比亞大學政治科學士教育院畢業曾任雲南教育司司長兼交通司司長

东陆大学校长董泽履历表。

董泽（1888—1972），字雨苍，白族，云南云龙人。先后留学日本、美国。东陆大学首任校长。

1923年4月20日，东陆大学隆重举行新校舍（会泽院）奠基仪式及开学典礼。政府官员、学校、社会团体代表，英、美、法、日等国驻滇领事，越南河内大学贵宾等千余人参加盛典。

上图：东陆大学奠基仪式。

下图：开学典礼后，唐继尧与来宾及师生在至公堂前合影留念。

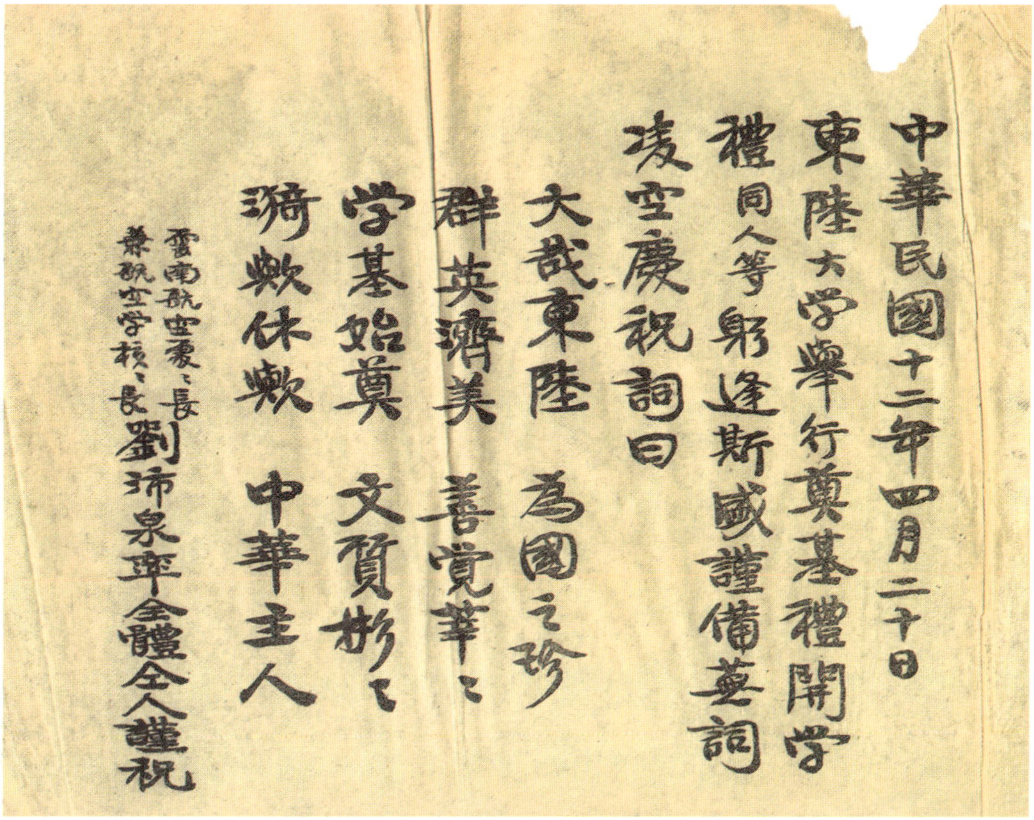

中華民國十二年四月二十日
東陸大學舉行奠基禮開学
禮同人等躬逢斯盛謹備蕪詞
凌空慶祝詞曰
大哉東陸　為國之珍
群英濟美　善覚莘々
学基始奠　文質彬々
猗歟休歟　中華主人
雲南航空處々長
兼航空学校々長劉沛泉率全體仝人謹祝

1923年4月20日，在东陆大学开学典礼上，云南航空处处长兼航空学校校长刘沛泉率全体同仁献上特别祝贺，派人驾机凌空散发祝词，曰："大哉东陆，为国之珍。群英济美，善觉莘莘。学基始奠，文质彬彬。漪欤休欤，中华主人。"是时，昆明市民莫不争先拾睹为快，掀起庆典高潮。

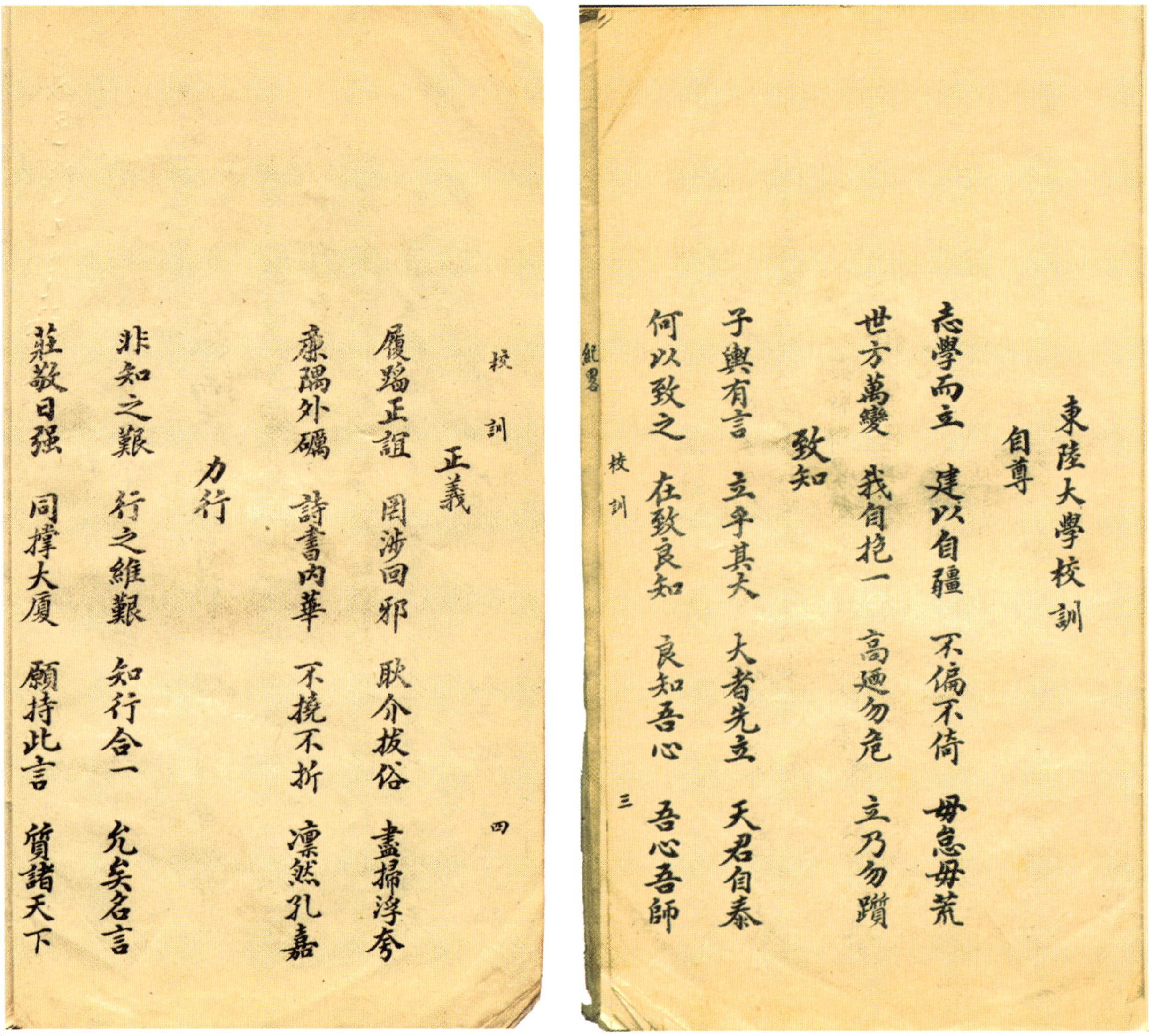
紀要

東陸大學校訓

自尊

志學而立 建以自疆 不偏不倚 毋怠毋荒

世方萬變 我自抱一 高遁勿危 立乃勿蹶

致知

子輿有言 立乎其大 大者先立 天君自泰

何以致之 在致良知 良知吾心 吾心吾師

校訓 三

校訓 四

正義

履蹈正誼 罔涉回邪 耿介拔俗 盡掃浮夸

廉隅外礪 詩書內華 不撓不折 凜然孔嘉

力行

非知之艱 行之維艱 知行合一 允矣名言

莊敬日强 同撑大廈 願持此言 質諸天下

东陆大学建校之初，创办人唐继尧以“兴学育才，慎厥始，图厥终，辅之翼之，启之迪之，乃述所学”，订“自尊、致知、正义、力行” 为校训。

袁嘉谷（1872－1937），字树五，云南石屏人。清末经济特科第一名。东陆大学建校伊始即被礼聘为教授，直至去世。“状元”教授，乐育英才，精研学术，著述宏富，有多卷本《袁嘉谷文集》传世。

东陆大学礼聘袁嘉谷任教文书。

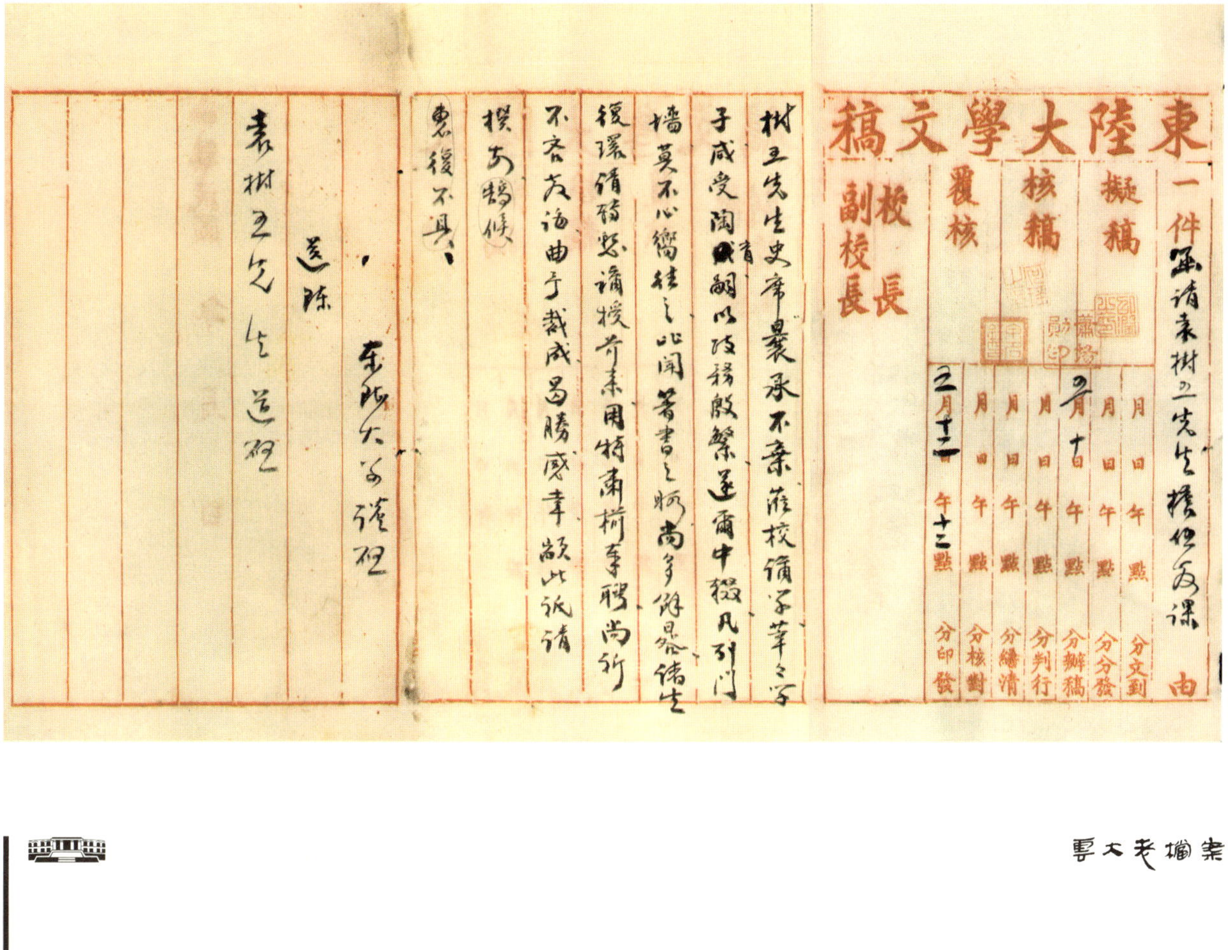

東陸大學文稿

一件 函請袁樹五先生擔任□課 由

擬稿 核稿 覆核 校長 副校長

二月十一日 午十二點

樹五先生史席 曩承不棄 蒞校講學 莘莘學子 咸受陶育 嗣以校務殷繁 遂爾中輟 凡列門牆 莫不心嚮往之 比聞著書之暇 尚多俯念儒生 復環請務懇請授 前來用特肅椷奉聘 尚祈 不吝教誨 曲予栽成 曷勝感幸 敬此祗請 撰安 鵠候 惠復 不具

東陸大學謹啓

送陈

袁樹五先生 道啓

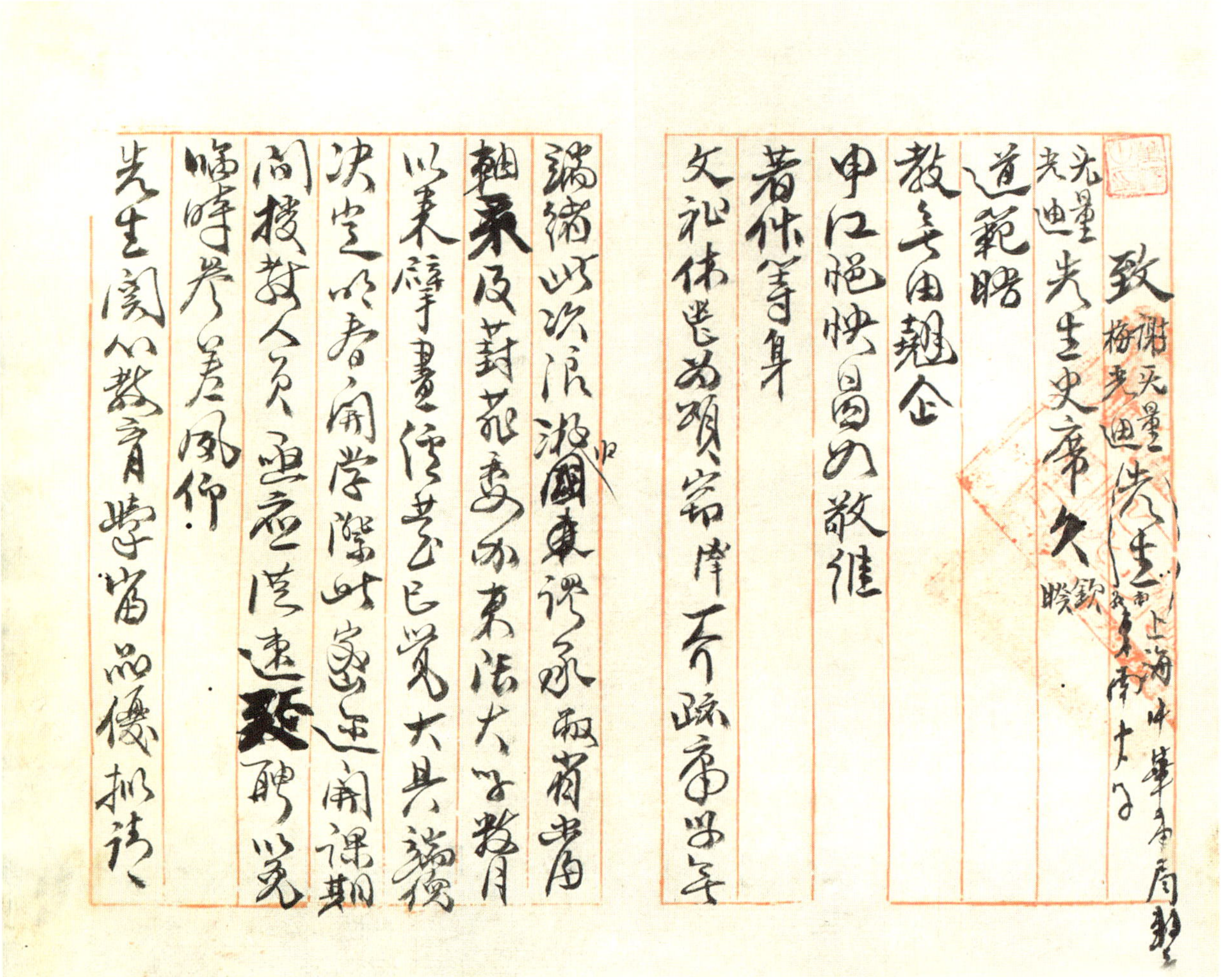

东陆大学校长董泽广揽名师，致函礼聘学术大家谢无量、梅光迪来校任教。

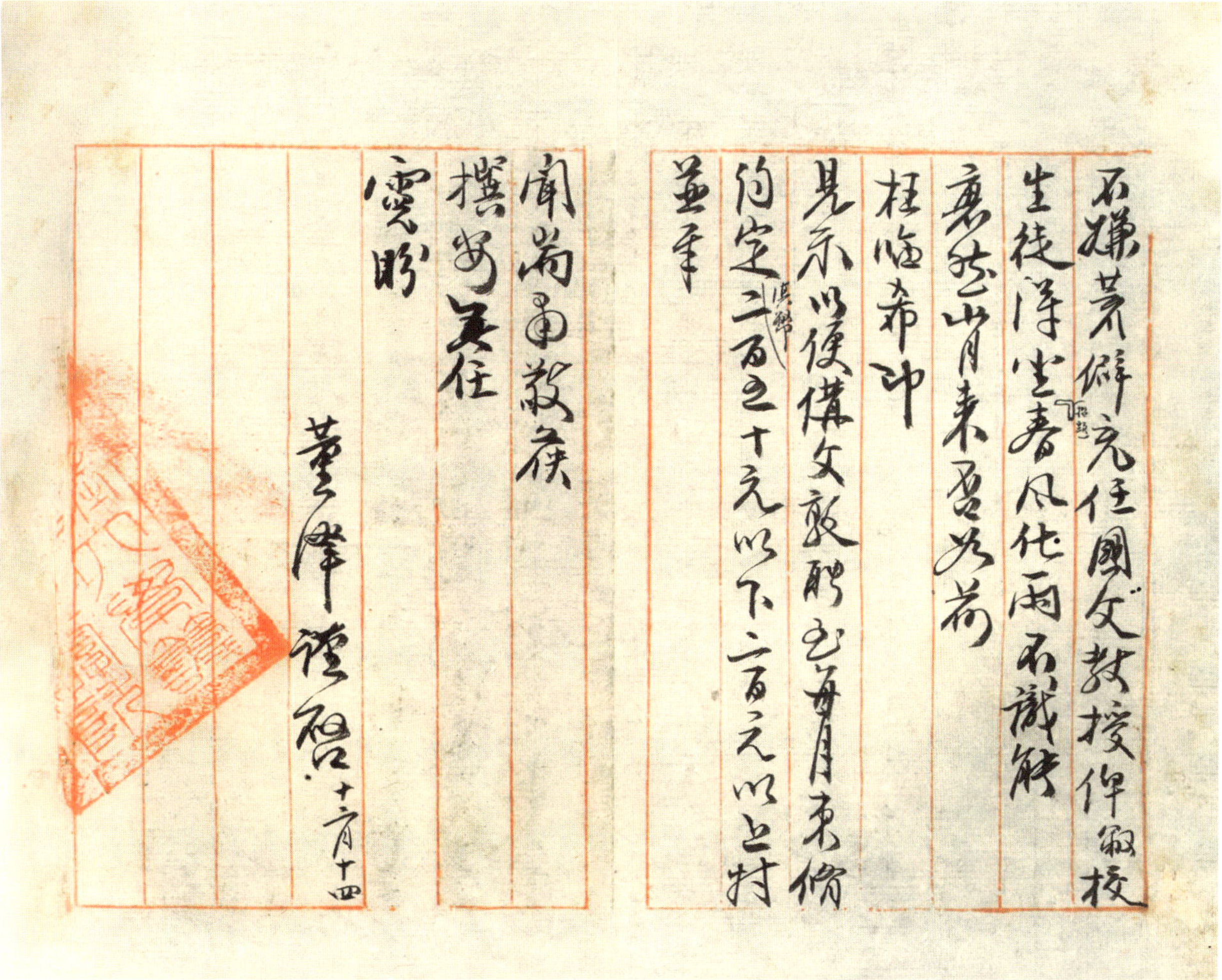
不揣荒僻，允任國文教授，俾敝校
生徒得坐春風化雨，不識能
惠然肯來否？如荷
枉臨，希即
見示，以便備文敦聘。至每月束脩
約定二百五十元以下、二百元以上，對
並聞。
專尚事敬候
撰安　兼任
雲盼
董摩謹啓　十月十四

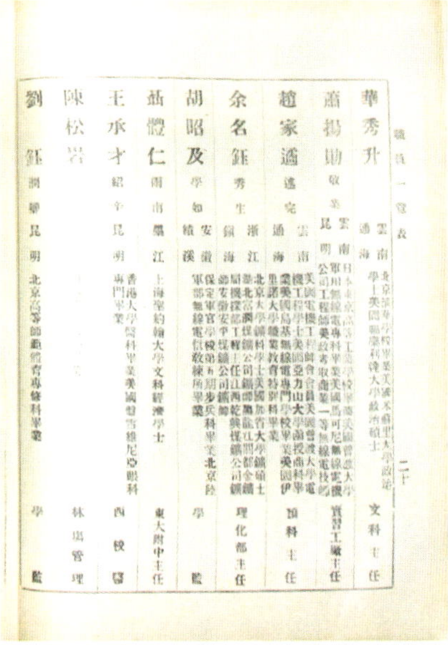

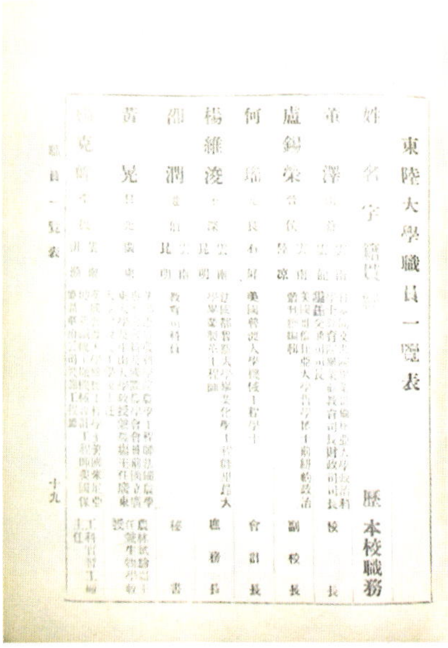

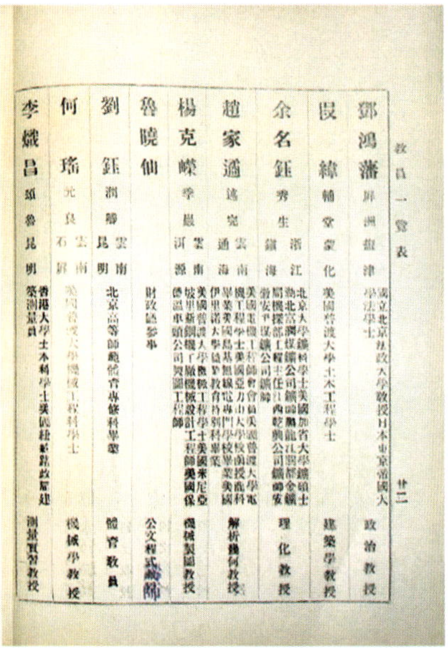

教員一覽表

姓名	字	籍貫	履歷	本校職務
鄧鴻藩	屏洲	盤津	國立北京法政大學教授 日本東京帝國大學法學士	政治教授
畏緯	輔堂	蒙化	美國普渡大學土木工程學士	建築學教授
余名鈺	秀生	浙江鎮海	北京大學礦科學士 美國加省大學礦碩士 [illegible]	理化教授
趙家適	逸寬	雲南通海	[illegible]	解析幾何教授
楊克嶸	季嚴	雲南洱源	[illegible]	機械製圖教授
魯曉仙			財政廳參事	公文程式講師
劉鈺	潤疇	雲南昆明	北京高等師範體育專修科畢業	體育教員
何瑤	光良	雲南石屏	美國普渡大學機械工程科學士	機械學教授
李熾昌	頌魯	昆明	香港大學土木科學士 [illegible]	測量實習教授

廿二

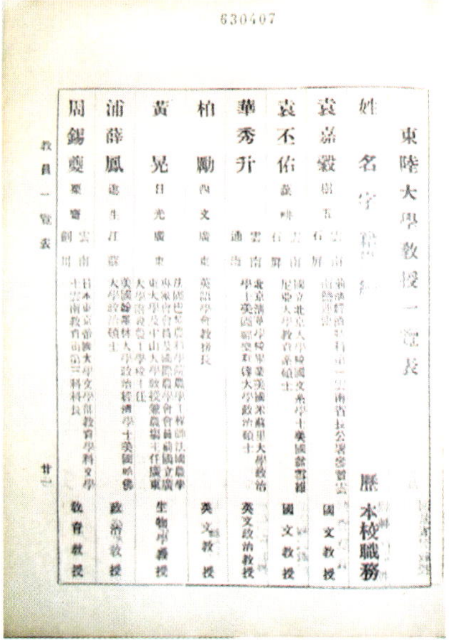

630407

東陸大學教授一覽表

姓名	字	籍貫	履歷	本校職務
袁嘉穀	樹五	雲南石屏	前清經濟特科第一名 雲南省長公署參贊 [illegible]	國文教授
袁丕佑	啟峰	雲南石屏	國立北京大學國文系學士 美國哥倫比亞大學教育系碩士	國文教授
華秀升		雲南通海	北京清華學校畢業 美國米昔根大學政治學士 美國哥倫比亞大學政治碩士	英文政治教授
柏勵	西文	廣東	英語學會教務長	英文教授
黃旯	日光	廣東	[illegible]	生物學教授
浦薛鳳	逖生	江蘇	美國翰墨林大學政治經濟學士 美國哈佛大學政治碩士	政治教授
周錫夔		雲南劍川	日本東京帝國大學文學部教育學科文學士 雲南教育司第三科科長	教育教授

教員一覽表 廿一

董泽任东陆大学校长八年，始终以“发扬东亚文化，研究西欧学术，俾中西真理融会贯通，造就专才”为宗旨，以物色良师为第一要务，延聘袁嘉谷、谢无量、华秀升、浦薛凤、邓鸿藩、何瑶、范师哲等一批名师到校任教，为学校发展奠定了坚实基础。

图为东陆大学教职员名录（部分）。

1923年1月，昆明女子师范学校学生杨凤贞、张琼华、张邦贞请求东陆大学开放女禁、兼收女生，特呈省长、教育司长及东陆大学校长《请愿书》。

民國十二年一月十日到

請願書

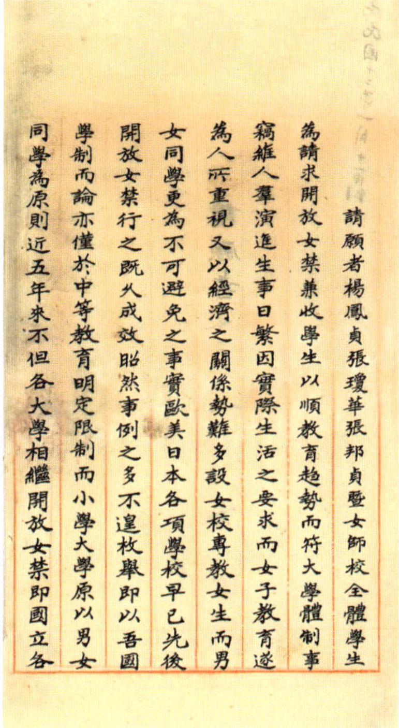
請願者楊鳳貞張瓊華張邦貞暨女師校全體學生
為請求開放女禁兼收學生以順教育趨勢而符大學體制事
竊維人羣演進生事日繁因實際生活之要求而女子教育遂
為人所重視又以經濟之關係勢難多設女校專教女生而男
女同學更為不可避免之事實歐美日本各項學校早已先後
開放女禁行之既久成效昭然事例之多不遑枚舉即以吾國
學制而論亦僅於中等教育明定限制而小學大學原以男女
同學為原則近五年來不但各大學相繼開放女禁即國立各

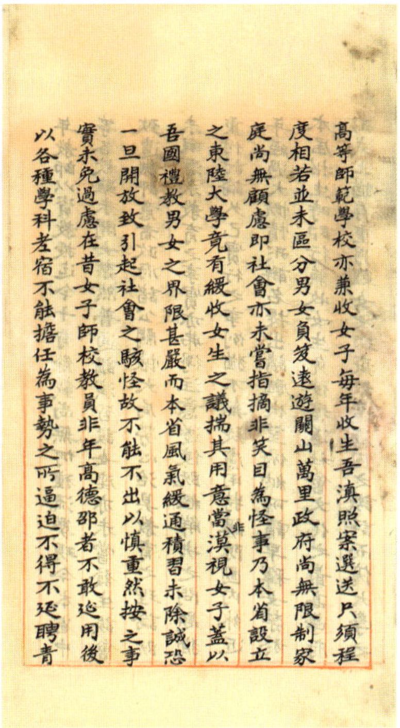
高等師範學校亦兼收女子每年收生吾滇照案選送只須程
度相若並未區分男女負笈遠遊關山萬里政府尚無限制家
庭尚無顧慮即社會亦未嘗指摘非笑目為怪事乃本省設立
之東陸大學竟有緩收女生之議揣其用意當漠視女子蓋以
吾國禮教男女之界限甚嚴而本省風氣緩通積習未除誠恐
一旦開放致引起社會之駭怪故不能不出以慎重然按之事
實未免過慮在昔女子師校教員非年高德邵者不敢延用後
以各種學科耆宿不能擔任為事勢之所逼迫不得不延聘青

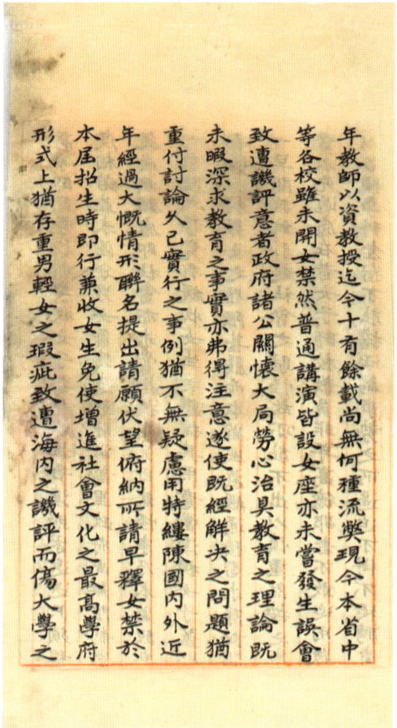
年教師以資教授迄今十有餘載尚無何種流弊現今本省中
等各校雖未開女禁然普通講演皆設女座亦未嘗發生誤會
致遭譏評意者政府諸公關懷大局勞心治具教育之理論既
未暇深求教育之事實亦弗得注意遂使既經解決之問題猶
重付討論久已實行之事例猶不無疑慮用特縷陳國內外近
年經過大概情形聯名提出請願伏望俯納所請早釋女禁於
本屆招生時即行兼收女生免使增進社會文化之最高學府
形式上猶存重男輕女之瑕疵致遭海內之譏評而傷大學之

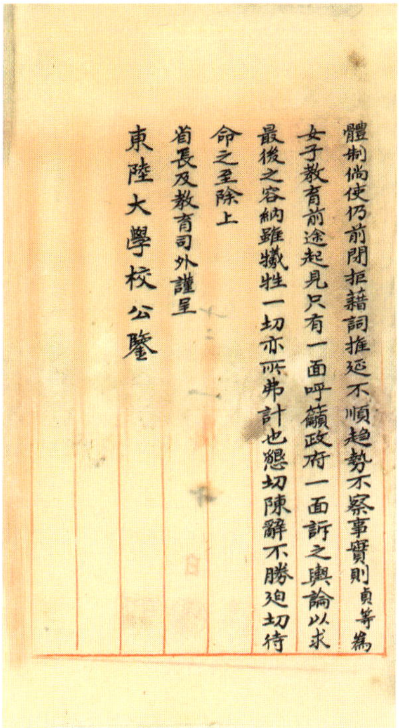
體制倘使仍前閉拒藉詞推延不順趨勢不察事實則貞等為
女子教育前途起見只有一面呼籲政府一面訴之輿論以求
最後之容納雖犧牲一切亦所弗計也懇切陳辭不勝迫切待
命之至除上
省長及教育司外謹呈
東陸大學校公鑒

十二 一月十日

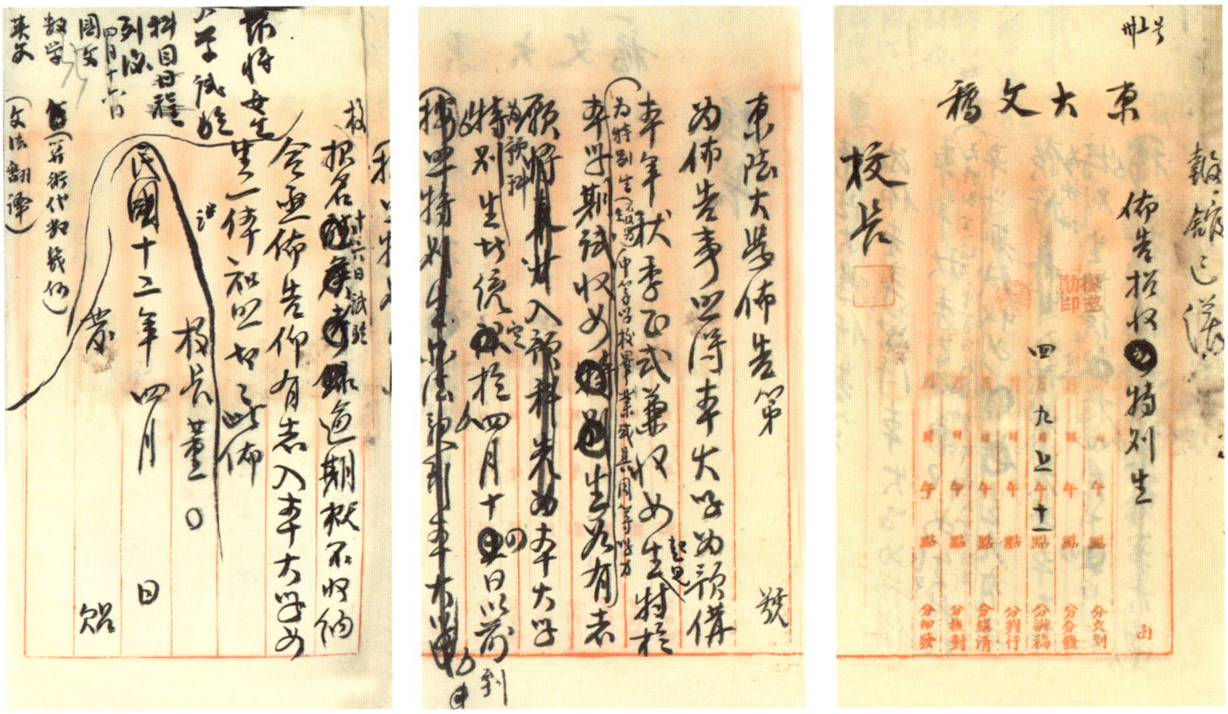

1923年4月，东陆大学发布正式兼收女生布告。

1925年3月，昆明女子师范学校学生吴澄、杨淑德、耿焕荣申请补考特别女生致校长董泽函。

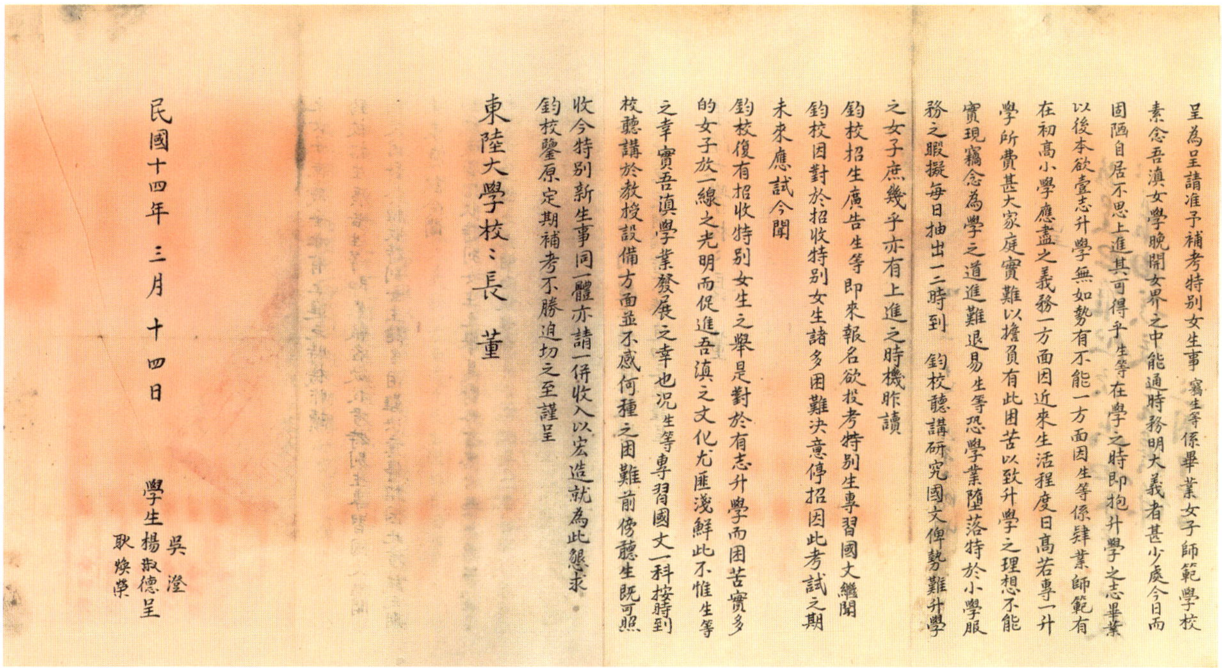
呈為呈請准予補考特別女生事竊生等係畢業女子師範學校
素念吾滇女學晚開女界之中能通時務明大義者甚少處今日而
固陋自居不思上進其可得乎生等在學之時即抱升學之志畢業
以後本欲壹志升學無如勢有不能一方面因生等係肄業師範有
在初高小學應盡之義務一方面因近來生活程度日高若專一升
學所費甚大家庭實難以擔負有此困苦以致升學之理想不能
實現竊念為學之道進難退易生等恐學業墮落特於小學服
務之暇擬每日抽出一二時到　鈞校聽講研究國文俾勢難升學
之女子庶幾乎亦有上進之時機昨讀
鈞校招生廣告生等即來報名欲投考特別生專習國文繼聞
鈞校因對於招收特別女生諸多困難決意停招因此考試之期
未來應試今聞
鈞校復有招收特別女生之舉是對於有志升學而困苦實多
的女子放一線之光明而促進吾滇之文化尤匪淺鮮此不惟生等
之幸實吾滇學業發展之幸也況生等專習國文一科按時到
校聽講於教授設備方面並不感何種之困難前傍聽生既可照
收今特別新生事同一體亦請一併收入以宏造就為此懇求
鈞校鑒原定期補考不勝迫切之至謹呈
東陸大學校〻長　董
民國十四年　三月　十　四日
學生　吳　澄
楊淑德　呈
耿煥榮

左上：东陆大学工科学生进行实地测量实习。
右上：东陆大学科学馆内的化学分析实验室。
左下：东陆大学科学馆内的阶梯教室。
右下：东陆大学科学馆内的物理实验室。

左上：东陆大学学生图书阅览室。
左中：东陆大学食堂。
左下：东陆大学足球场。
右图：东陆大学预科学生寝室。

上图：1928年9月，校长董泽与东陆大学本科第一班毕业生合影。

下图：1928年9月，校长董泽及部分教授与东陆大学本科第一班毕业生合影。

建筑设计师张邦翰主持设计的东陆大学会泽院原图。

右上：1924年建设中的会泽院。
左上：1925年初建成的会泽院。
下图：早期会泽院全景。

华秀升（1895—1954），字时杰，蒙古族，云南通海人。留学美国。东陆大学教授，曾任东陆大学副校长。1930—1932年代理省立东陆大学校长。

左下：1930年云南省政府决定私立东陆大学改为省立东陆大学电文。

右下：1932年省立东陆大学校长院长一览表。

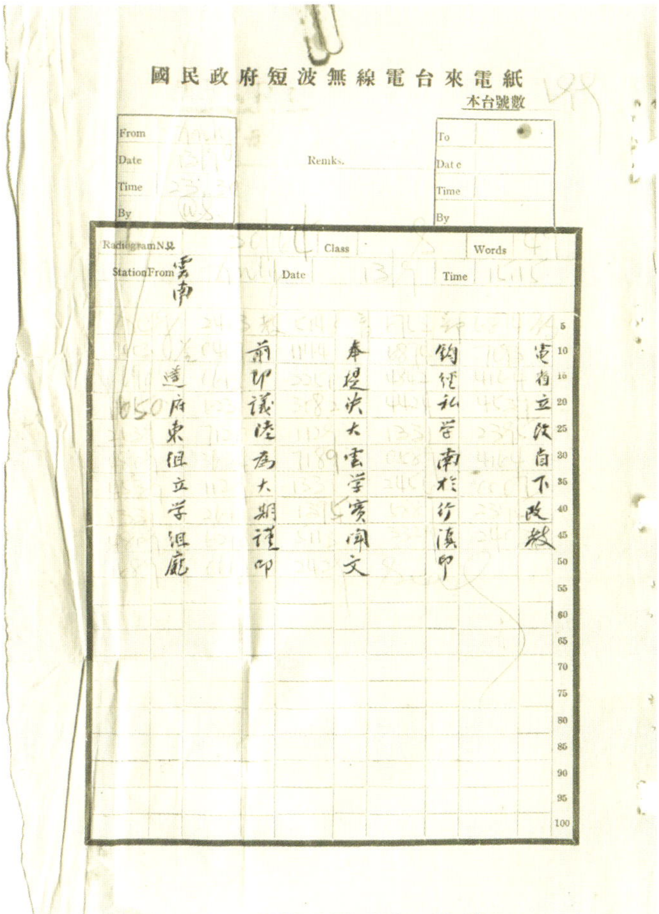

國民政府短波無線電台來電紙

本台號數

From
Date
Time
By

Remks.

To
Date
Time
By

RadiogramNo. Class Words

StationFrom 雲南 Date Time

電省立政自下改教

鈞從私学南於行滇印

奉提決大雲学賓閲文

前印議陸為大期謹印

達府東組立学組庭

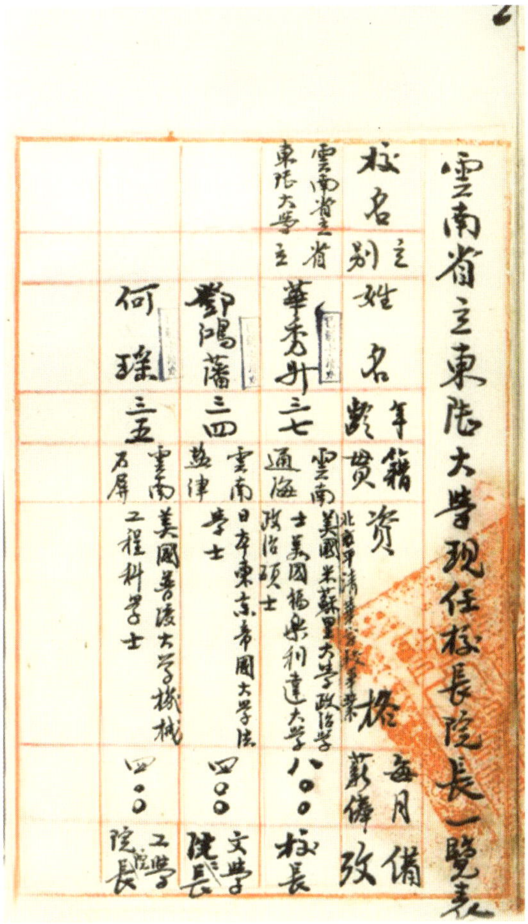

雲南省立東陸大學現任校長院長一覽表

校名	別	姓名	年齡	籍貫	資格	每月薪俸	備攷
雲南省立東陸大學	省立	華秀升	三七	雲南通海	北平清華學校畢業 美國米蘇里大學政治學士 美國福樂利達大學政治碩士	八〇〇	校長
		鄧鴻藩	三四	雲南盐津	日本東京帝國大學法學士	四〇〇	文學院院長
		何瑶	三五	雲南石屏	美國普渡大學機械工程科學士	四〇〇	工學院院長

右图：何瑶（1894—1968），字元良，云南石屏人。留学美国。1932—1937年先后兼代省立东陆大学校长、省立云南大学校长。

左上：1934年冬，由何瑶主持，云南省教育厅、云南大学、昆明一得测候所等单位，首次应用新法在云南大学校园内测绘昆明经纬度，并在此设立 “云南第一天文点”。图为1934年12月19日晚测绘现场。

左下：何瑶题写的“云南大学天文点”石碑。

下图：1934年9月8日，云南省教育厅颁发省立云南大学印章公文。

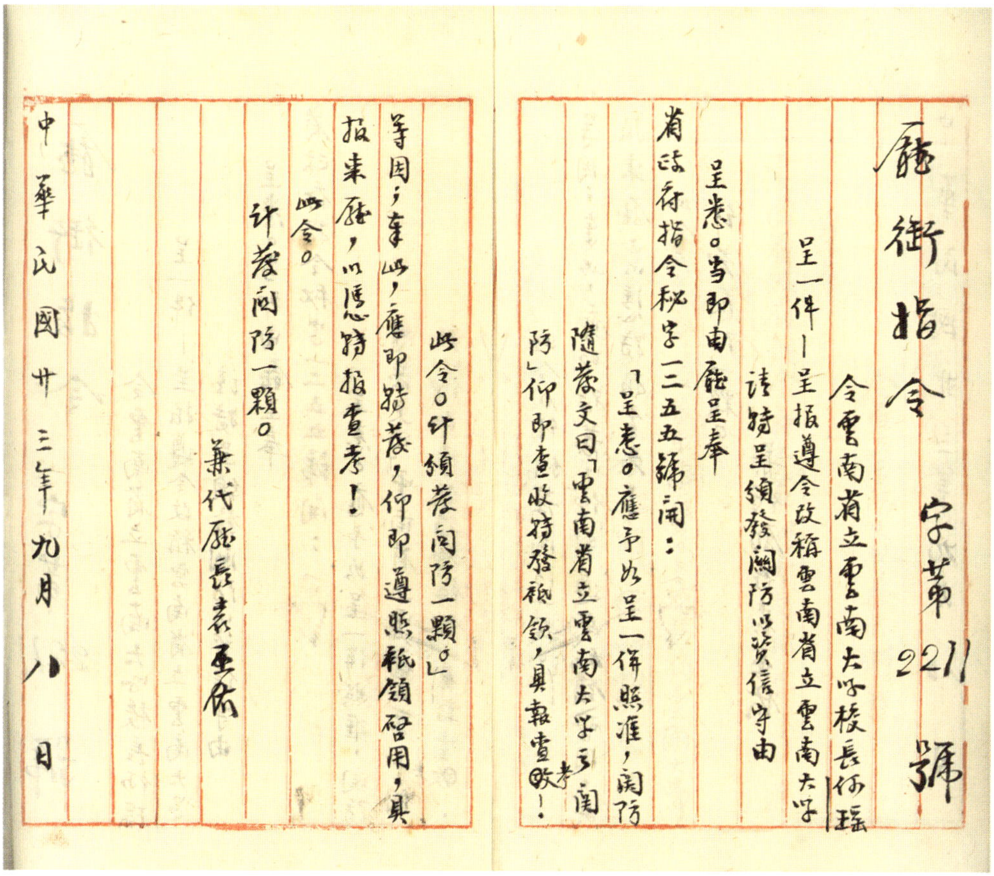

廳衙指令　字第2211號

令雲南省立雲南大學校長何瑤

呈一件——呈報遵令改稱雲南省立雲南大學請轉呈頒發關防以資信守由

呈悉。當即由廳呈奉

省政府指令秘字一三五五號開：

「呈悉。應予如呈一併照准，關防隨發文曰「雲南省立雲南大學之關防」仰即查收轉發祗領，具報查考！此令。計頒發關防一顆。」

等因；奉此，應即轉發，仰即遵照祗領啓用，具報來廳，以憑轉報查考！

此令。

計發關防一顆。

兼代廳長袁丕佑

中華民國廿三年九月八日

龙云（1884—1962），字志舟，彝族，云南昭通人。1928—1945年任云南省主席。云南大学第二、三届董事会董事长。

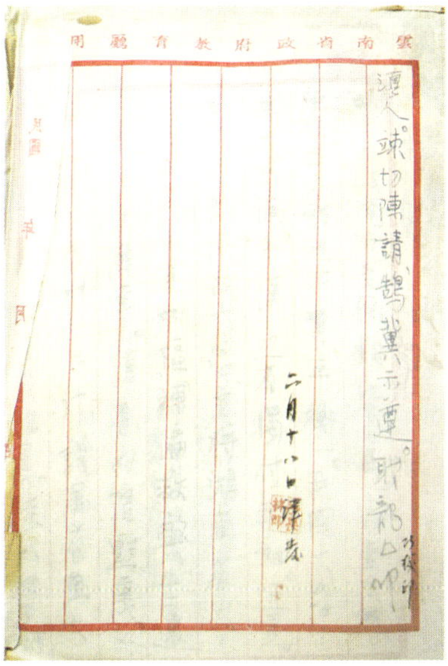
雲南省政府教育廳用箋

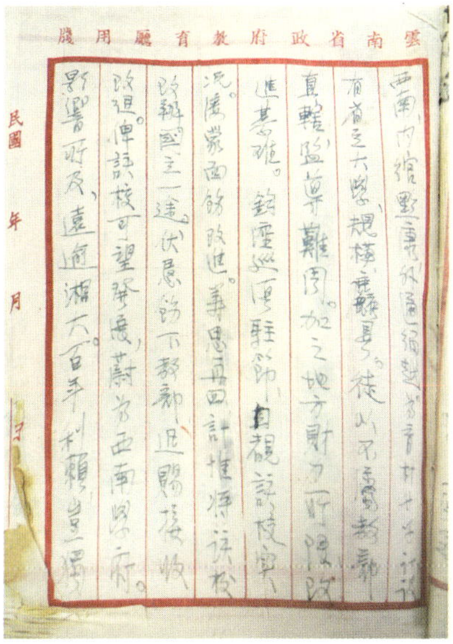
雲南省政府教育廳用箋

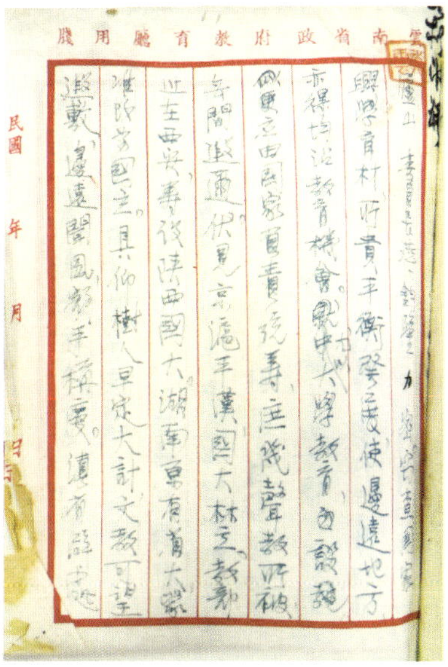
雲南省政府教育廳用箋

上图：1936年6月，龙云为将云南大学由省立改为国立电呈蒋介石，文中表达了“国家兴学育才，所贵平衡发展”的观念。

下图：蒋介石复电龙云：“已电教育部核办”。

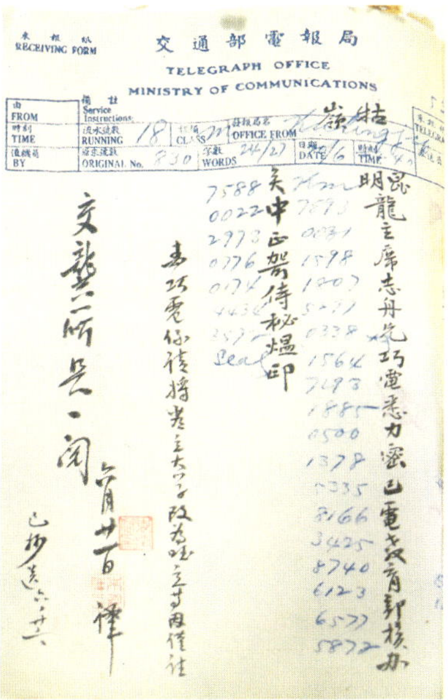
交通部電報局
RECEIVING FORM
TELEGRAPH OFFICE
MINISTRY OF COMMUNICATIONS

熊庆来(1893—1969)，字迪之，云南弥勒人。先后留学比利时、法国。曾任清华大学理学院代理院长、算学系主任。1937—1949年先后任省立云南大学校长、国立云南大学校长。

下图：1938年9月，行政院令发云南大学熊庆来校长证件。

左页上：熊庆来就任国立云南大学校长“任用审查表”。

左页下：熊庆来就任国立云南大学校长《誓词》。

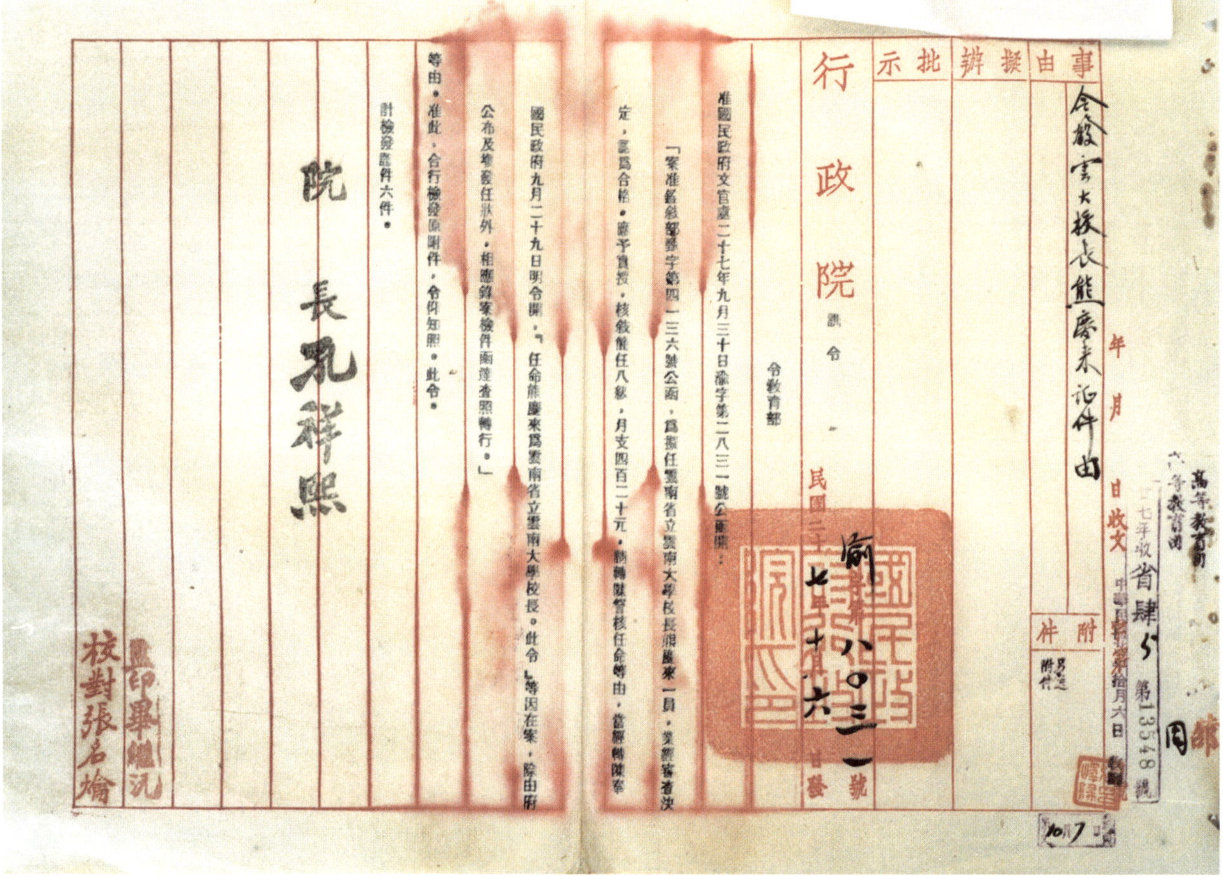

事由：令發雲大校長熊慶來証件由

擬辦

批示

行政院訓令　渝字第八〇三一號

令教育部

准國民政府文官處二十七年九月三十日渝字第二八三一號公函開：「案准銓敘部銓字第四一三六號公函，爲擬任雲南省立雲南大學校長熊慶來一員，業經審查決定，認爲合格，應予實授，核敘簡任八級，月支四百二十元，請轉陳請核任命等由，當經轉陳奉國民政府九月二十九日明令開：『任命熊慶來爲雲南省立雲南大學校長。此令』等因在案，除由府公布及填發任狀外，相應錄案檢件函達查照轉行。」等由。准此，合行檢發原附件，令仰知照。此令。

計檢發證件六件。

院長孔祥熙

民國二十七年十月六日發

附件：另送附件

收文：高等教育司　二十七年收　省肆5　第13548號　中華民國二十七年拾月六日

校對張名掄　監印畢繼沉

任用審查表格式及說明

機關：國立雲南大學

姓名：熊慶來

別號：廸之

性別：男

年齡：四十六歲

籍貫：雲南省彌勒縣

住址：彌勒縣息宰村

黨籍：未入黨

出身：法國蒙柏里大學理科碩士巴黎大學授予法國國家理科博士

經歷：民九任雲南甲種工業學校及路政學校教員民十至十四任南京高等師範學校教授及國立東南大學數學系主任兼教授民十五任西安國立西北大學數理化系主任兼教授民十五至十七任北平清華大學教授民十七至民二十六任國立清華大學算學系主任兼教授其間於民十九至二十曾代理清大理學院院長並任校務維持委員會委員民二十六至今任雲南省立雲南大學校長兼理學院院長

其他：於民二十一代表中國數學會出席華里希 Zürich 世界算學會又於學校職務外曾任中華教育文化基金董事會研究補助金聲請人研究成績審查委員中央研究院數學專門著作目錄編纂委員管理中英庚款董事會非常時期協助學術人員工作審查委員中國數學會理事中國數學會學報編輯中國科學社昆明社友會會長雲南省總動員委員會設計委員會常務委員雲南中法友誼會會長等

擬任官職

擬敘級俸

性行

體格

粘貼最近二寸半身相片

俸額：幣叁百元外支公費壹百貳拾元

主管長官署名

職務

姓名

蓋章

備考

中　年　月　日

誓詞

誓詞

余敬宣誓：余恪遵總理遺囑，服從黨義，奉行法令，忠心及努力於本職，余決不妄費一錢，妄用一人，並決不營私舞弊及授受賄賂。如違背誓言，願受最嚴厲之處罰。此誓。

國立雲南大學校長熊慶來

中華民國二十八年一月二十五日

1937年8月，云南大学呈教育部学校扩置院系情形报告。

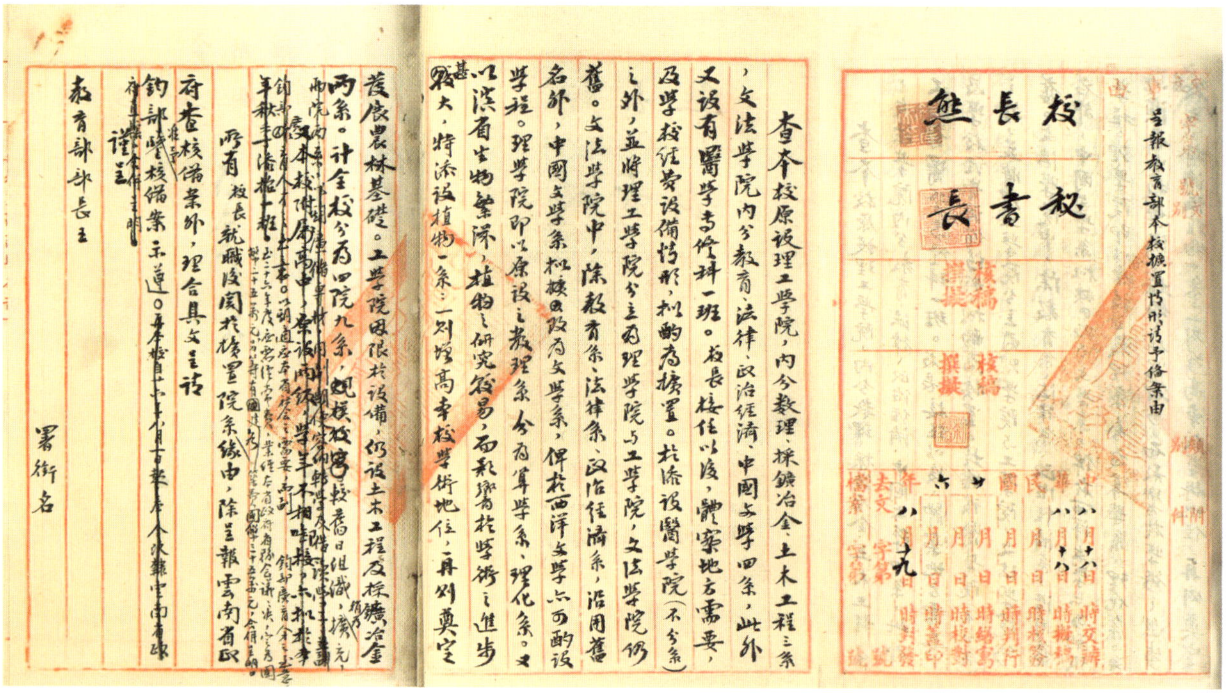

教育部为云南大学扩置院系情形发文准予备案。

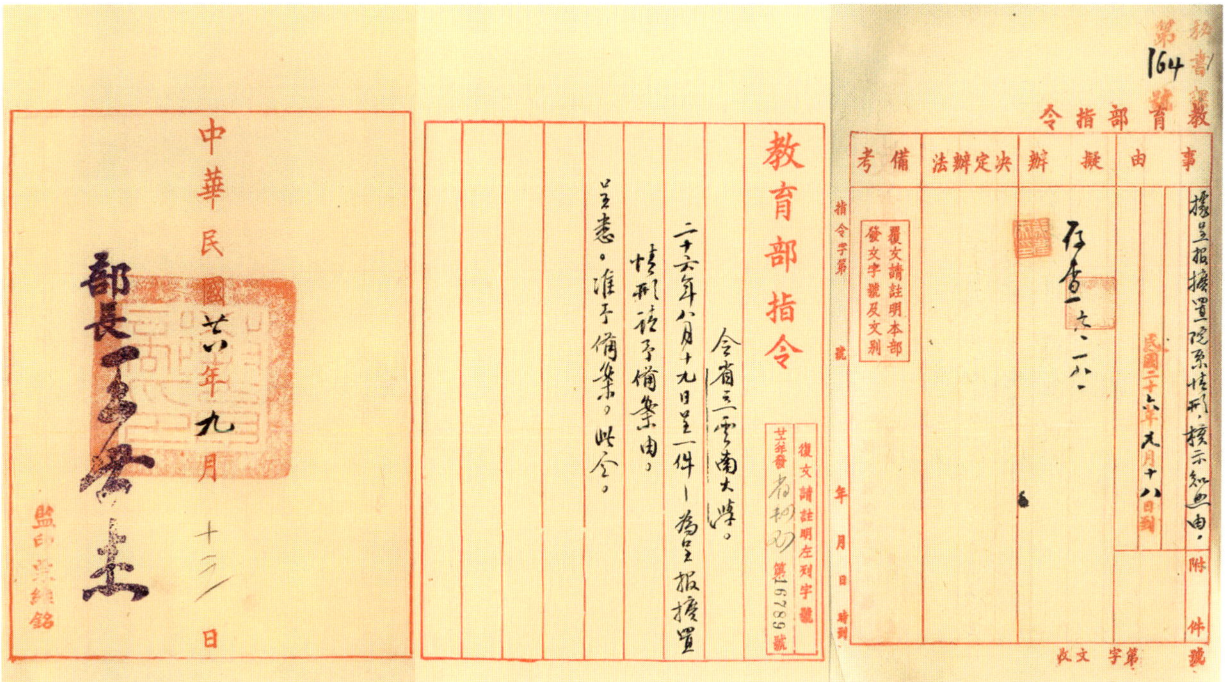

秘書室 第164號

教育部指令

事由：據呈報擴置院系情形，擬示知照由。民國二十六年九月十八日到

擬辦：存查 一六、一八

決定辦法

備考：覆文請註明本部發文字號及文別

附件

指令字第　號　年　月　日　時到

收文第　字第　號

教育部指令

覆文請註明左列字號：廿六年發 高 柳 第16789號

令省立雲南大學。

二十六年八月十九日呈一件，為呈報擴置情形請予備案由。

呈悉。准予備案。此令。

中華民國廿六年九月十三日

部長 王世杰

監印 宗維銘

1941年熊庆来拟写的《本校将来计划》。文中概括了云南大学此后六年的院系发展构想，提出继续充实医学、矿冶等原有院系，增设电机系、蚕桑专修科等系科，设置文史、化学等研究机构的计划安排。

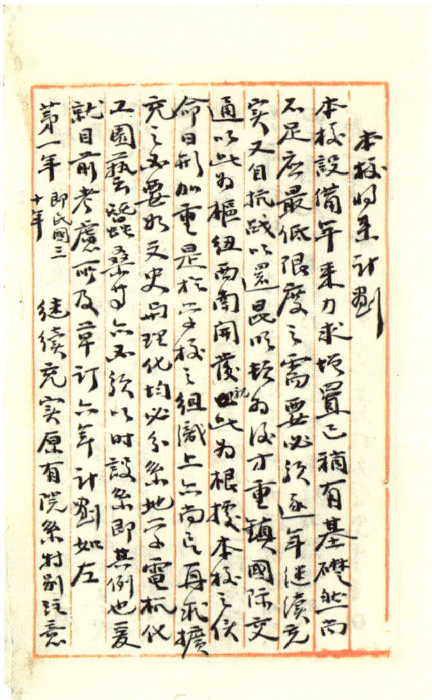

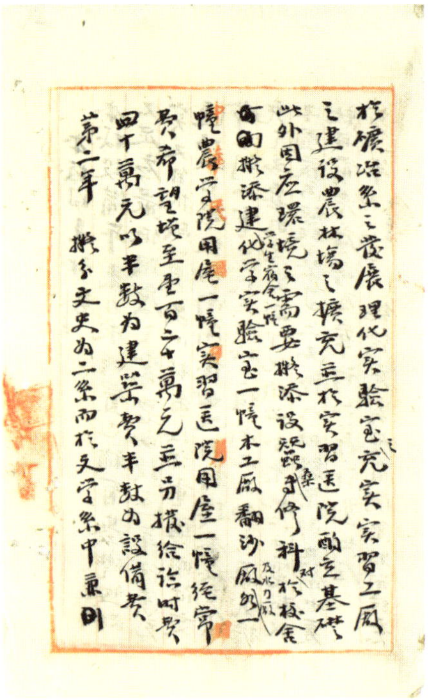

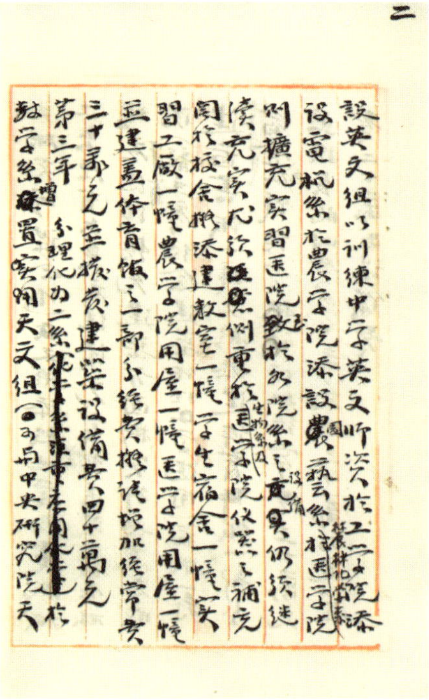

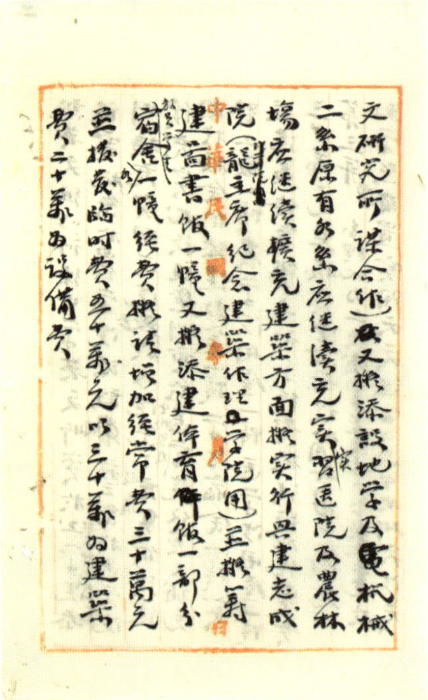

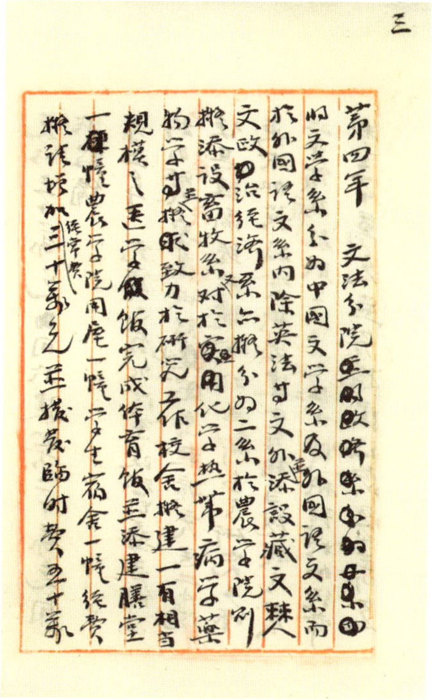

三

第四年　文法学院[illegible]政府[illegible]
旧文学系分为中国文学系及外国语文系，而
於外国语文系内除英法日文外，添设藏文[illegible]
文。政治经济系亦拟分为二系。於农学院则
拟添设畜牧系，对於实用化学、热带病学、药
物学等拟致力於研究工作。校舍拟建一有相当
规模之医学院[illegible]，完成体育馆并添建膳堂
一座，农学院用房一幢，学生宿舍一幢，经费
拟请增加经常费三十万元，并拨发临时费五十万

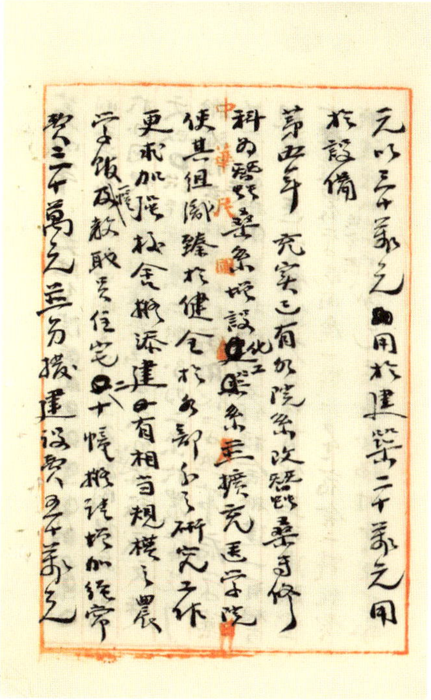

元，以三千万元用於建筑，二千万元用
於设备。
第五年　充实已有各院系，改医药专修
科为医药学系，增设化工系，并扩充医学院，
使其组织臻於健全，於各部分之研究工作
更求加强。校舍拟添建一有相当规模之农
学院及教职员住宅二十幢，拟请增加经常
费三千万元，并另拨建设费五千万元。

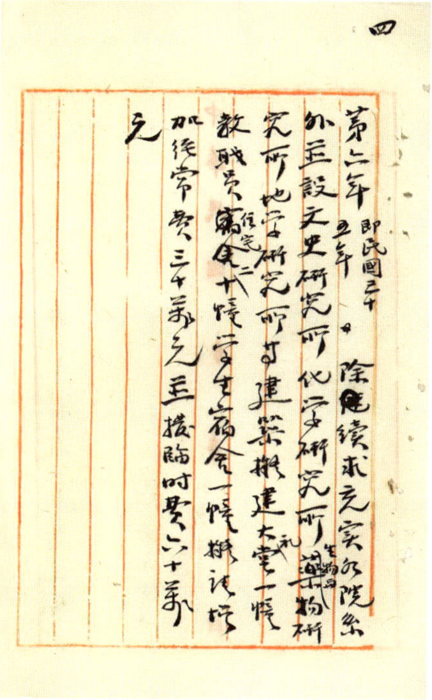

四

第六年（即民国三十五年）　除继续求充实各院系
外，并设文史研究所、化学研究所、生物研究所、药物研
究所、地学研究所等。建筑拟建大礼堂一幢，
教职员住宅二十幢，学生宿舍一幢，拟请增
加经常费三十万元，并拨临时费六十万
元。

熊庆来长校后，推行慎选师资、严格考试、整饬校纪、充实设备、培养研究风气五大治校举措。1938年云南大学由省立改为国立，励精图治、锐意进取，截至1946年，云南大学发展为拥有5个学院、18个系、3个专修科、1个先修班、2个研究所、3个研究室，以及附属医院、附属中学、天文台、实习工厂、实习农场等机构，文、法、理、工、农、医等学科门类较为齐全的综合性大学。

1939年6月，教育部照准云南大学设立社会学系令。

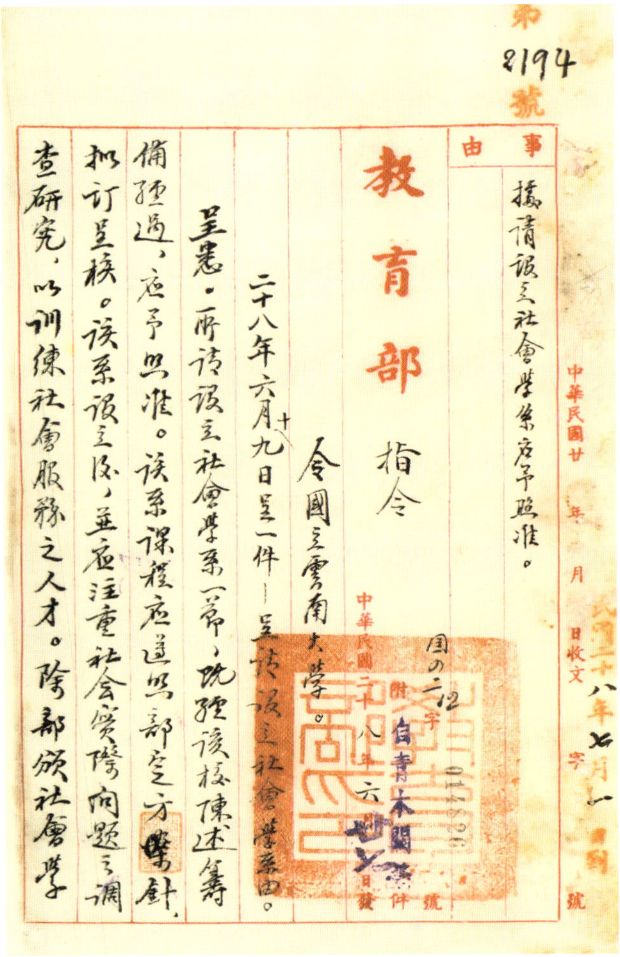

第8194號

事由：據請設立社會學系應予照准。

教育部 指令

令國立雲南大學

二十八年六月九日呈一件——呈送設立社會學系由。

呈悉。所請設立社會學系一節，既經該校陳述籌備經過，應予照准。該系課程應遵照部定方針擬訂呈核。該系設立後，並應注重社會實際問題之調查研究，以訓練社會服務之人才。除部頒社會學

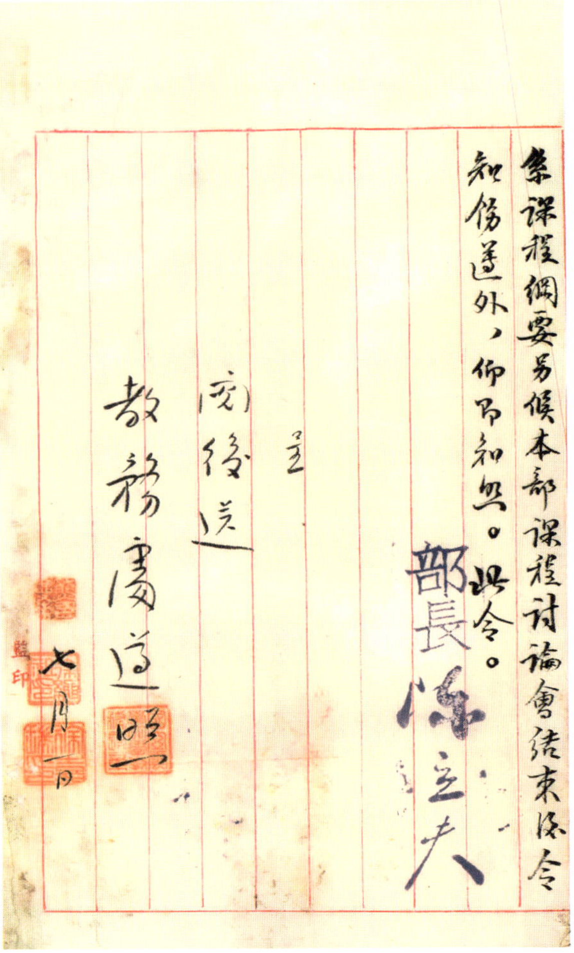

系課程綱要另候本部課程討論會結束後令知飭遵外，仰即知照。此令。

部長 陳立夫

1941年5月，教育部批准云南大学增设铁道管理学系。

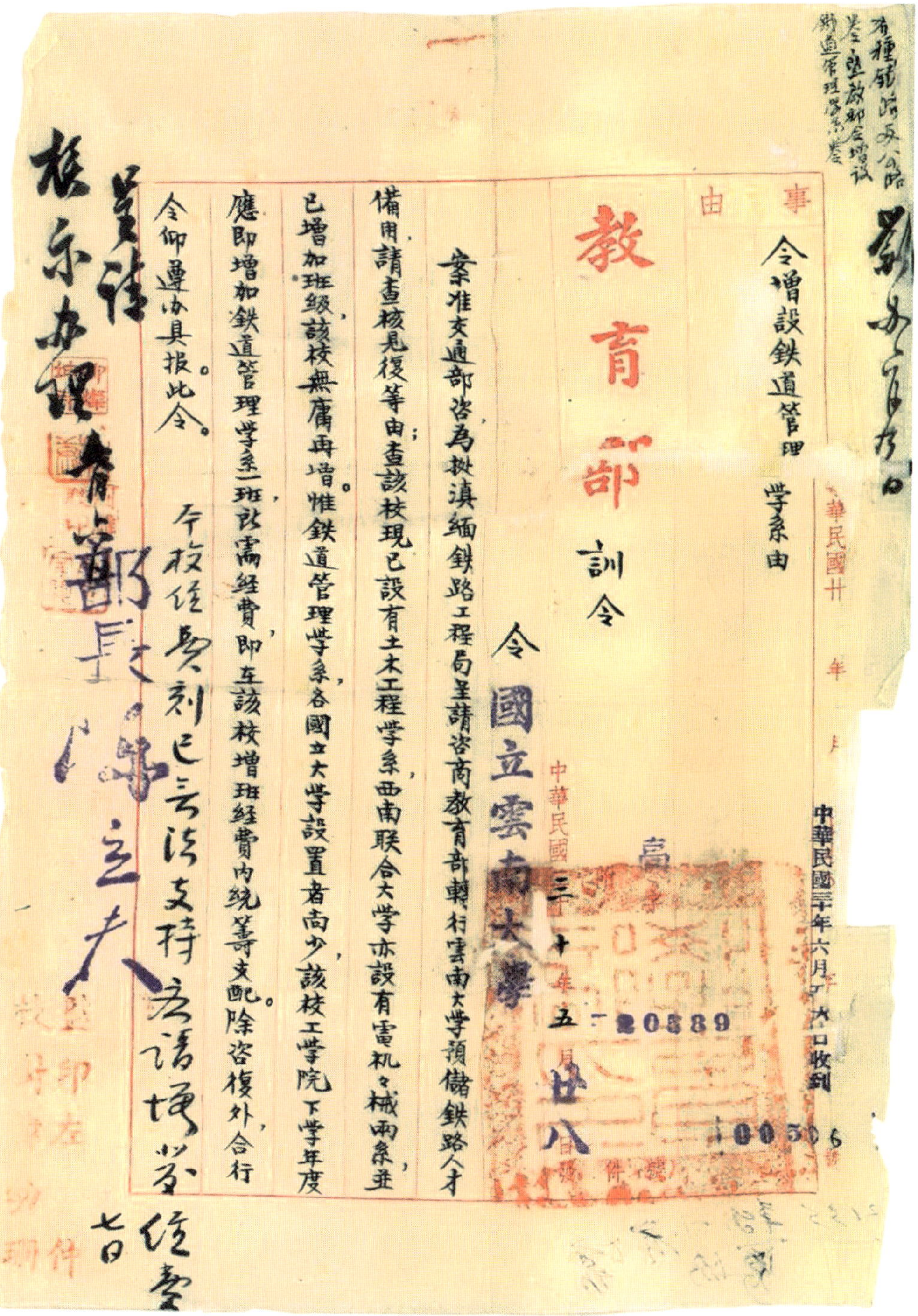
事由：令增設鐵道管理學系由

教育部訓令

令國立雲南大學

案准交通部咨為擬滇緬鐵路工程局呈請咨商教育部轉飭雲南大學預儲鐵路人才備用，請查核見復等由；查該校現已設有土木工程學系，西南联合大學亦設有電机、機械兩系，並已增加班級，該校無庸再增。惟鐵道管理學系各國立大學設置者尚少，該校工學院下學年度應即增加鐵道管理學系一班，所需經費即在該校增班經費內統籌支配。除咨復外，合行令仰遵照具報。此令。

部長 陳立夫

中華民國三十年五月廿八日

高字第20589號

中華民國三十年六月六日收到

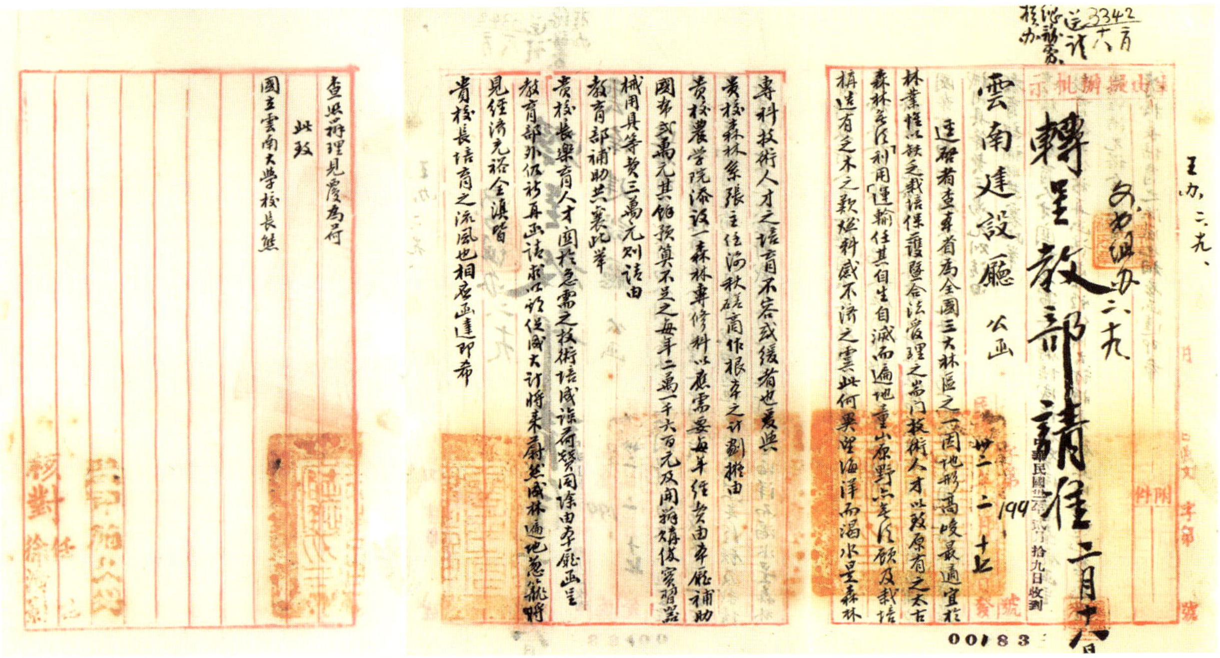
轉呈教部請准
雲南建設廳 公函
逕啓者：查本省為全國三大林區之一，因地形高峻，最適宜於林業，惟以缺乏栽培保護暨合法管理之專門技術人才，以致原有之太古森林，多任利用運輸，任其自生自滅，而遍地童山，原野亦毫無顧及栽培，構造有之木之歎，殆料感不濟之虞，此何異望海洋而渴水。是森林專科技術人才之培育，不容或緩者也。爰與貴校森林系張主任海秋磋商，作根本之計劃，擬由貴校農學院添設一森林專修科，以應需要。每年經費由本廳補助國幣貳萬元，其餘預算不足之每年二萬一千六百元，及開辦儀器、械用具等費三萬元，則請由教育部補助，共襄此舉。貴校長樂育人才，團於急需之技術培成，諒荷贊同。除由本廳函呈教育部外，仍請再函請教部，以促成大計，將來蔚然成林，遍地蔥蘢，將見經濟充裕，全滇皆貴校長培育之流風也。相應函達，即希查照辦理見覆為荷。
此致
國立雲南大學校長熊

1943年2月，云南省建设厅为云南大学农学院增设森林专修科给予补助致函熊庆来。

1943年2月，教育部、云南省建设厅照准云南大学增设森林专修科。

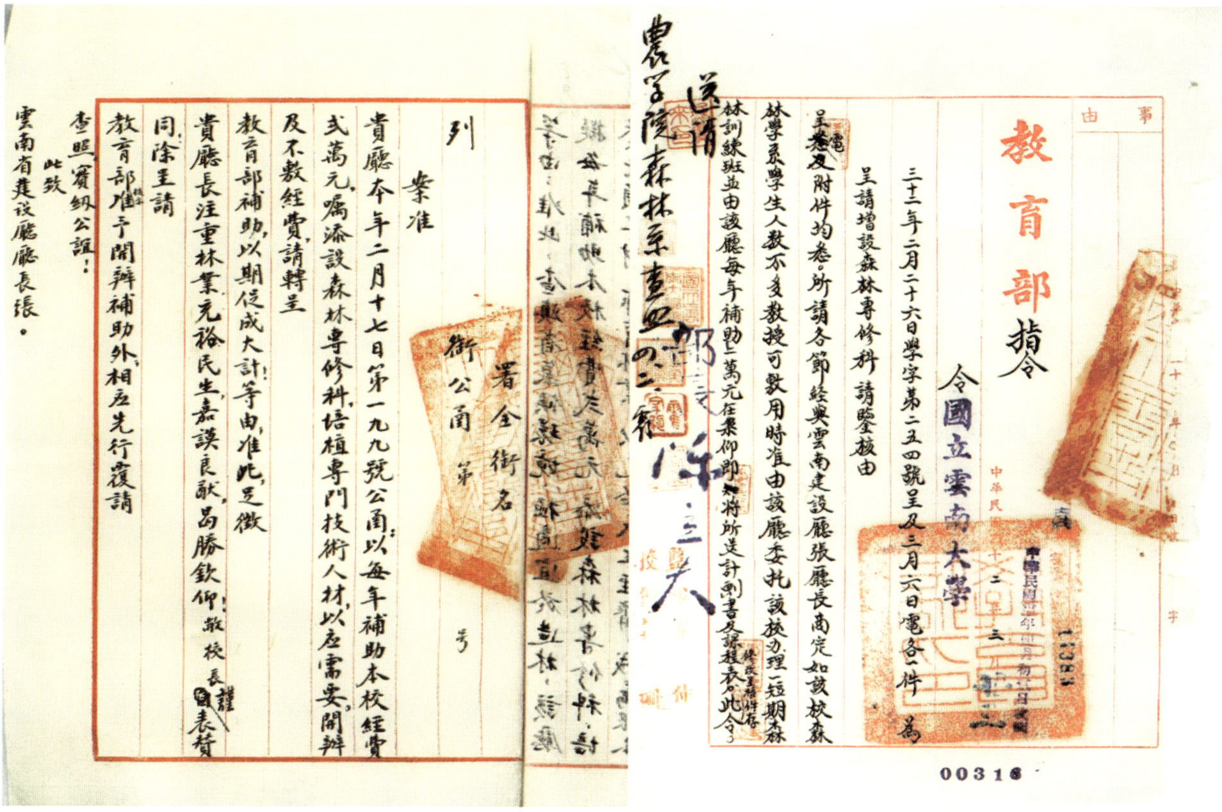

教育部指令

令國立雲南大學

三十二年二月二十六日學字第二五四號呈及三月六日電各一件為呈請增設森林專修科請鑒核由

呈、電及附件均悉。所請各節，經與雲南建設廳張廳長商定，如該校森林學系學生人數不多，教授可敷用時，准由該廳委托該校辦理一短期森林訓練班，並由該廳每年補助二萬元，在案。仰即知照，將所送計劃書及課程表存。此令。

00316

列 署全銜名 銜公函 第 號

案准

貴廳本年二月十七日第一九九號公函，以每年補助本校經費貳萬元，囑添設森林專修科，培植專門技術人材，以應需要。開辦及不敷經費，請轉呈

教育部補助，以期促成大計！等由，准此。足徵

貴廳長注重林業，充裕民生，嘉謨良猷，曷勝欽仰！敝校除呈請

教育部准予開辦補助外，相應先行覆請

查照，賓紉公誼！

此致

雲南省建設廳廳長張。

1944年11月，教育部核准云南大学理化系改为化学系。

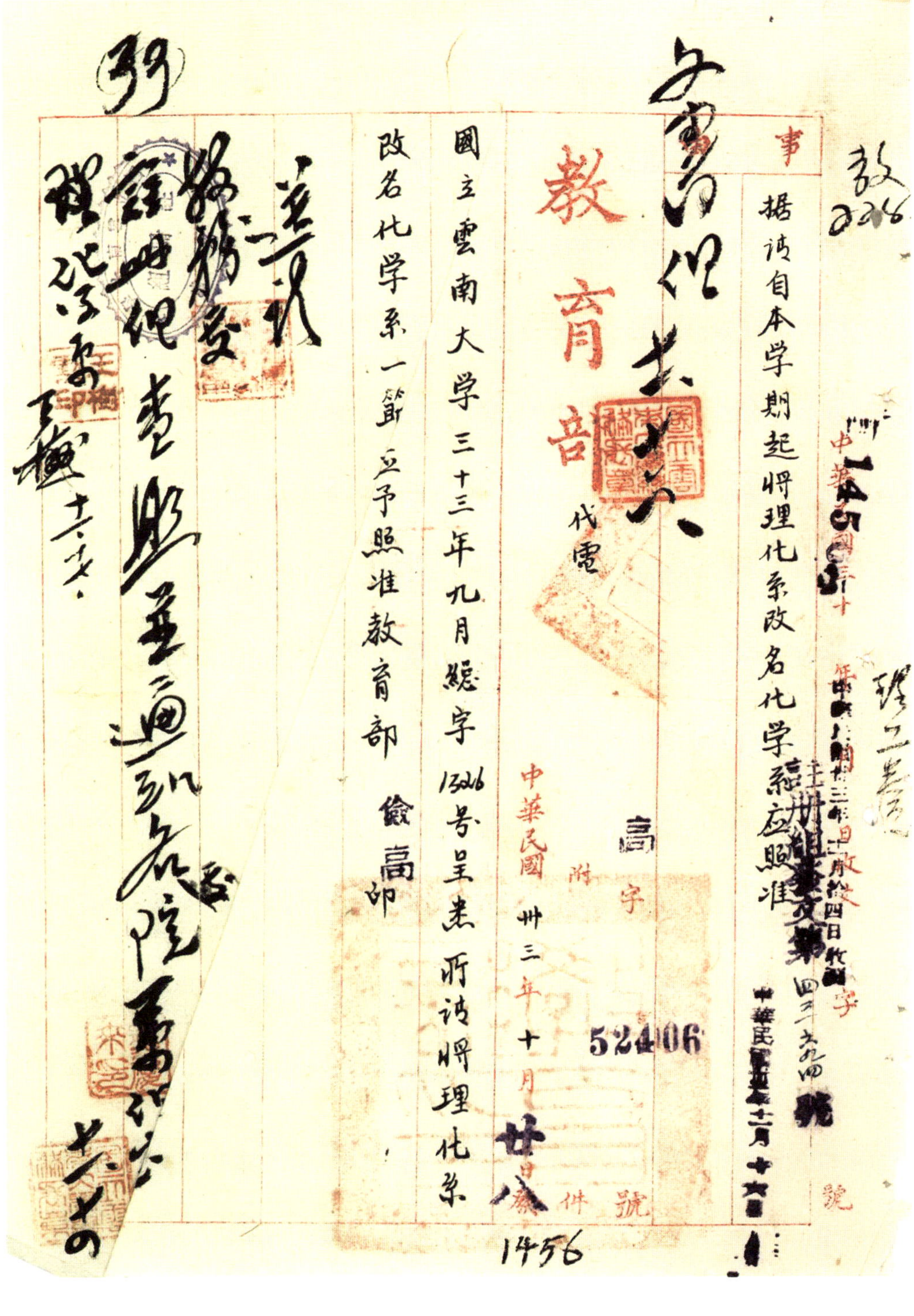
事由
據請自本学期起將理化系改名化學系請應照准

教育部代電

國立雲南大學三十三年九月總字1326号呈悉所請將理化系改名化學系一節应予照准 教育部 儉高印

中華民國卅三年十月廿八日

1944年6月，教育部照准云南大学文史学系改称文学系，并分设中国文学组和外国语文组。

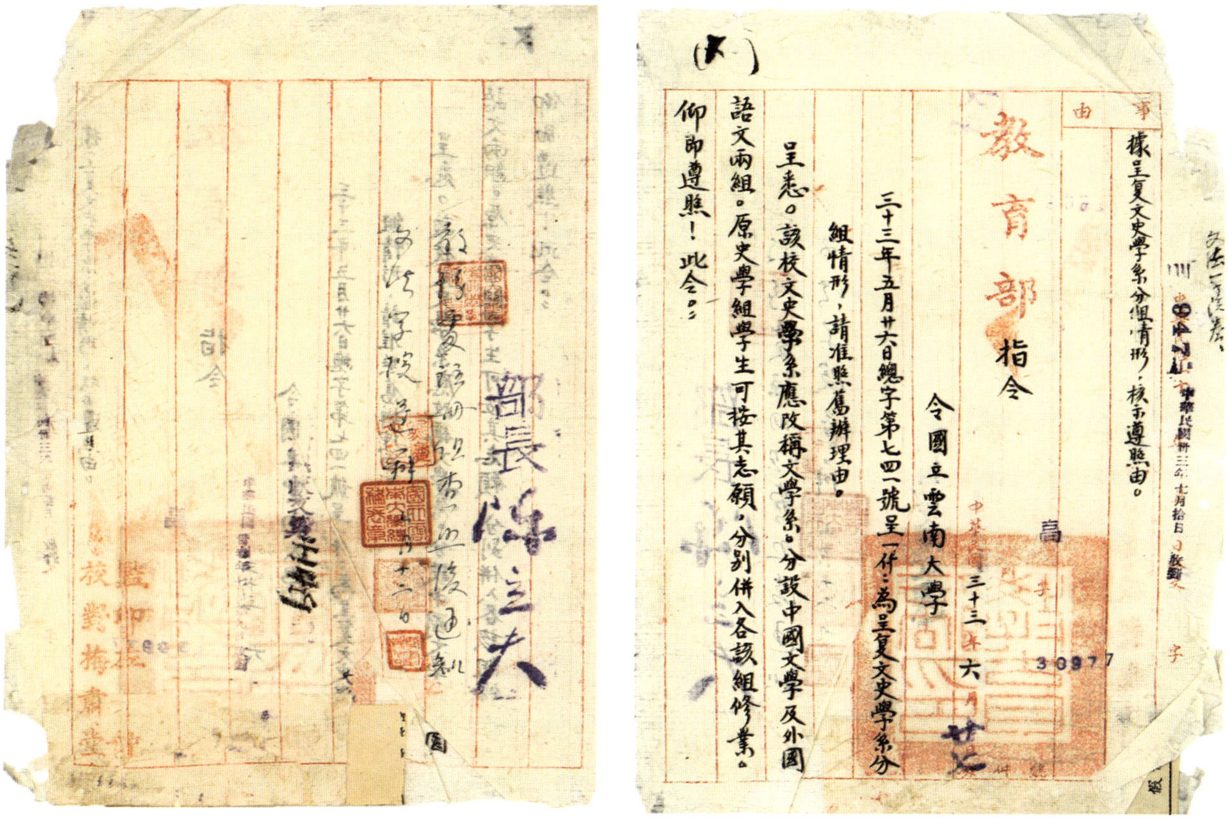

事由：據呈復文史學系分組情形，核示遵照由。

教育部指令

高字第30877號

令國立雲南大學

三十三年五月廿六日總字第七四一號呈一件：為呈復文史學系分組情形，請准照舊辦理由。

呈悉。該校文史學系應改稱文學系，分設中國文學及外國語文兩組。原史學組學生可按其志願，分別併入各該組修業。仰即遵照！此令。

中華民國三十三年六月

部長 陳立夫

1945年5月，教育部批准国立云南大学将文学系改为文史学系，并另成立外语系。

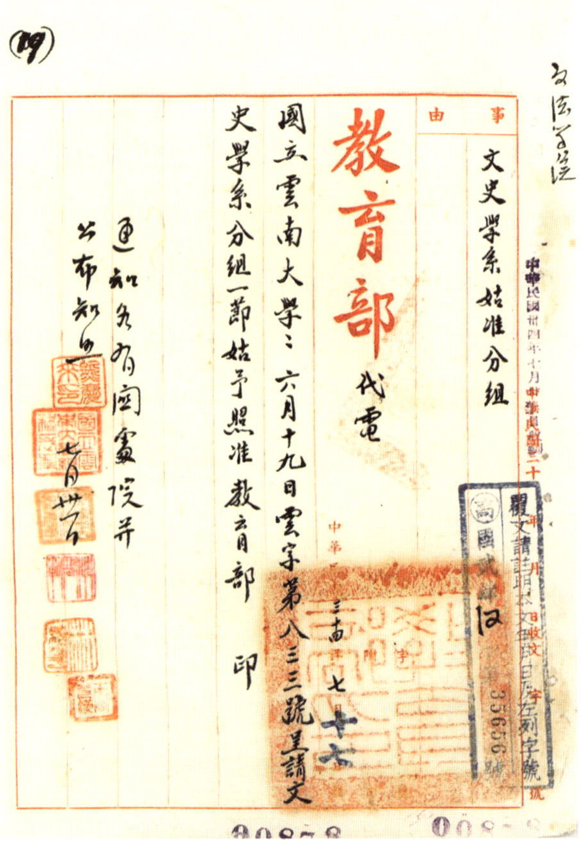
事由：文史學系姑准分組

教育部代電

國立雲南大學：六月十九日雲字第八三三號呈請文史學系分組一節姑予照准。教育部印

中華民國三十四年七月十六日

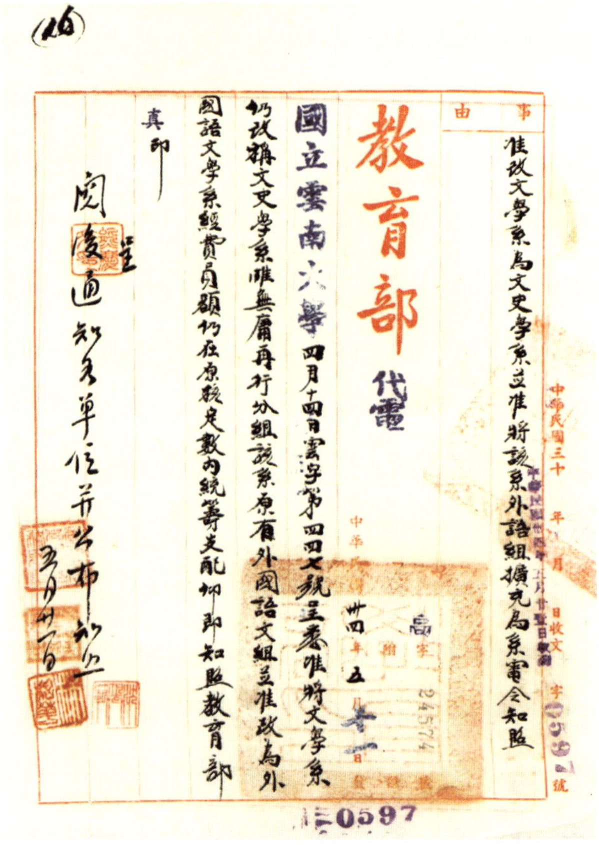
事由：准改文學系為文史學系並准將該系外語組擴充為系電令知照

教育部代電

國立雲南大學：四月十四日雲字第四四七號呈悉。准將文學系仍改稱文史學系，唯無庸再行分組，該系原有外國語文組並准改為外國語文學系，經費員額仍在原核定數內統籌支配，仰即知照。教育部

中華民國卅四年五月十一日

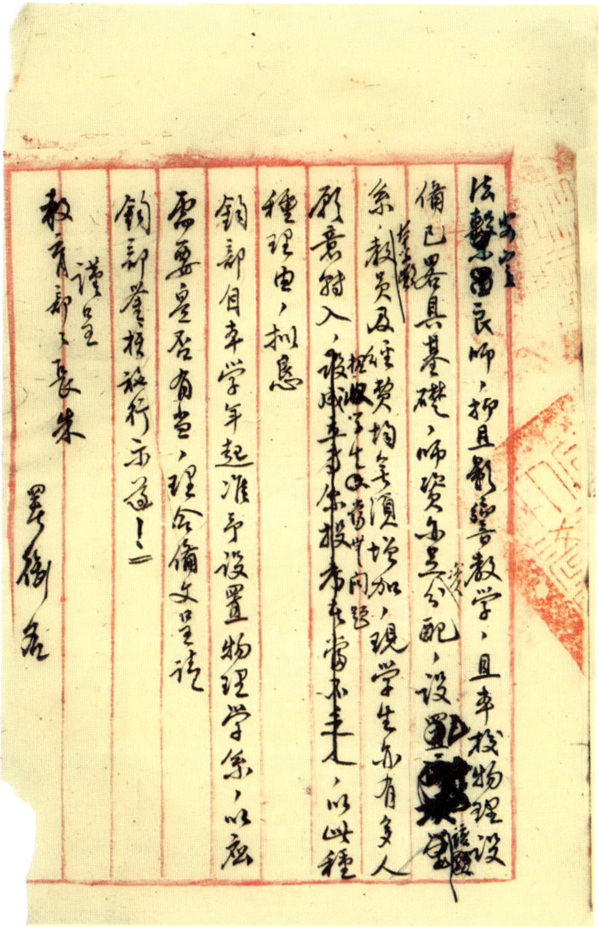

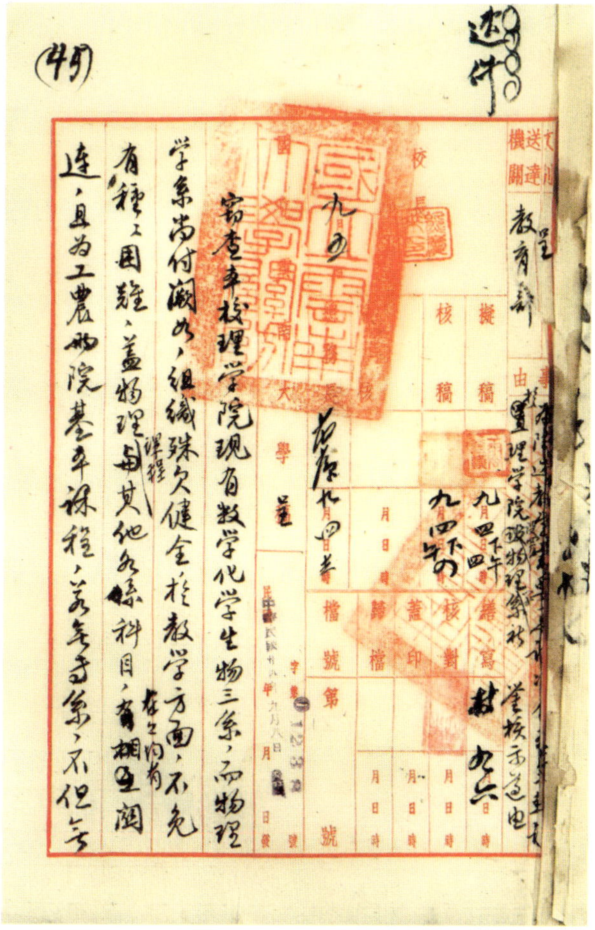

上图：1945年9月，云南大学呈请教育部批准理学院设立物理系。

下图：1945年10月，教育部批准云南大学设置物理系电文。

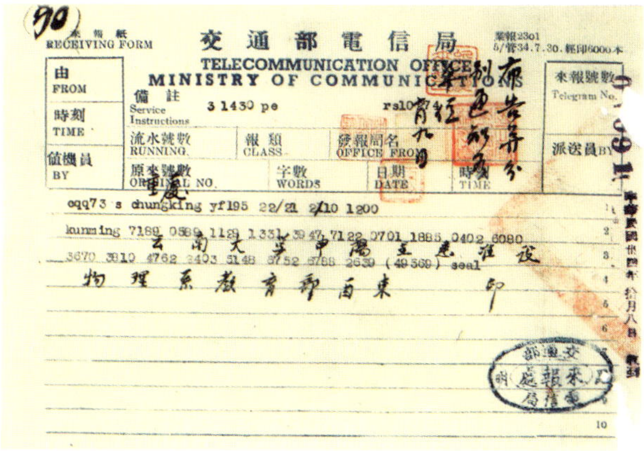

自建校起，学校就广为延聘名师到校任教。抗战时期，熊庆来借大批优秀人才云集昆明之机，以聘请、借聘、兼职、讲座等多种方式广揽英才。吴文藻、费孝通、刘文典、吴晗、顾颉刚、林同济、闻在宥、张正平、蒋导江、范秉哲、严楚江、冯景兰、陈省身、庄圻泰、冯友兰、姜亮夫等大批知名学者到校任教，彼时学校仅专任教授就达187人之多，还有兼任教授40余人。

图为云南大学部分知名教授。

袁嘉谷

方树梅

胡小石

刘文典

张福廷

冯景兰

秦　瓒

刘尧民

楚图南

汤惠荪

范秉哲

吴文藻

姜亮夫

赵忠尧

崔之兰

林同济

严济慈

闻在宥

方国瑜

赵明德

姚碧澄

杜　棻

王赣愚

费孝通

华罗庚

陈省身

郭佩珊

彭桓武

丘勤宝

纳　忠

吴　晗

白寿彝

顾颉刚

何　鲁

徐嘉瑞

钱　穆

秦仁昌

严楚江

赵雁来

何衍璿

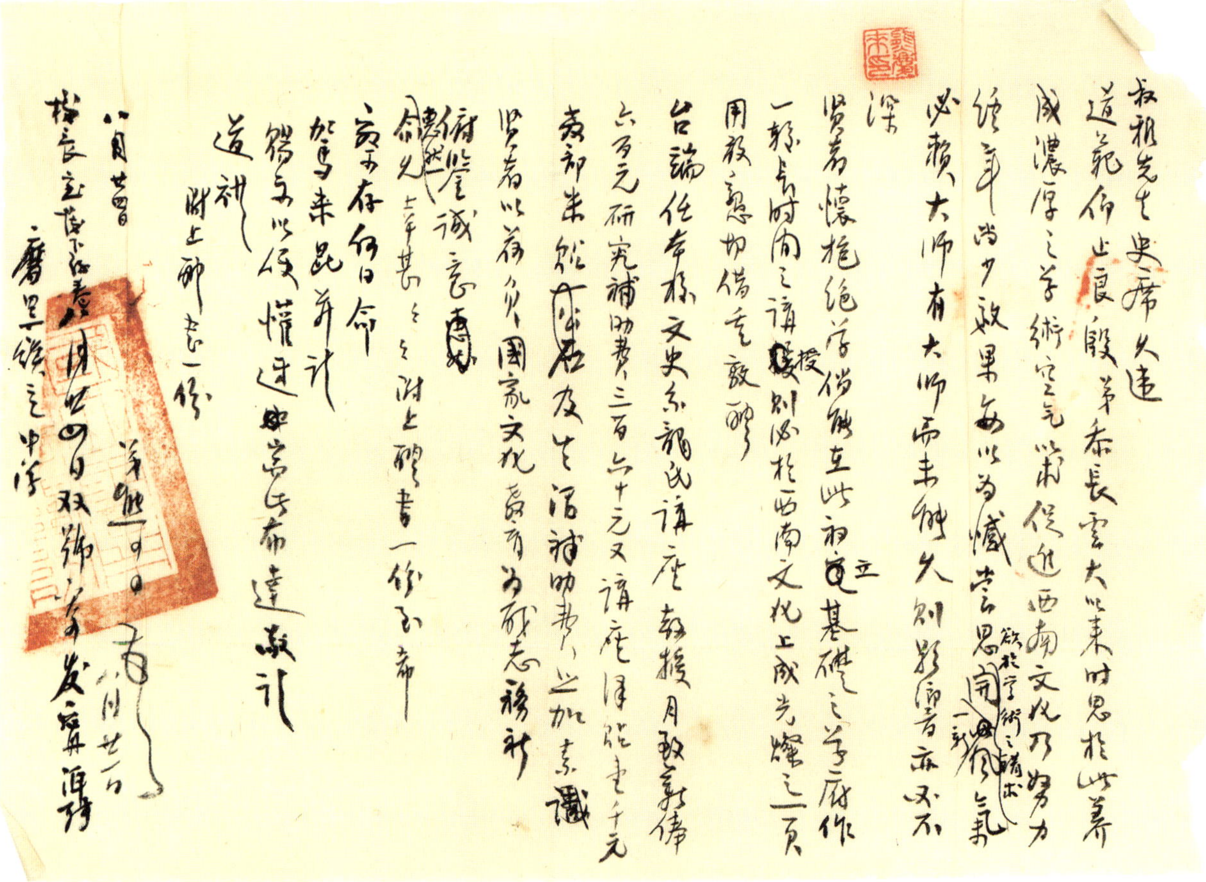
叔雅先生史席：久违
道範，仰止良殷。弟来长云大以来，时思於此养
成浓厚之学术空气，俾促进西南文化。乃努力
经年，尚少效果，每以为憾。尝思欲於学术之讲求，开一新风气，
必赖大师；有大师而未能久，则影响亦必不
深。
贤者怀抱绝学，倘能在此树立基础之学府，作
一较长时间之讲授，则必於西南文化上放光辉之一页。
用敢竭诚，备函敦聘
台端任本校文史系龙氏讲座教授，月致薪俸
六百元，研究补助费三百六十元，又讲座津贴壹千元。
教部未能及，亦请补助费，必加赏识。
贤者以负国家文化发育为职志，务祈
俯鉴诚意，惠然
命驾。兹先奉上聘书一份，至希
察存。何日
命驾来昆，并祈
赐示，以便准备为荷。专此布达，敬讯
道祺
附上聘书一份
弟熊庆来敬启 八月廿日

熊庆来致信刘文典，礼聘其担任龙氏讲座教授。文中提出“欲于学术之讲求，开一新风气，必赖大师；有大师而未能久，则影响亦必不深”的观点。

云南通讯社、中央通讯社报道聘刘文典为云南大学龙氏讲座教授的新闻稿。

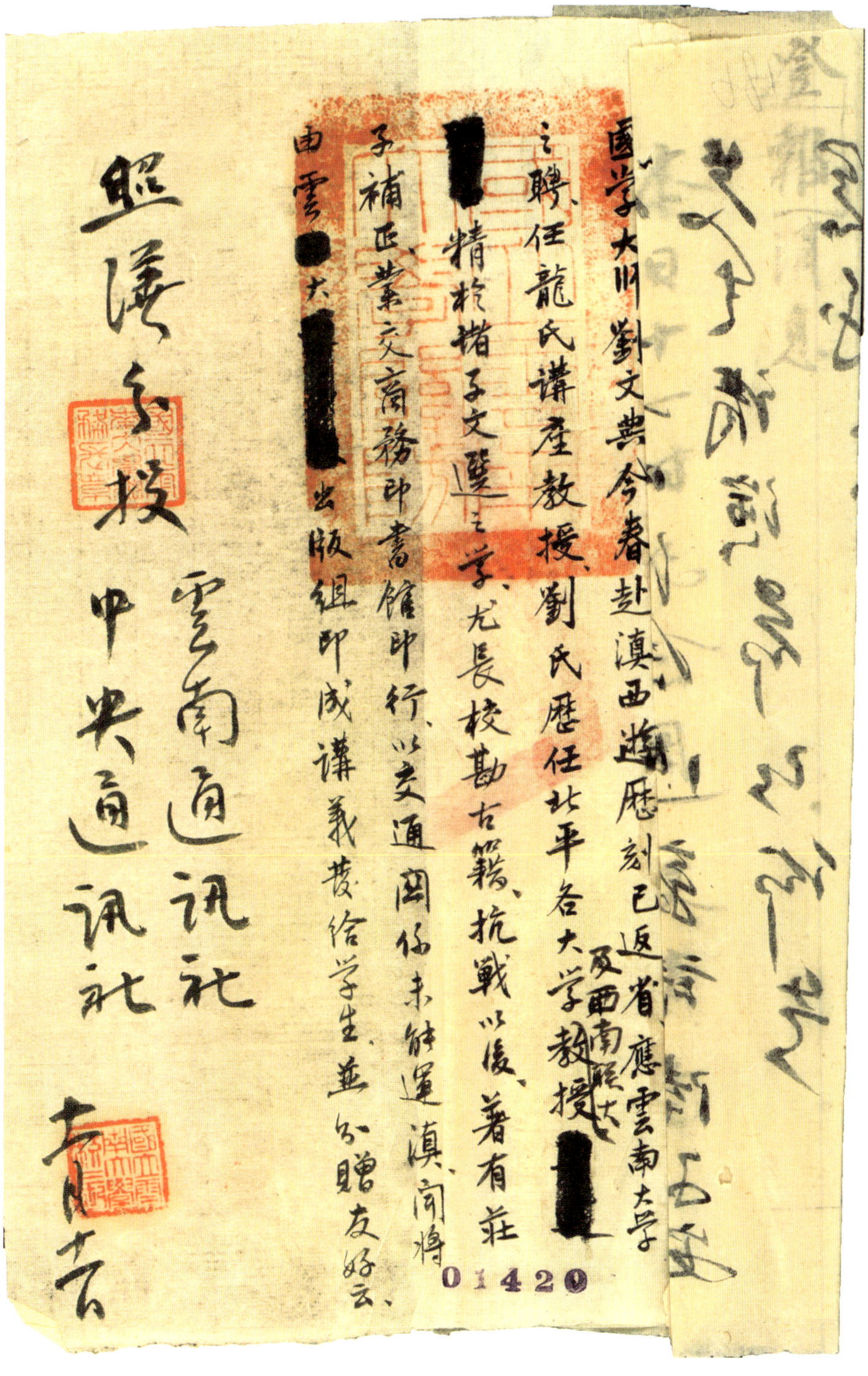
國學大師劉文典今春赴滇西遊歷，刻已返省，應雲南大學之聘，任龍氏講座教授。劉氏歷任北平各大學教授及西南聯大[redacted]精於諸子文選之學，尤長校勘古籍，抗戰以後，著有莊子補正，業交商務印書館印行，以交通阻係未能運滇，聞將由雲[redacted]大[redacted]出版組印成講義，發給學生，並分贈友好云。

雲南通訊社

中央通訊社

01420

應聘書

國立雲南大學應聘書(卅六)文第 柒 號

兹應

國立雲南大學之聘為文史學系教授

并同意訂定規約如左

一薪金每月國幣 陸佰 元按月支領

一每週授課自 九 小時至 十二 小時

一應聘期自民國三十六年八月起至三十七年七月底止

一其他事項依照教職員待遇服務規程辦理

應聘人錢穆

中華民國 三十六 年 八 月 日

應聘書

國立雲南大學應聘書 (卅六)文字第 二十七 號

兹應

國立雲南大學之聘為 文史學系教授

并同意訂定規約如左

一薪金每月國幣 壹六百 元按月支領

一每週授課自 五 小時至 五 小時

一應聘期自民國三十六年八月起至三十七年七月底止

一其他事項依照教職員待遇服務規程辦理

應聘人 袁丕佑

中華民國 三十六 年 月 日

聘書

廿七年十月廿一日函信辭
校長室特以記之

雲南省立雲南大學聘書雲字第七十六號

茲聘請

聞在宥先生爲本校文学系[illegible]兼教授兼主任並訂定

聘約如左

一 新金每月~~新滇幣~~國幣叁佰元按月致送

一 每週授課自　小時至十二小時

一 應聘期自民國廿七年二月起至廿七年七月底止

一 其他事項依照教員待遇章程辦理

校長

[illegible]

中華民國二十七年二月　日

應聘書

國立雲南大學應聘書　第　號

茲應

國立雲南大學之聘爲文史學系教授兼主任

并同意訂定規約如左

一 新金每月國幣伍百陸拾元按月支領

一 每週授課自六小時至九小時

一 應聘期自民國三十六年八月起至三十七年七月底止

一 其他事項依照教職員待遇服務規程辦理

應聘人方國瑜 方國瑜印

中華民國三十六年八月　日

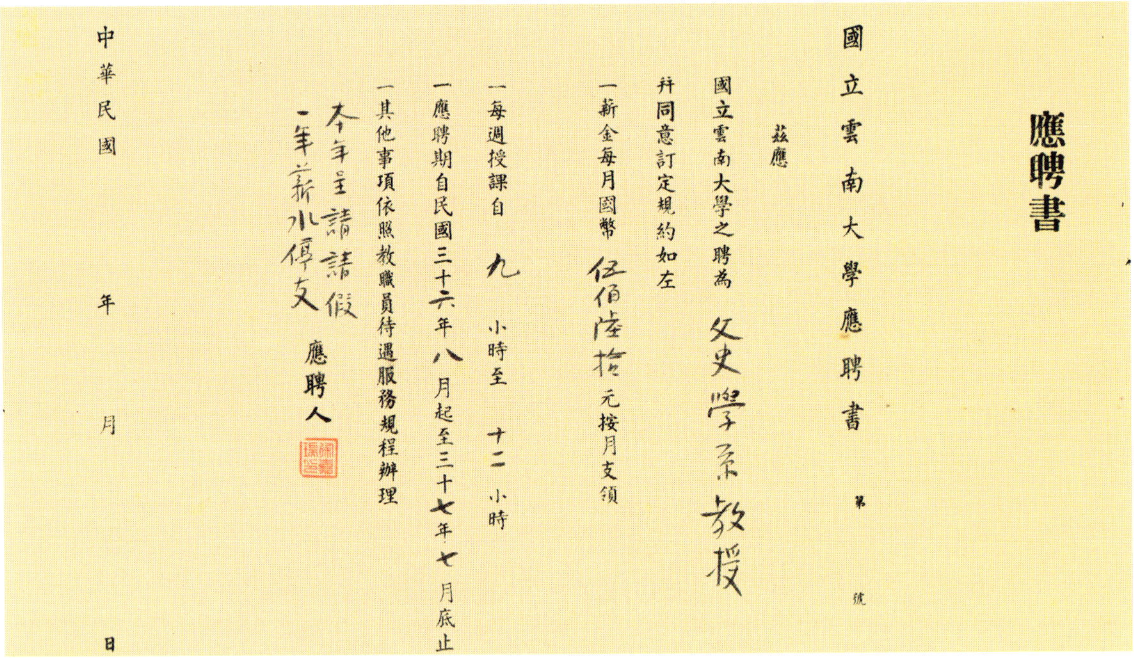

應聘書

國立雲南大學應聘書 第 號

茲應

國立雲南大學之聘為 文史學系教授

并同意訂定規約如左

一 薪金每月國幣 伍佰陸拾 元按月支領

一 每週授課自 九 小時至 十二 小時

一 應聘期自民國三十六年八月起至三十七年七月底止

一 其他事項依照教職員待遇服務規程辦理

本年呈請請假一年薪水停支

應聘人

中華民國 年 月 日

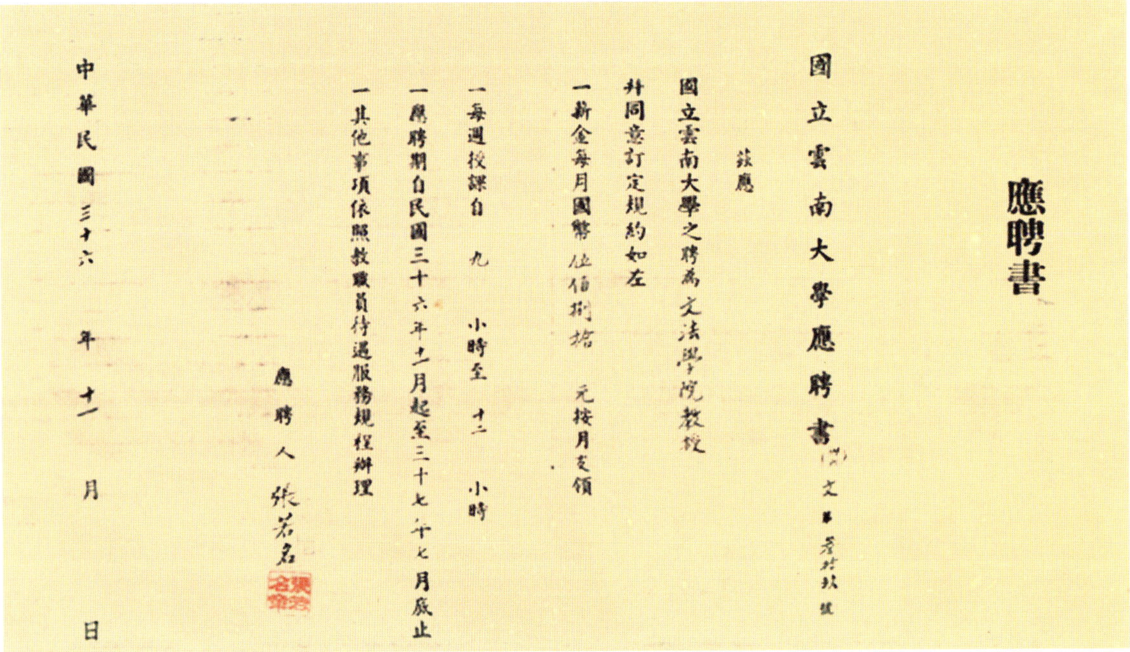

應聘書

國立雲南大學應聘書 (?)文 第 叁拾玖 號

茲應

國立雲南大學之聘為 文法學院教授

并同意訂定規約如左

一 薪金每月國幣 伍佰捌拾 元按月支領

一 每週授課自 九 小時至 十二 小時

一 應聘期自民國三十六年十一月起至三十七年七月底止

一 其他事項依照教職員待遇服務規程辦理

應聘人 張若名

中華民國三十六年十一月 日

應聘書

國立雲南大學應聘書 第 號

茲應

國立雲南大學之聘為文史學系教授

並同意訂定規約如左

一薪金每月國幣五百六十元按月支領

一每週授課自九小時至十二小時

一應聘期自民國三十六年六月起至三十七年七月底止

一其他事項依照教職員待遇服務規程辦理

應聘人

中華民國卅六年八月日

一每週授課自 小時至 小時

一應聘期自民國卅二年八月起至卅三年七月底止

一其他事項依照教職員待遇服務規程辦理

應聘人費孝通

中華民國卅二年八月卅日

一每週授課自 小時至 小時

一應聘期自民國卅二年八月起至卅三年七月底止

一其他事項依照教職員待遇服務規程辦理

應聘人許烺光

中華民國卅二年八月卅日

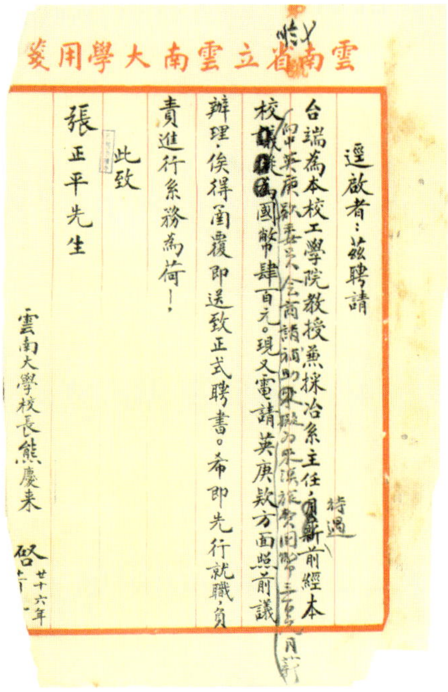

雲南省立雲南大學用箋

逕啟者：茲聘請

台端為本校工學院教授兼採冶系主任，前經本

校……國幣肆百元。現又電請英庚款方面照前議

辦理，俟得覆即送致正式聘書。希即先行就職，負

責進行系務為荷！

此致

張正平先生

雲南大學校長熊慶來 啟 廿六年

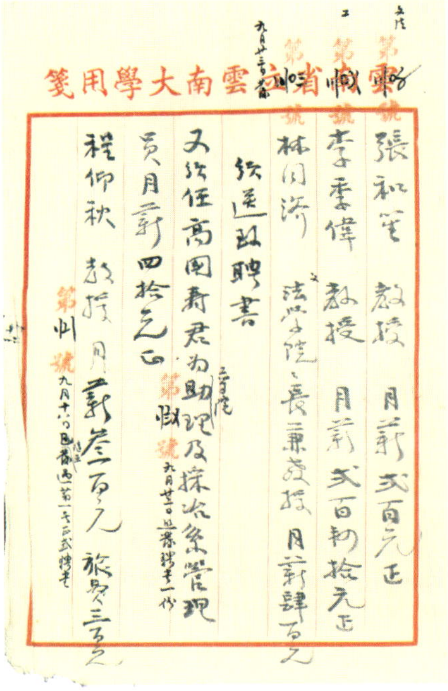

雲南省立雲南大學用箋

張和笙 教授 月薪貳百元正

李季偉 教授 月薪貳百捌拾元正

林同濟 法學院院長兼教授 月薪肆百元

……送致聘書

又聘任高固壽君為助理及採冶系管理員，月薪四拾元正

程仰秋 教授 月薪叁百元 旅費三百元

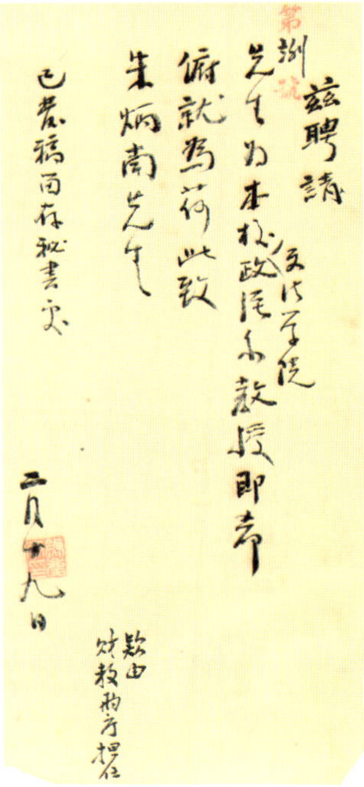

茲聘請

先生為本校文法學院政治系教授，即希

俯就為荷。此致

朱炳南先生

已發稿面存秘書處

二月十九日

彭桓武先生曾两度任教云南大学。1993年云南大学建校70周年之际，彭先生曾填《如梦令》以祝贺。曰："三七四八年度，执教两番来去。战乱认家乡，胜利屡曾回顾。多祜，多祜，母校育才功著。"这首词勾勒出彭桓武先生抗战初期和抗战胜利后两次在云南大学任教的难忘岁月，表达了他对云大的深厚情谊。

图为1938年6月云南大学出具的彭桓武在校服务证明书。

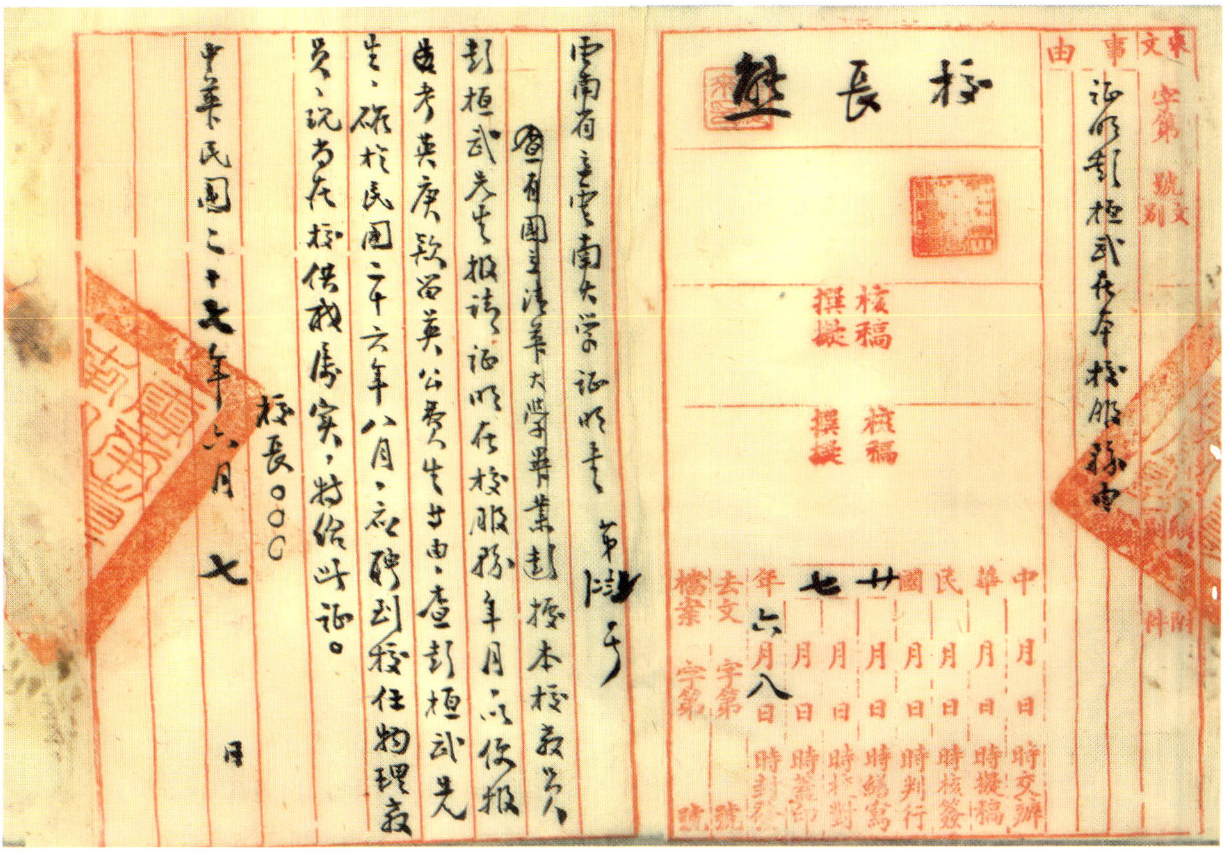
事由 證明彭桓武在本校服務由

校長

核稿 撰擬

中華民國廿七年六月八日

雲南省立雲南大學證明書 第陸號

查有國立清華大學畢業[illegible]本校教員彭桓武先生報請證明在校服務年月以便報考英庚款留英公費生由。查彭桓武先生，確於民國二十六年八月，應聘到校任物理教員，現尚在校供職屬實，特給此證。

校長〇〇〇

中華民國二十七年六月七日

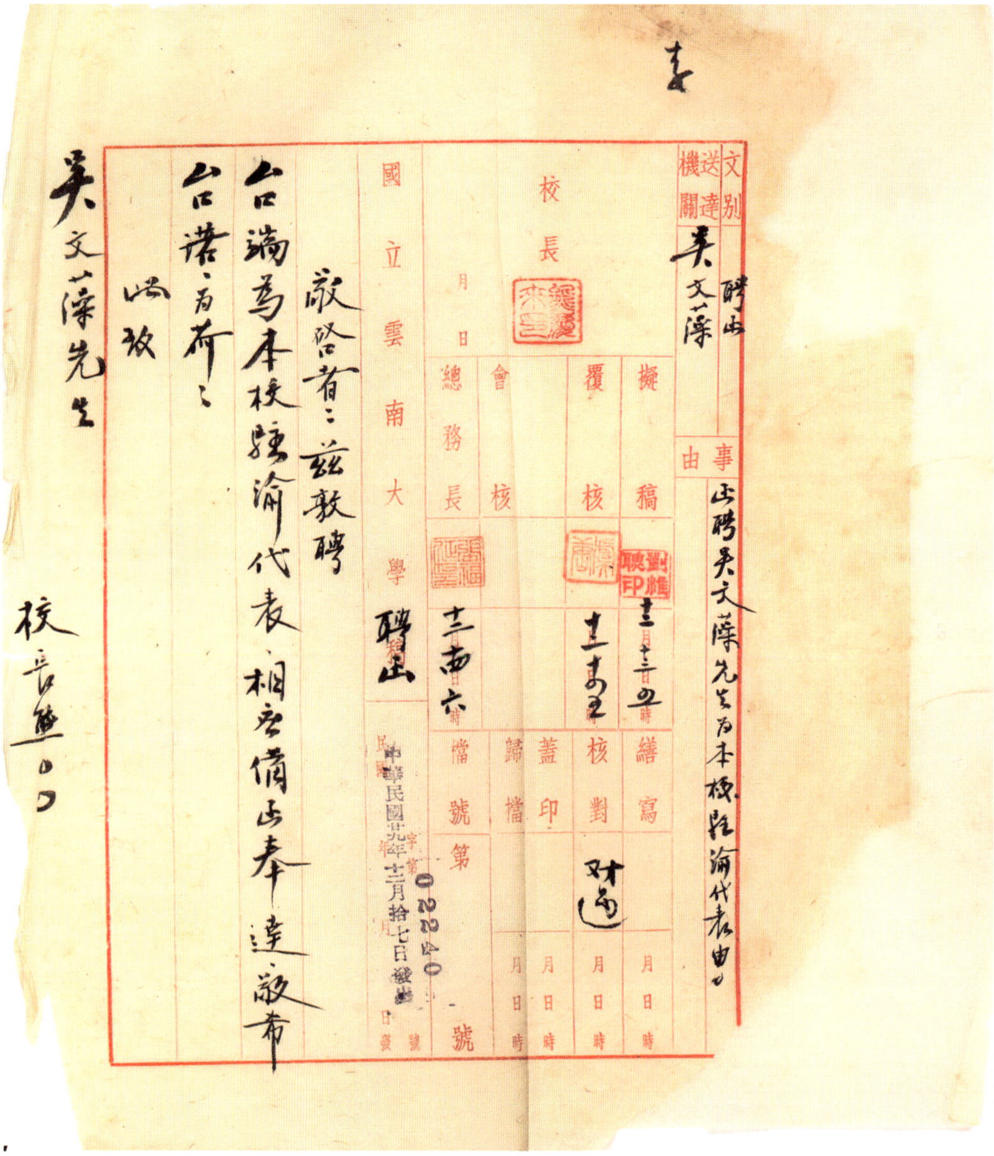

文別：聘函
送達機關：吳文藻
事由：函聘吳文藻先生為本校駐渝代表由
校長
擬稿　覆核　會核　總務長
繕寫　核對　蓋印　歸檔
國立雲南大學聘函
中華民國廿九年十二月拾七日發出

吳文藻先生
敬啓者：茲敦聘
台端為本校駐渝代表，相應備函奉達，敬希
台諾為荷。此致
校長熊○○

吴文藻先生为云南大学社会学系创办者，提出并全力推进社会学中国化。1940年离开云大到重庆工作，学校礼聘其为云南大学驻渝代表。

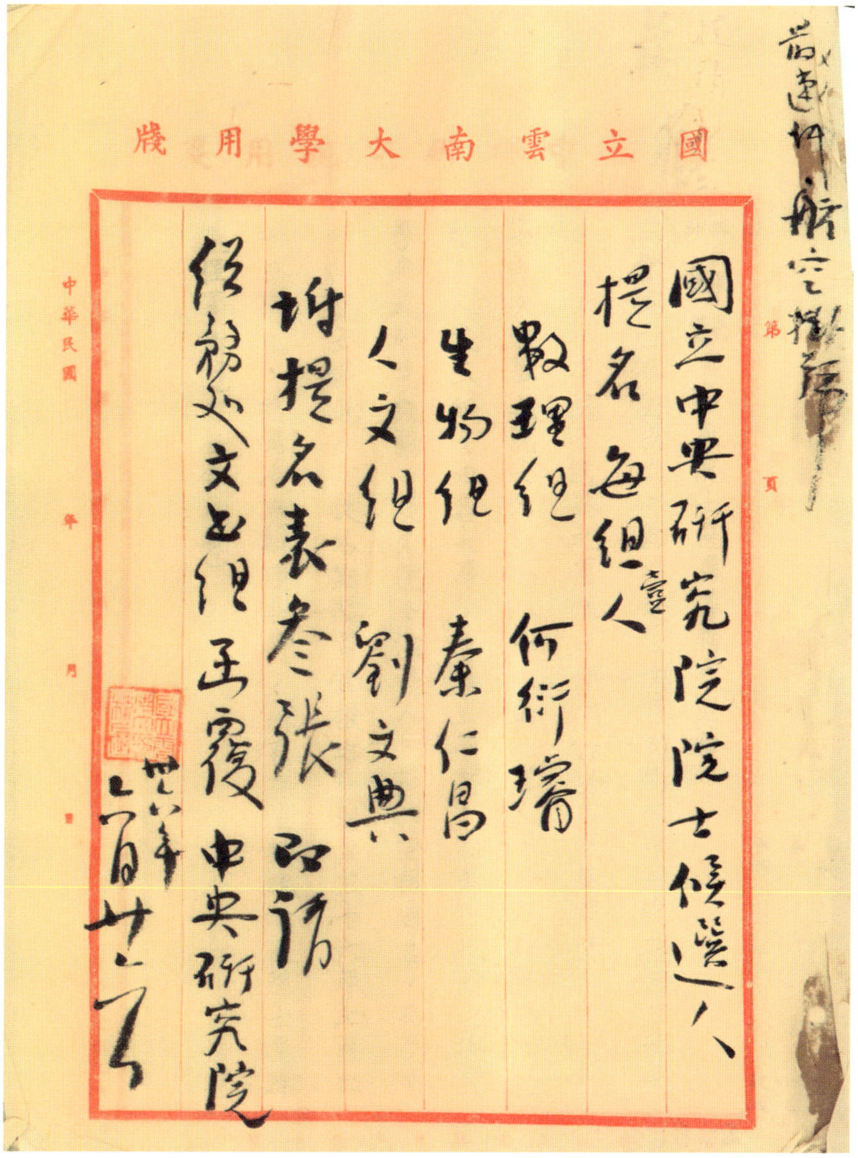

國立雲南大學用牋

國立中央研究院院士候選人

提名每組人(壹)

數理組 何衍璿

生物組 秦仁昌

人文組 劉文典

附提名表叁張 函請

總務處文書組 王霞 中央研究院

卅六年六月廿日

1947年6月，云南大学复函中央研究院，提名何衍璿、秦仁昌、刘文典为院士候选人。

1941年8月，云南大学填报的部分教师履历表。

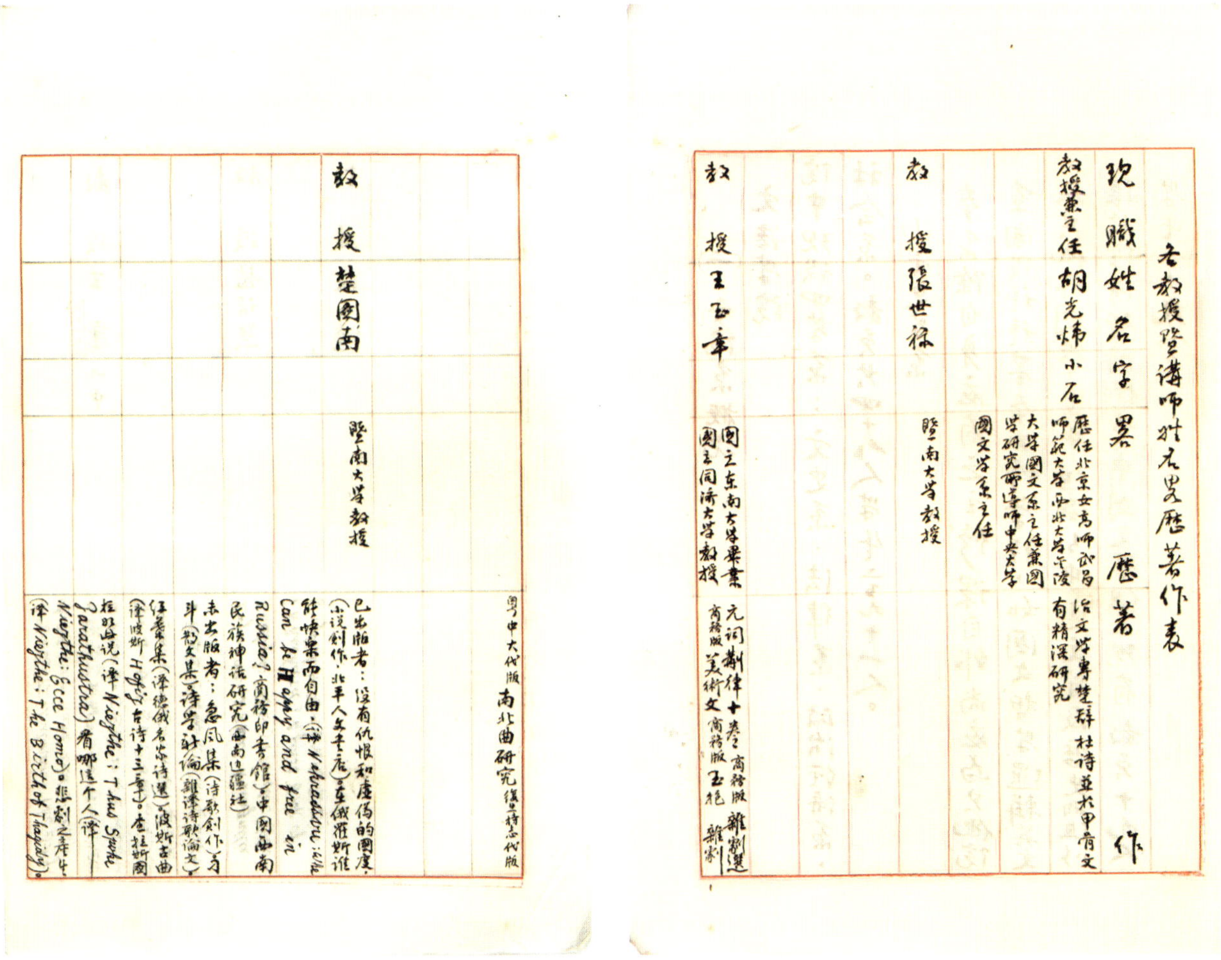

各教授暨讲师姓名史历著作表

职别	姓名	字	略历	著作
教授兼主任	胡光炜	小石	历任北京女高师武昌师范大学西北大学金陵大学国文系主任兼国学研究所导师中央大学国文学系主任	治文学于楚辞杜诗并于甲骨文有精深研究
教授	張世禄		暨南大学教授	
教授	王玉章		国立东南大学毕业 国立同济大学教授	元词斠律十卷 商务版 美術文 商务版 玉抱 雜劇 雜劇選 南北曲研究 粤中大代版 復旦詩志代版
教授	楚图南		暨南大学教授	已出版者：没有仇恨和虚伪的国度（小说创作，北平人文书店）。在俄罗斯谁能快乐而自由（译 Nekrasov: Who Can be Happy and free in Russia?）商务印书馆。中国西南民族神话研究（西南边疆社）。未出版者：急风集（诗歌创作）。刁斗（散文集）。诗学评论（杂译诗歌论文）。红叶集（译德俄名家诗选）。波斯古曲（译波斯 Hafiz 古诗十三章）。查拉斯图拉如是说（译 Nietzsche: Thus Spake Zarathustra）看哪这个人（译 Nietzsche: Ecce Homo）。悲剧之产生（译 Nietzsche: The Birth of Tragedy）。

教授 袁昌鸿寿

博士論文 法國國家學院頒布標準文法（譯本）已交商務印書館付印。

教授 邵可侶

歷次大會歷次全會提案彙編（稿本中央組織部）杜寶時戲劇譯本

教授 陳定民

教授 王庸 以中

大路之歌（譯Whitman: The Song of The open Road and others）。中國地理學史（中國文化史叢書之一）商務印書館出版。經濟地理學原理 商務印書館出版。中國地學論文索引正續編 王庸茅乃文合編 國立北平圖書館出版。中國地理圖籍叢考 商務書館印刷中。

教授 趙詔熊

Lagoman's Basic: A Linguistic Analysis（稿本）Phonetic Notes

I A Richards: A first Book of English（中國正字學會印行）。

教授 陳達

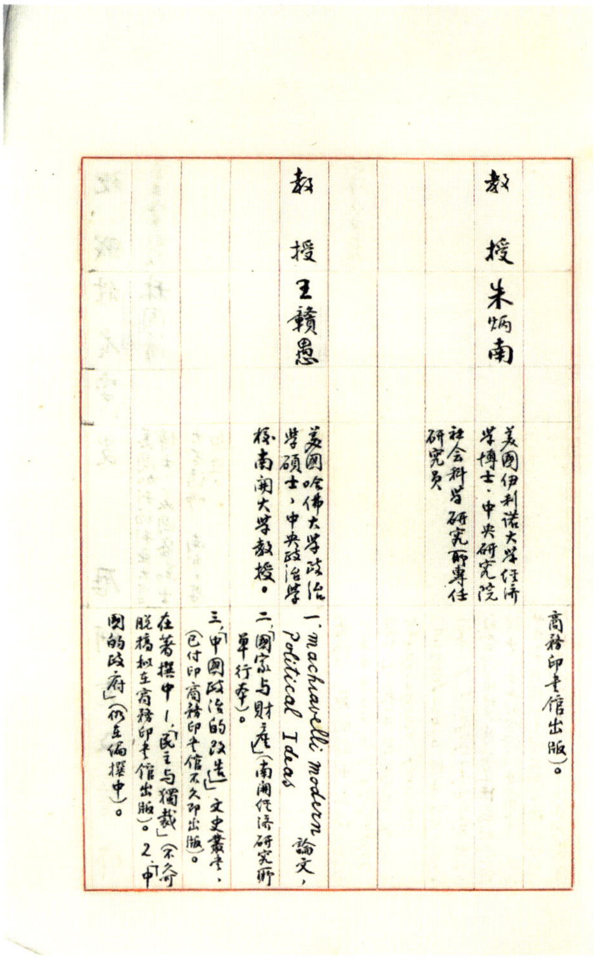
商務印書館出版）。
教授 朱炳南
美國伊利諾大学經济学博士、中央研究院社会科学研究所專任研究員
教授 王贛愚
美國哈佛大学政治学碩士、中央政治学校南開大学教授。
一、Machiavelli modern Political Ideas 論文、
二、「國家与財產」（南開經济研究所單行本）。
三、「中國政治的改造」文史叢書、（已付印商務印書館不久印出版）。
在著撰中 1.「民主与獨裁」（不久脫稿拟在商務印書館出版）。2.「中國的政府」（仍在編撰中）。

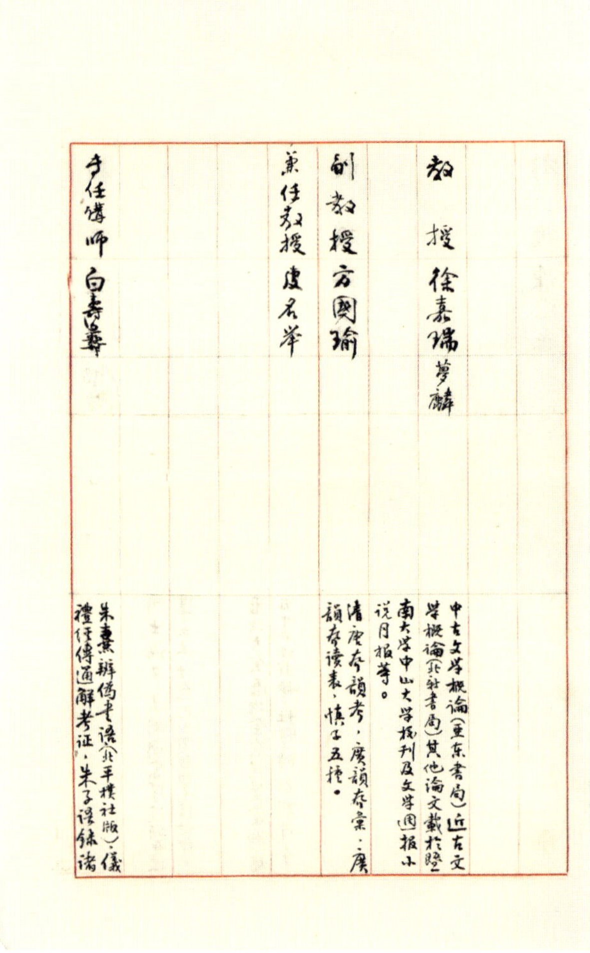
教授 徐嘉瑞 夢麟
中古文学概論（亞東書局）近古文学概論（北新書局）其他論文載於暨南大学中山大学校刊及文学周報小説月報等。
副教授 方國瑜
兼任教授 虔名举
清代古韻考、廣韻聲彙、廣韻聲讀表、慎子五種。
专任講师 白寿彝
朱熹辨偽書語（北平樸社版）、儀禮經傳通解考证、朱子語録諸

（4）社会学系

该系现有教职员共九人学生五人。

各教授讲师及助教等姓名略历及研究著作表

现职	姓名字	略历	研究及著作
教授兼系主任	吴文藻	美國哥倫比亚大学博士，曾任燕京大学社会学系主任、文学院长等职。	関於西洋各國社会学及人类学学派之介绍以及社區研究理論及方法論文。（均散見於中國社会学刊、社会学界、社会研究、民族学集刊及其他定期刊物）又人类学专册。（民國廿五年由黎明书局出版）社会制度之研究。（将於本校社会科学丛书发表）
教授	王子政	美國斯當佛大学教育学士、社会学硕士，曾任中央大学教授、实业部科长等职。	
教授	范師武	美國哥倫比亚大学硕士、星德斐士大学博士。	
教授	朱馭歐	美國威斯康辛大学博士，中央研究院社会科学研究院专任副研究员、行政院行政效率委员会专门委员。	
教授	徐僎祖 [illegible]先	國立北平大学毕业，日本东京法大經濟学士。曾任北平晨报编辑、國立北平大学教授、雲南	著作：北平晨报丛书：（1）蘇俄军備与日俄战争（2）日美可战乎？（3）日美果战乎？。

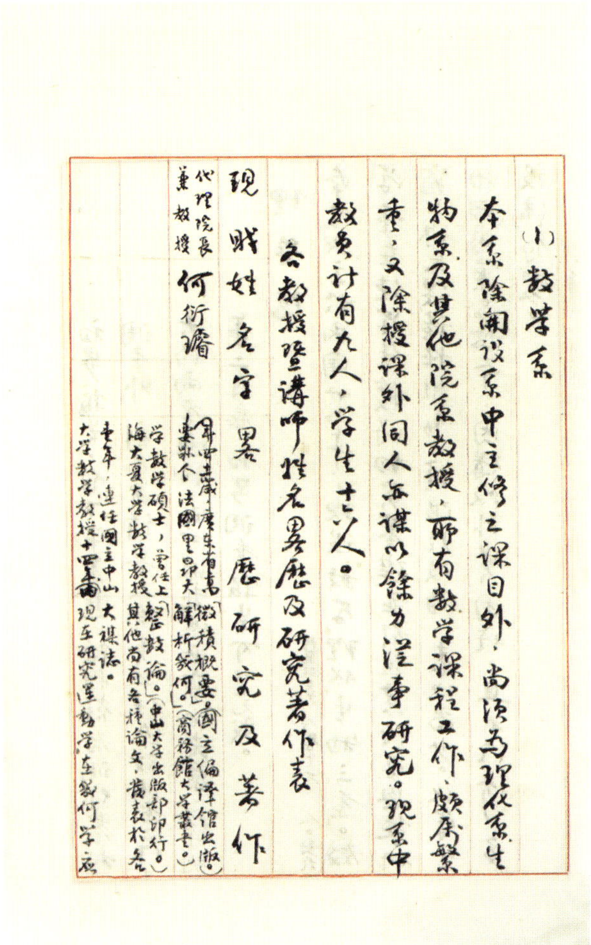
（1）数学系

本系除开设系中主修之课目外，尚须为理化系生物系及其他院系教授，所有数学课程工作，颇为繁重，又除授课外同人亦课以余力从事研究。现系中教员计有九人，学生十六人。

各教授暨讲师姓名略历及研究著作表

现职	姓名	略历	研究及著作
代理院长兼教授	何衍璿	年四十岁，广东省高要县人。法国里昂大学数学硕士，曾任上海大夏大学数学教授十年，连任国立中山大学数学教授十四年	微积概要。（国立编译馆出版。）解析几何。（商务馆大学丛书。）整数论。（中山大学出版部印行。）其他尚有各种论文，发表于各大杂志。现在研究运动学在几何学底

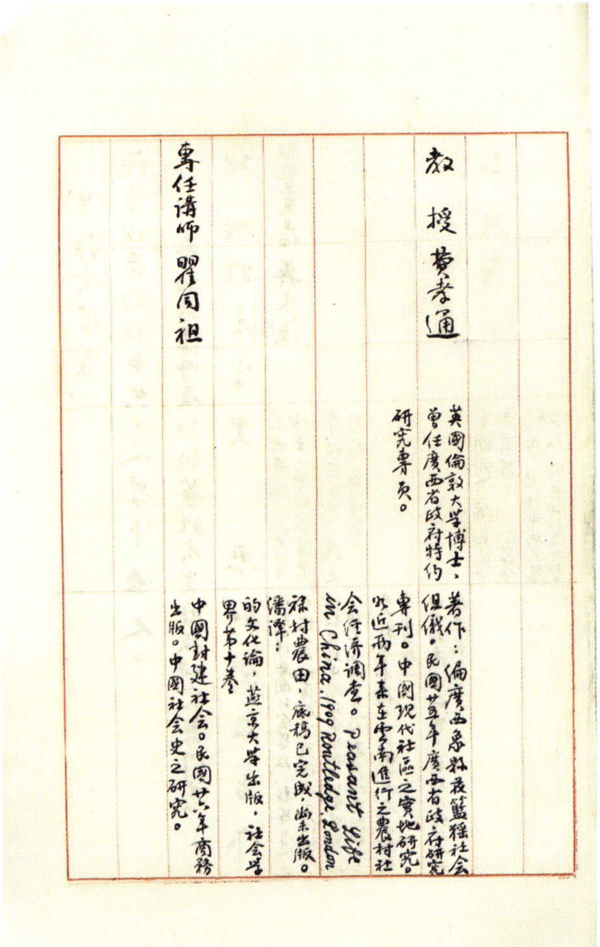
教授	费孝通	英国伦敦大学博士，曾任广西省政府特约研究专员。	著作：编广西象县花篮猺社会组织。民国二十五年广西省政府研究专刊。中国现代社区之实地研究。以近两年来在云南进行之农村社会经济调查。Peasant Life in China. 1939 Routledge, London 禄村农田，底稿已完就，尚未出版。潘泽：的文化论，燕京大学出版，社会学界第十卷
专任讲师	瞿同祖		中国封建社会。民国二十六年商务出版。中国社会史之研究。

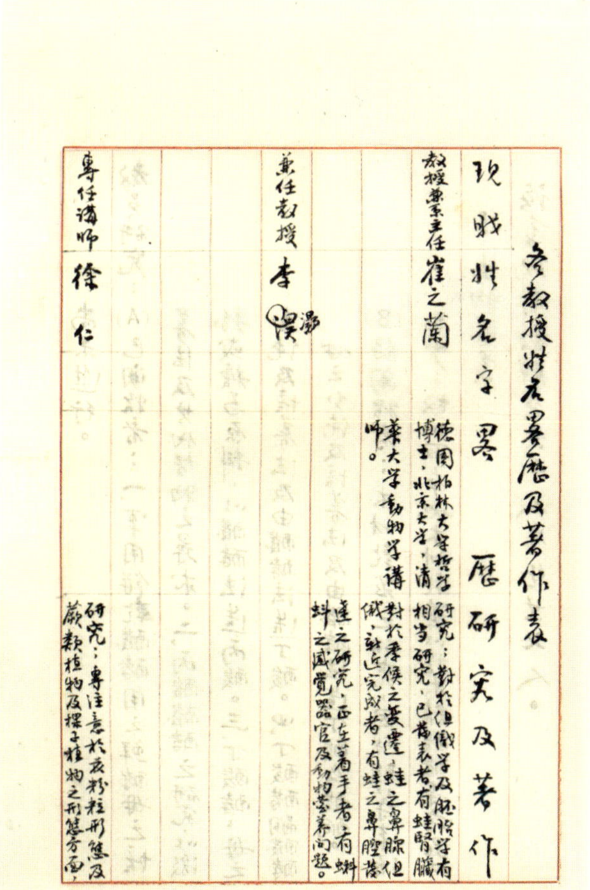

各教授姓名履历及著作表

职别	姓名字	略历	研究及著作
教授兼系主任	崔之兰	德国柏林大学哲学博士，北京大学、清华大学动物学讲师。	研究：对于组织学及胚胎学有相当研究，已发表者有蛙肾脏对于季候之变迁、蛙之鼻腺组织，最近完成者，有蛙之鼻腔发达之研究，正在着手者有蝌蚪之感觉器官及动物营养问题。
兼任教授	李[illegible]		
专任讲师	徐仁		研究：专注意于孢粉粒形态及蕨类植物及裸子植物之形态方面，

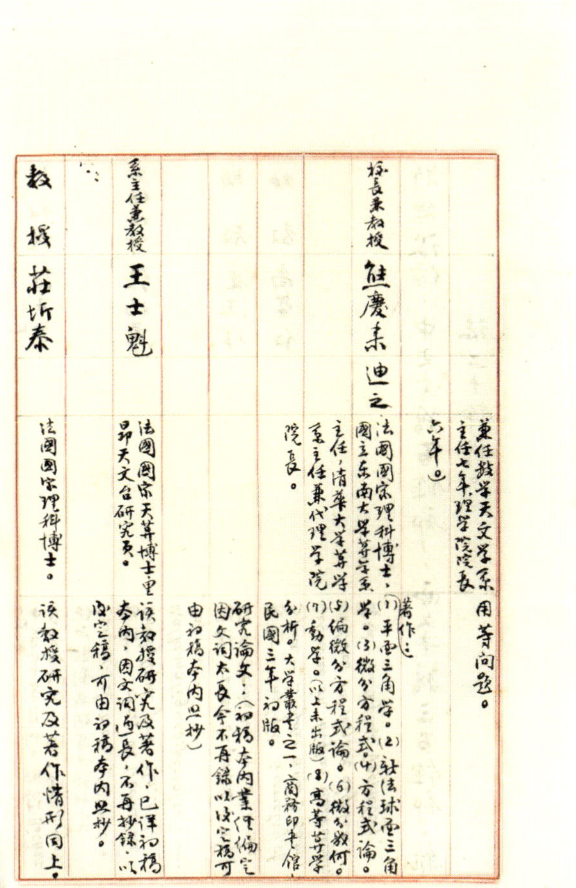

职别	姓名字	略历	研究及著作
		兼任数学天文学系主任七年，理学院院长六年。	用等问题。
校长兼教授	熊庆来 迪之	法国国家理科博士，国立东南大学算学系主任，清华大学算学系主任兼代理学院院长。	著作：(1)平面三角学。(2)球面三角学。(3)微分方程式。(4)方程式论。(5)偏微分方程式论。(6)微分几何。(7)动学。(以上未出版)(8)高等算学分析。大学丛书之一，商务印书馆民国三年初版。研究论文：(初稿本内业经编定，因文词太长今不再录以该论文稿可由初稿本内照抄)
系主任兼教授	王士魁	法国国家天算博士，里昂天文台研究员。	该教授研究及著作，已详初稿本内，因文词过长，不再抄录，以该论文稿，可由初稿本内照抄。
教授	庄圻泰	法国国家理科博士。	该教授研究及著作情形同上。

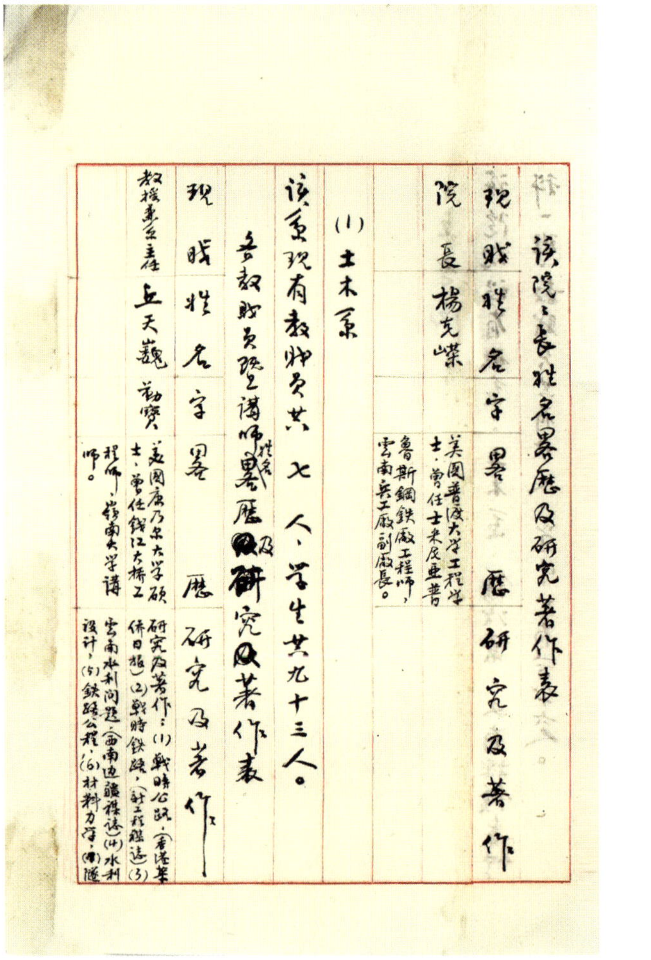

附一 該院院長姓名略歷及研究著作表。

現職	姓名字	略歷	研究及著作
院長	楊克嶸	美國普渡大學工程學士，曾任士來辰亞普魯斯鋼鐵廠工程師，雲南兵工廠副廠長。	

(1) 土木系

該系現有教職員共七人，學生共九十三人。

各教職員暨講師姓名略歷及研究及著作表

現職	姓名字	略歷	研究及著作
教授兼系主任	丘天巍 勒賢	美國康乃尔大學碩士，曾任錢江大橋工程師，嶺南大學講師。	研究及著作：(1)戰時公路（香港華僑日報）(2)戰時鐵路（新工程雜誌）(3)雲南水利問題（西南邊疆雜誌）(4)水利設計，(5)鐵路公程，(6)材料力學，(7)隧

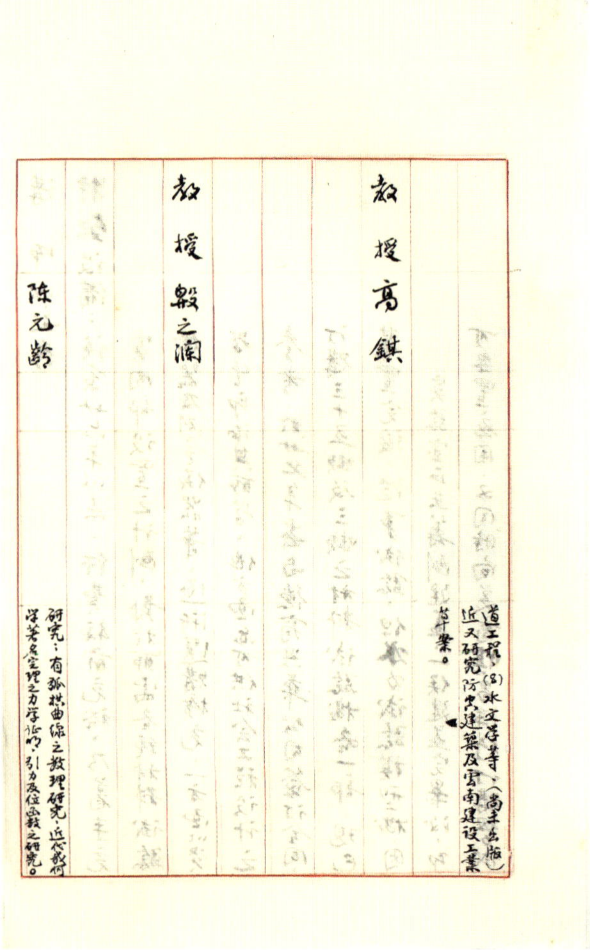

道工程，(8)水文學等（尚未出版）近又研究防空建築及雲南建設工業若干案。

現職	姓名字	略歷	研究及著作
教授	高鎮		
教授	殷之瀾		
	陳元齡		研究：有弧拱曲線之數理研究，近代幾何學著名定理之力學証明，引力及位函數之研究。

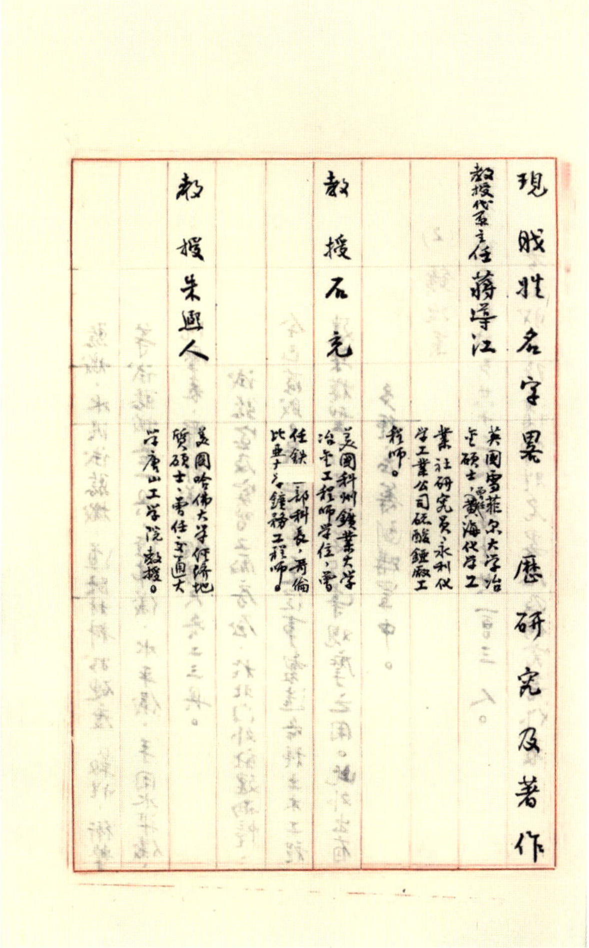

現職	姓名	學歷	研究及著作
教授代系主任	蔣導江	英國雪菲尔大学冶金碩士，黄海化学工業社研究员，永利化学工業公司硫酸錏廠工程师。	
教授	石充	美國科州鑛業大学冶金工程师学位，曾任鉄道部科長，哥倫比亞十六鑛務工程师。	
教授	朱興人	美國哈佛大学經濟地質碩士，曾任交通大学唐山工学院教授。	

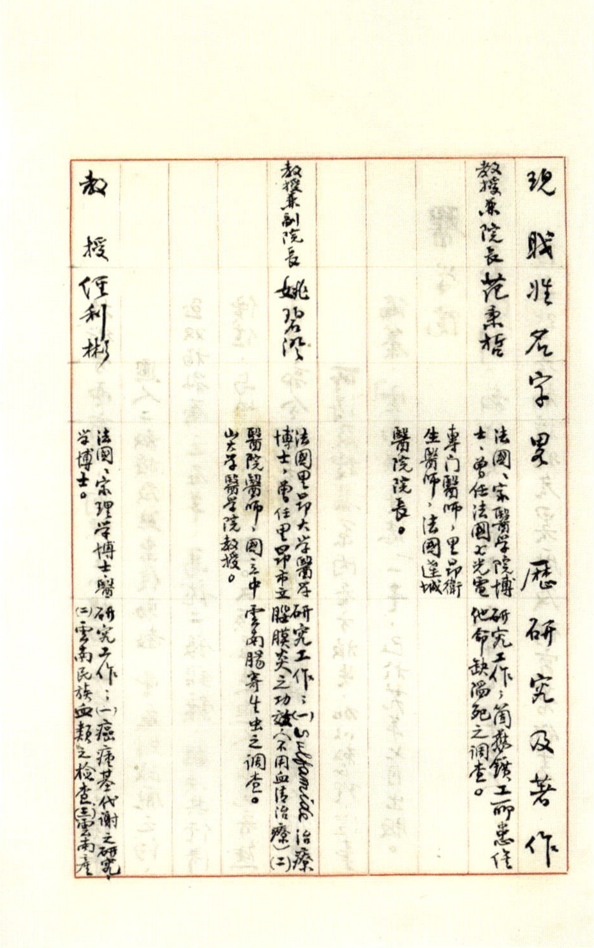

現職	姓名	學歷	研究及著作
教授兼院長	范秉哲	法國、宗醫学院博士，曾任法國X光電專門醫师，里昂衛生醫师，法國逹城醫院院長。	研究工作：箇舊錫工所患維他命缺乏症之調查。
教授兼副院長	姚碧澄	法國里昂大学醫学博士，曾任里昂市立醫院醫师，國立中山大学醫学院教授。	研究工作：(一)Sulfamide治療腦膜炎之功效(不用血清治療)(二)雲南腸寄生虫之調查。
教授	任利彬	法國、宗理学博士、醫学博士。	研究工作：(一)癌瘤基代謝之研究(二)雲南民族血類之檢查(三)雲南產

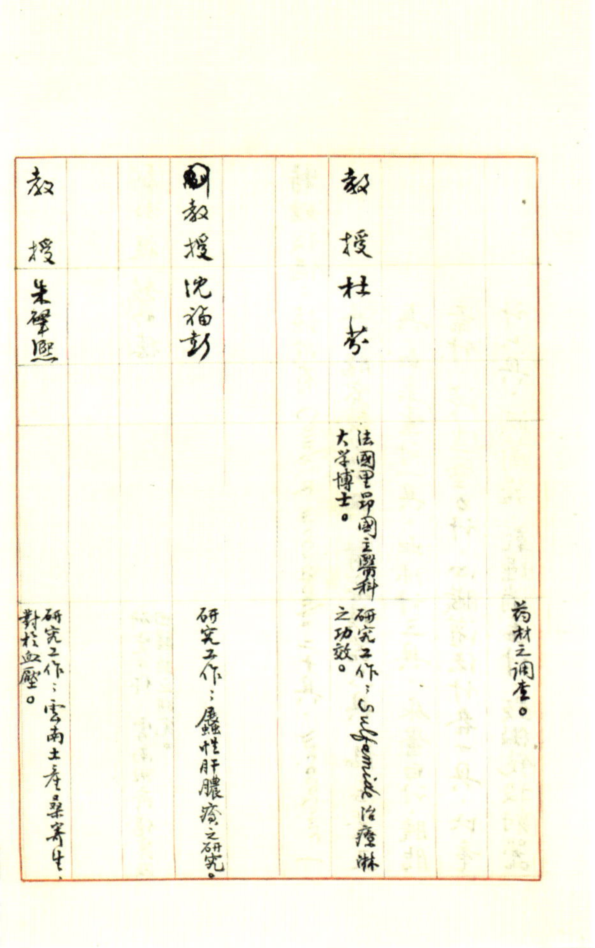

藥材之調查。

教授杜棻　法國里昂國立醫科大學博士。　研究工作：Sulfamide治療淋之功效。

副教授沈福彭　研究工作：蠱性肝膿瘍之研究。

教授朱肇熙　研究工作：雲南土產桑寄生對於血壓。

業大学、國立浙江大学、中央政治学校等教授、豫陝三省農務委員。

之調查、重要著作：造園学、造林要義、觀賞樹木、歐美林業教育之概觀。

(1) 農藝系

該系現有教職員共十人，学生共廿四人。

一、各教授姓名畧歷及研究著作表

現職	姓名	字	畧歷	研究及著作
教授兼代系主任	湯惠蓀		見前	
教授	周士礼			
兼任教授	周拾祿			
教授	馮言安		日本北海道帝國大学農科畢業、法國巴黎	

X

大学理科博士、曾任國立中央大学、浙江大学教授兼園藝系主任。

諸寶楚 副教授

(2) 森林系

該系現有教職員共八人，学生十一人。

各教授姓名畧歷及研究著作表

現職	姓名	字	畧歷	研究及著作
教授兼系主任	張福延	海秋	日本東京帝國大学農科大学林学科畢業、曾任北京農業專門学校教授、國立北平大学教授、中央大学農学院教授兼主	著作：森林數学（民國十年江蘇第一監獄出版）中國主要樹木之生長，（其他曾林学講義十餘種）中國森林歷史、（油印本外中華農学会報七七期印載一部份）

教授陳植

任：中央國民經濟計劃委員會委員。

日本東京帝國大學畢業，曾任國立中央大學、金陵大學教授，河南大學農學院院長。

森林生態之觀察，森林植物帶之調查。

重要著作：造園學、造林要義、觀賞樹木、歐美林業教育之概觀。

教授鄭萬鈞

法國都魯大學理學博士，曾任經濟部農林司科長、四川木業公司技師。

特殊設備：有農林場，設於昆明及呈貢二地，昆明農林場約一百五十畝，以供苗圃及學生實習之用，呈貢農林場面積約二百六十餘畝，為旱作水田苗圃、菓樹、園蔬、及茶園試驗地與栽培經濟作物之用。

推廣工作：該院為謀建教合作與抗戰期間增進後方生產起見，先後與各方合作辦理各項事業如次：

(1) 雲南省主要農產物運銷及價格之調查：此項調查係與中國農民銀行合作辦理，由該行每年補助該院經費五千元，舉行米谷、茶葉、甘蔗等運銷及價格之調查。

(2) 酒精原料農場：該院受資源委員會與雲南省政府合辦開遠酒精廠之委託，設立酒精原料

国立云南大学学子莘莘，人才辈出。学校出台了各项学生管理与培养的具体措施。教师经常带领学生深入农村、工厂、矿山调查实习。

图为《国立云南大学学则》，对学生入学、注册、毕业论文、成绩、请假、休学、毕业学位等进行规范。

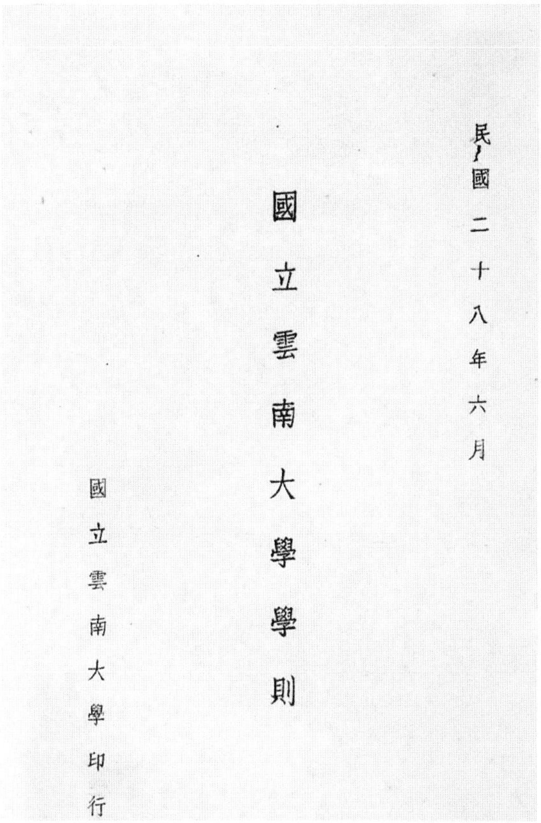

民國二十八年六月

國立雲南大學學則

國立雲南大學印行

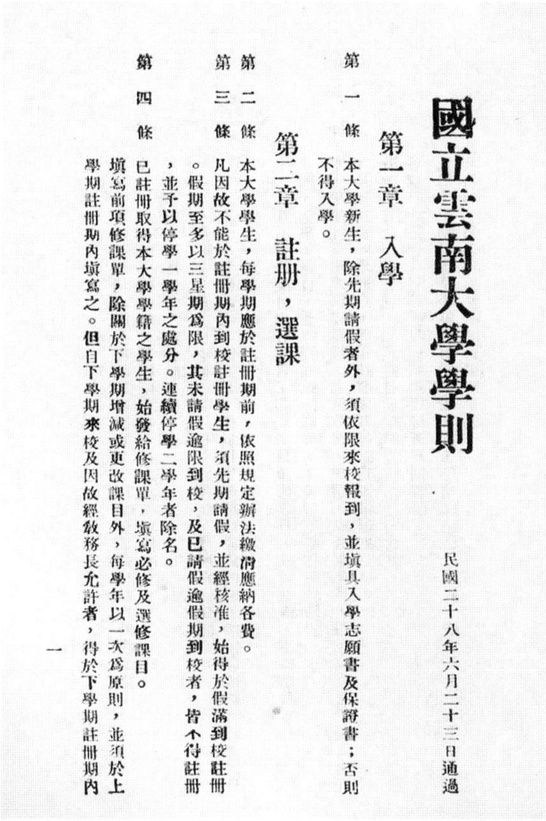

國立雲南大學學則

民國二十八年六月二十三日通過

第一章 入學

第一條 本大學新生，除先期請假者外，須依限來校報到，並塡具入學志願書及保證書；否則不得入學。

第二章 註册，選課

第二條 本大學學生，每學期應於註册期前，依照規定辦法繳淸應納各費。

第三條 凡因故不能於註册期內到校註册學生，須先期請假，並經核准，始得於假滿到校註册。假期至多以三星期爲限，其未請假逾限到校，及已請假逾假期到校者，皆不得註册，並予以停學一學年之處分。連續停學二學年者除名。

第四條 已註册取得本大學學籍之學生，始發給修課單，塡寫必修及選修課目。塡寫前項修課單，除關於下學期增減或更改課目外，每學年以一次爲原則，並須於上學期註册期內塡寫之。但自下學期來校及因故經敎務長允許者，得於下學期註册期內

一

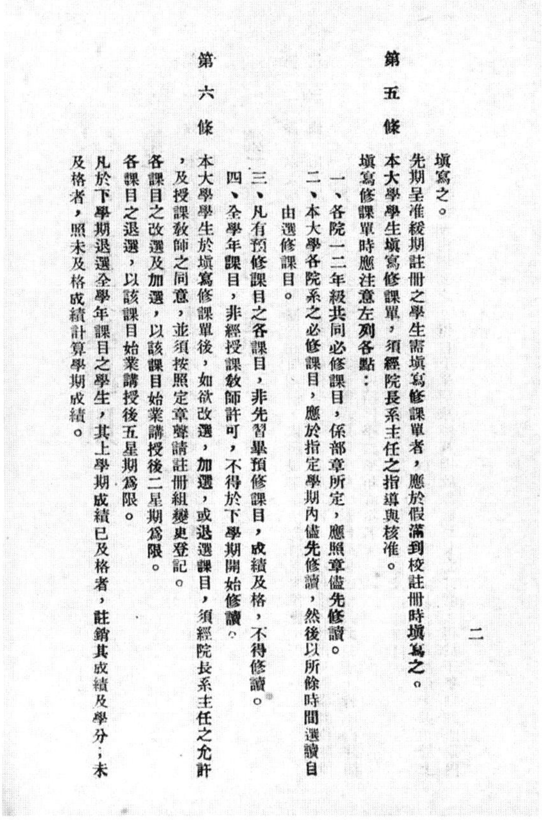

塡寫之。

先期呈准緩期註册之學生需塡寫修課單者，應於假滿到校註册時塡寫之。

第五條 本大學學生塡寫修課單，須經院長系主任之指導與核准。塡寫修課單時應注意左列各點：

一、各院一二年級共同必修課目，係部章所定，應照章儘先修讀。

二、本大學各院系之必修課目，應於指定學期內儘先修讀，然後以所餘時間選讀自由選修課目。

三、凡有預修課目之各課目，非先習畢預修課目，成績及格，不得修讀。

四、全學年課目，非經授課敎師許可，不得於下學期開始修讀。

第六條 本大學學生於塡寫修課單後，如欲改選，加選，或退選課目，須經院長系主任之允許，及授課敎師之同意，並須按照定章聲請註册組變更登記。

各課目之改選及加選，以該課目始業講授後二星期爲限。

各課目之退選，以該課目始業講授後五星期爲限。

凡於下學期退選全學年課目之學生，其上學期成績已及格者，註銷其成績及學分；未及格者，照未及格成績計算學期成績。

二

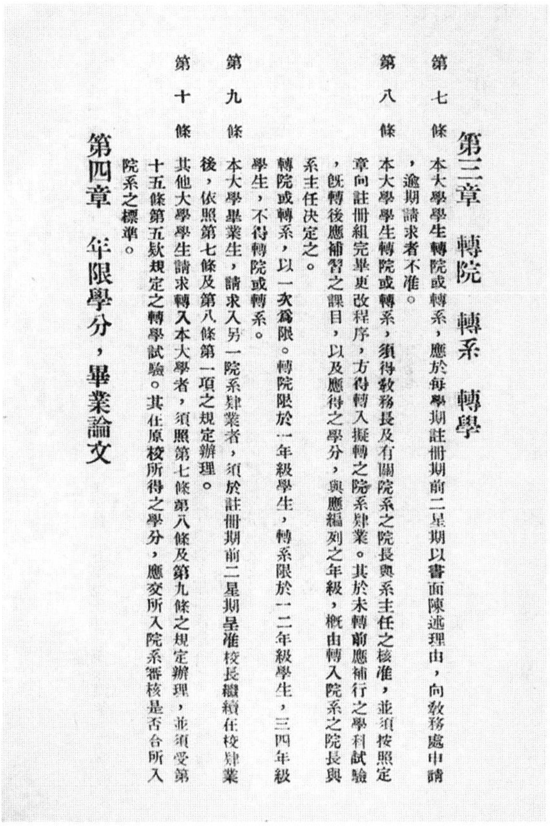

第三章 轉院 轉系 轉學

第七條 本大學學生轉院或轉系，應於每學期註册期前二星期以書面陳述理由，向敎務處申請，逾期請求者不准。

第八條 本大學學生轉院或轉系，須得敎務長及有關院系之院長與系主任之核准，並須按照定章向註册組完畢更改程序，方得轉入擬轉之院系肄業。其於未轉前應補行之學科試驗，既轉後應補習之課目，以及應得之學分，與應編列之年級，概由轉入院系之院長與系主任決定之。

轉院或轉系，以一次爲限。轉院限於一年級學生，轉系限於一二年級學生，三四年級學生，不得轉院或轉系。

第九條 本大學畢業生，請求入另一院系肄業者，須於註册期前二星期呈准校長繼續在校肄業後，依照第七條及第八條第一項之規定辦理。

第十條 其他大學學生請求轉入本大學者，須照第七條第八條及第九條之規定辦理，並須受第十五條第五欵規定之轉學試驗。其在原校所得之學分，應交所入院系審核是否合所入院系之標準。

第四章 年限學分，畢業論文

第十一條 本大學行學分制，但修業年限，文法，理，工，農，各學院學生，至少四年，醫學院學生至少六年。

凡需課外自習之課目，以每星期上課一小時滿一學期，成績及格者，爲一學分。其無需課外自習及實習課目，以每星期上課至少二小時滿一學期成績及格者，爲一學分。

第十二條 本大學文法，理，工，農，各學院學生，除黨義，體育，軍事訓練外，須至少修滿一百三十二學分，方得畢業。第一二年級每年至少修三十六至多四十學分；第三四年級每年至少修三十至多三十六學分。醫學院應修學分另定之。

第十三條 本大學學生，應於最後修業年上學期始業後一個月內，遵照部章，請定指導教師，擬就題目，撰著畢業論文。

前項畢業論文，應於畢業試驗前完成，經指導教師評定分數，提交部派人員所組織之畢業試驗委員會認可。其應作學分之數目，由各系定之。

第十四條 本大學各院系學生於畢業前，應受國文會試及英文會試各一次。該項會試於每學年末舉行一次，臨時組織委員會辦理之。

第五章 試驗，成績，成績等第

第十五條 本大學試驗，計分五種：

一、日常試驗 由教師隨時指定舉行之。

二、學期試驗 於每學期末依校曆規定日期舉行之。

三、畢業試驗 依照大學規程第十七條之規定爲學生畢業前最後一學期之學期試驗，由畢業試驗委員會依校曆規定日期舉行之。

四、補考試驗 卽爲成績得丁等，與先期經教務處，訓導處及系主任准假補考者而設立之試驗，應於每學期註冊期前校佈補考日期舉行之。

五、轉學試驗 包括轉院，轉系，轉學各生應受之各種試驗，於每學期註冊期前二星期內舉行之。

第十六條 本大學成績，共分八種，其名稱及計算法如左：

一、日常成績 爲每生在一課目內日常試驗，練習，筆記，報告等成績之總合，由教師評算後自行保存備考。

二、學期成績 合每課目之日常成績與學期試驗成績而成，由教師評算，於每學期末通知註冊組。

三、學年成績 合每課目之上下兩學期而成，由教師評算於每學期末通知註冊組。一學期課目，以每學期成績爲最後成績；一學年課目有連續性者，以每學年成績爲最後成績。其上或下學期成績及格而學年成績不及

格者，以全學年不及格論；其應補考重習等事，亦以全學年爲準。

四、實驗成績 附有實驗之課目，其實驗成績，得由教師定酌與全課目之成績分別或合併計算。合併計算，則該課目之實驗不另列成績；分別計算，則作另一成績論。

五、學期總成績 由註冊組綜合所習課目之成績，以加權算術平均法計算之，其公式如左：

$$\frac{\text{甲課目(學期學分×學期成績)＋乙課目(學期學分×學期成績)＋…}}{\text{本學期所修學分總數}}$$

六、學年總成績 由註冊組綜合所習課目之成績，以加權算術平均法計算之，其公式如左：

$$\frac{\text{學年課目〔甲(學年學分×學年成績)＋乙(…)＋…〕＋學期課目〔甲(學期學分×學期成績)＋…〕}}{\text{全學年所修學分總數}}$$

七、畢業試驗成績 學生畢業試驗應得之成績，卽以該生畢業前最後一學年之學年總成績充之。

八、畢業總成績 由註冊組綜合所習課目之成績，以加權算術平均法計算之，其公式如左：

$$\frac{\text{第一學年(總學分×總成績)＋第二學年(總學分×總成績)＋……}}{\text{各學年所修學分總數}}$$

前列第五、六、七、八欵各總成績分數，記錄至小數點後一位止；於計算時，則算至小數點後二位止，然後採四捨五入法記錄小數點後一位之成績。

第十七條 本大學成績等級，共分爲六：

一、九十分至一百分爲超等；

二、八十分至八十九分爲甲等；

三、七十分至七十九分爲乙等；

四、六十分至六十九分爲丙等；

五、五十分至五十九分爲丁等；

六、不滿五十分爲戊等。

超甲乙丙等及格，丁戊等不及格。

第十八條 本大學學生所修課目，成績不及格者，如得戊等，不得補考；如得丁等得補考一次。補考後仍不及格，卽以補考分數作成績，不得再補考。不及格課目，不給學分，如係必修，仍須重習。

第十九條　補考課目之學期成績，應由授課教師按照所屬院系規定之計算法核算之。

本大學學生，於一學期或一學年內，其所有成績不及格課目之學分，超過全學期或全學年所習分總數百分之三十者，予以警告。其不及格各課目，仍按照前條規定辦理，如連續兩學期或兩學年有同樣情形者，即令退學

第二十條　本大學學生於一學期或一學年內，所有成績不及格課目之學分，超過該學期或學年所習學分總數百分之四十者，下學期或下學年應儘先補修該不及格之課目，其所修該課目，得由系主任於填寫修課單時限制之。

第二十一條　本大學學生，於一學期或一學年內，所有成績不及格課目之學分，超過全學期或全學年所習學分總數百分之五十者，不得補考，立令退學。

第二十二條　本大學學生，於一學期或一學年內，其學期或學年總成績在丁等者，不得補考，立令退學。

第六章　請假，曠課

第二十三條　本大學學生，未經准假或假滿未續而缺課者爲曠課。於每課目曠課達三小時者，扣該課目學期成績一分；多則類推；不及一分者免扣。於每課目曠課時數達授課時數六分之一者，不得參加該課目之學期考試，其成績以零分計。曠課達一學期授課總時數六分之一者除名。

第二十四條　本大學學生，於某課目曠課時數雖達六分之一，而與請假時數合計達該課目授課總時數三分之一者，不得參與該課目之學期試驗，其成績以無成績計。請假及曠課時數逾一學期各課目授課總時數三分之一者，並令停學一學年。連續停學二年者除名。

第七章　休學，退學，轉學

第二十五條　取得本大學學籍之學生，有重大事故，得呈請休學一年。期滿應即復學，其不能復學者，應另呈請休學一年，否則以退學論。連續休學二年而不能復學者，以退學論。休學學生不發給證明文件。

第二十六條　本大學學生，因故不能繼續肄業者，得呈請退學。已退學學生，非重經入學試驗，不得復入校肄業。

第二十七條　本大學學生在校肄業一年以上，因故須轉往他校者，得呈請轉學。經核准後，由校發給轉學證書及成績表，每種以一份爲限。轉學生離校後，即註銷其學籍，非重經入學試驗，不得復入校肄業。

第八章　獎懲

第二十八條　本大學學生得享受下列各種獎勵，其規則另定之。

一、本校所設公費，免費，貸金等；

二、各省獎學金；

三、私人獎學金；

四、其他。

第二十九條　本大學學生違犯校規者，按其情節，輕重，分別予以訓誡，記過。停學，勒令退學，或除名之處分，其規則另定之。

第三十條　本大學學生之操行成績，由訓導處根據操行考查辦法評定之。

第九章　畢業，畢業學位

第三十一條　本大學學生修業期滿，並合於左列各欵之規定者，由畢業試驗委員會於審核通過後，請校長提請教授會通過，准予畢業，並呈請教育部分別授予學士學位

一、修滿所在院系規定課目及學分，並完成所屬院系指定之工作；

二、黨義，體育，軍事訓練等成績及格；

三、畢業論文及格；

四、國文英文會試及格；

五、畢業試驗成績及格；

六、畢業總成績及格。

第十章　附則

第三十二條　本學則適用於本大學正式生；但除有特別規定者外，並適用於他類學生。至收錄他類學生規則另定之。如各各院系有特殊情形，得另各定補充專則；惟不得與本學則衝突，並應照第三十四條之規定辦理。

第三十三條　本學則如有未盡事宜，由校務會議修正之。

第三十四條　本學則經校務會議通過後施行。

上图：1941年3月，教育部发给云南大学学生林万骥参加第一届全国专科以上学校学生学业竞试复试成绩优良奖状。

下图：1945年5月，教育部发布云南大学学生缪鸾和参加第三届全国专科以上学校学生学业竞试奖励。

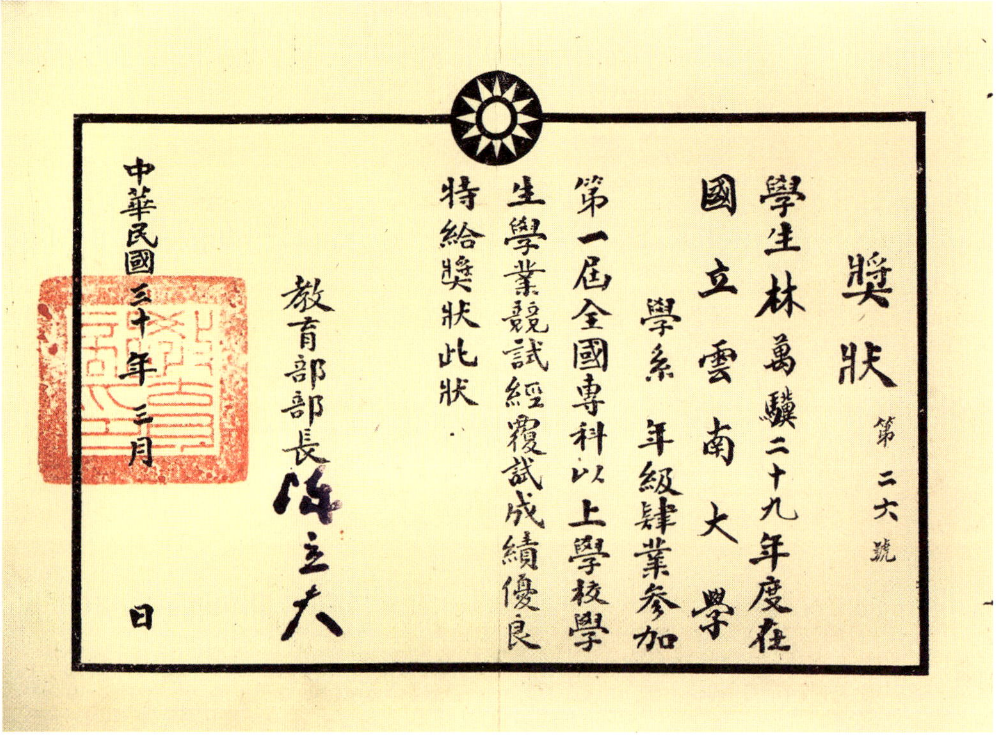

獎狀 第二六號

學生林萬驥二十九年度在
國立雲南大學
學系 年級肄業參加
第一屆全國專科以上學校學
生學業競試經覆試成績優良
特給獎狀此狀

教育部部長 陳立夫

中華民國三十年三月 日

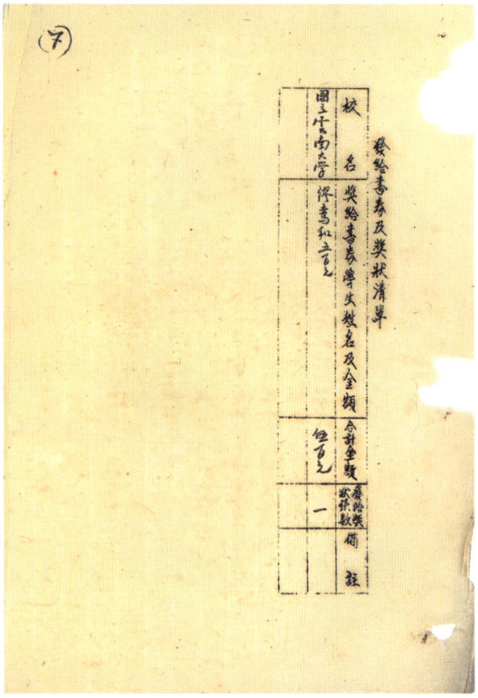

(7)

發給壽春及獎狀清單

校名	獎給壽春學生姓名及金額	合計金額	發給獎狀張數	備註
國立雲南大學	繆鸾和五百元	伍百元	一	

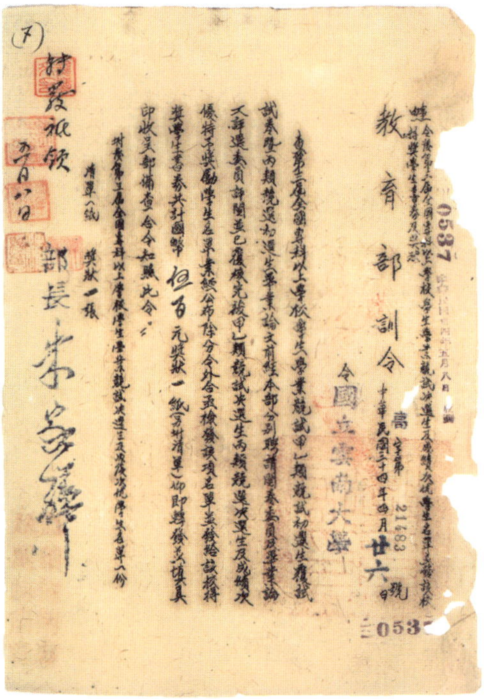

(7)

教育部訓令 高字第21483號
中華民國三十四年四月廿六日

令國立雲南大學

查第三屆全國專科以上學校學生學業競試甲乙類競試初選生複試及丙類競選初選生學業論文前經本部分別聘請閱卷委員及學業論文評選委員評閱並已覆核完竣甲乙類競試決選生丙類競選決選生及成績優特予獎勵學生名單業經公布除分令外合亟檢發該項名單並發給該校得獎學生壽春共計國幣伍百元獎狀一紙（另附清單）仰即轉發並填具印收呈部備查為要此令。

附發第三屆全國專科以上學校學生學業競試決選生及成績優學生名單一份

清單一紙

獎狀一張

部長 朱家驊

封發 祇領 五月八日

0537

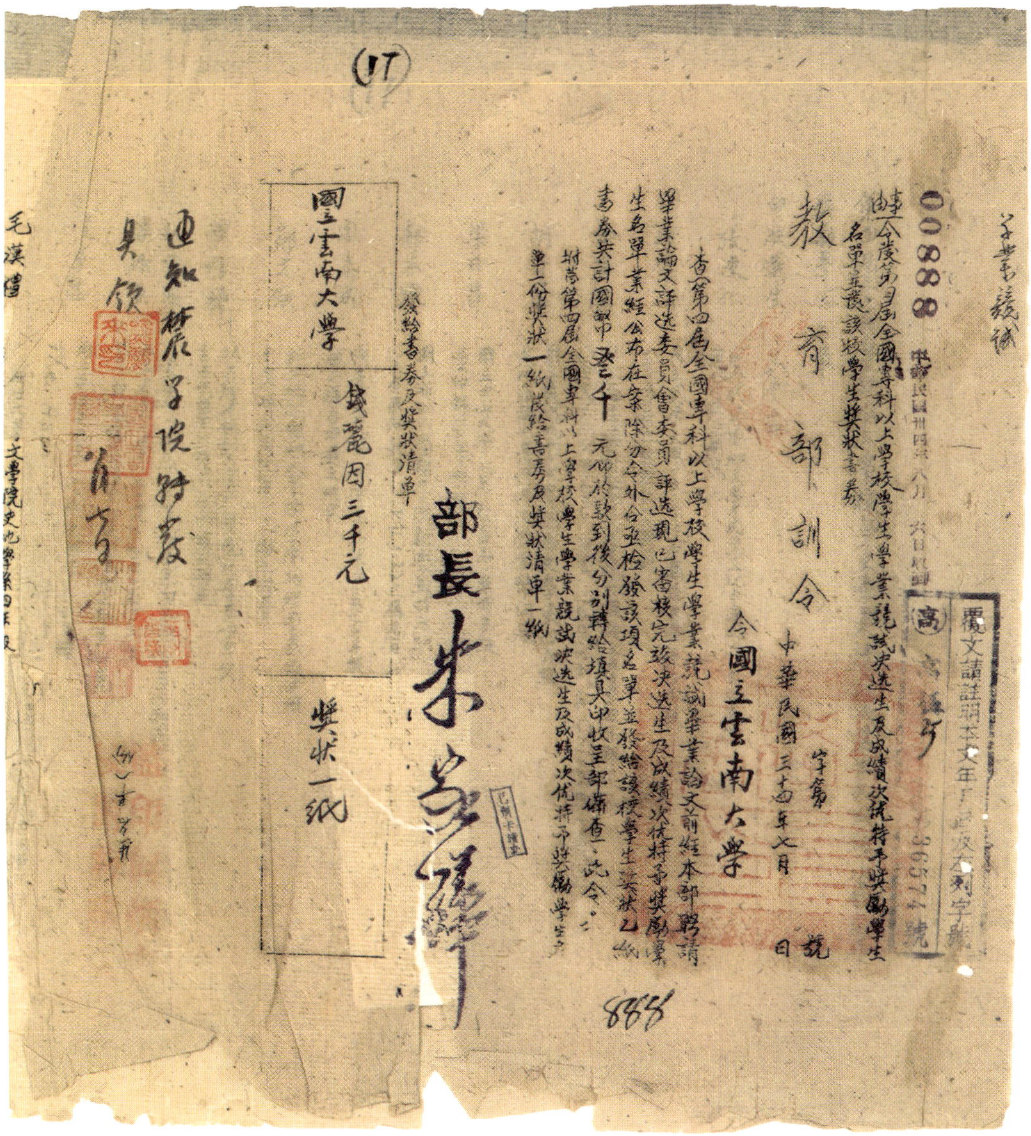
教育部訓令
令國立雲南大學
中華民國三十四年八月　日
部長 朱家驊
發給書券及獎狀清單
國立雲南大學
錢麗因 三千元
獎狀一紙

1945年8月，教育部发布云南大学学生钱丽因参加第四届全国专科以上学校学生学业竞试奖励。

上图：航空系师生在学校自建的飞机棚内。

中图：抗战时期医学院学生进行战地救护训练。

下图：矿冶系学生在云锡选矿厂实习。

上图：农学院教授诸宝楚带领学生到开远实习途中。

中图：理学院教授王士魁、顾建中、杨桂宫等在凤凰山天文台与实习学生合影。

下图：生物系主任崔之兰教授与生物系首届毕业生在嵩明马坊分校合影。

1938年8月，熊庆来在云南大学法律系和医学专修科学生毕业典礼上的讲话稿。告诫即将离开学校走入社会的学子们“致事勿忘治学”“力求耕耘勿问收获”“工作注重实际勿重形式”。

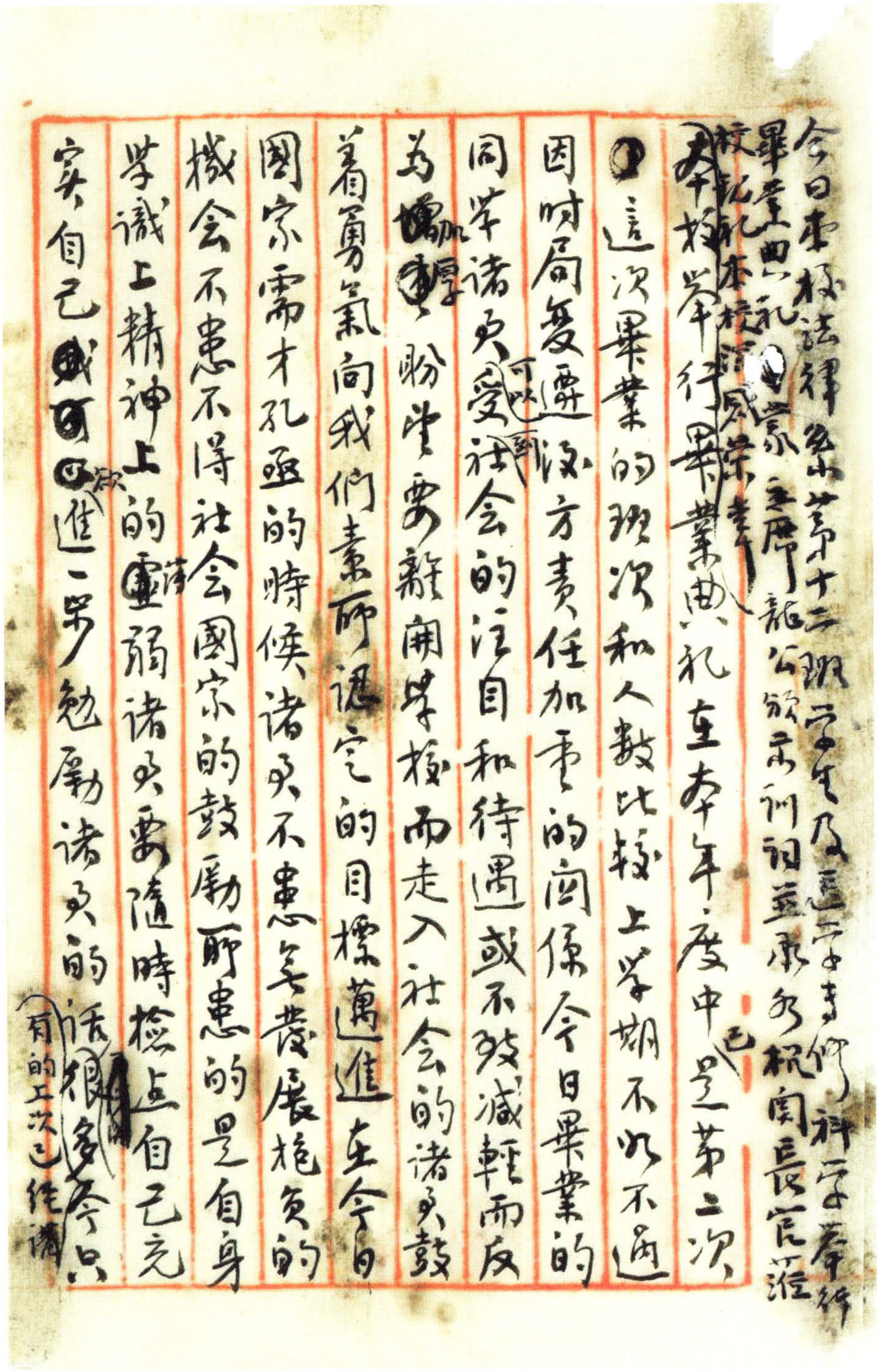
今日本校法律系第十二班学生及医学专修科学生举行毕业典礼，蒙主席龙公颁赐训词，并承各机关长官莅校观礼，本校深感荣幸。本校举行毕业典礼，在本年年度中已是第二次，这次毕业的班次和人数比较上学期不少，不过因时局变迁，诸方责任加重的关系，今日毕业的同学诸君受社会的注目和待遇，或不致减轻而反为增加。盼望要离开学校而走入社会的诸君，鼓着勇气向我们素所认定的目标迈进。在今日国家需才孔亟的时候，诸君不患无发展抱负的机会，不患不得社会国家的鼓励，所患的是自身学识上、精神上的薄弱。诸君要随时检点自己，充实自己，求进一步。勉励诸君的话很多，今只……有的上次已经讲……

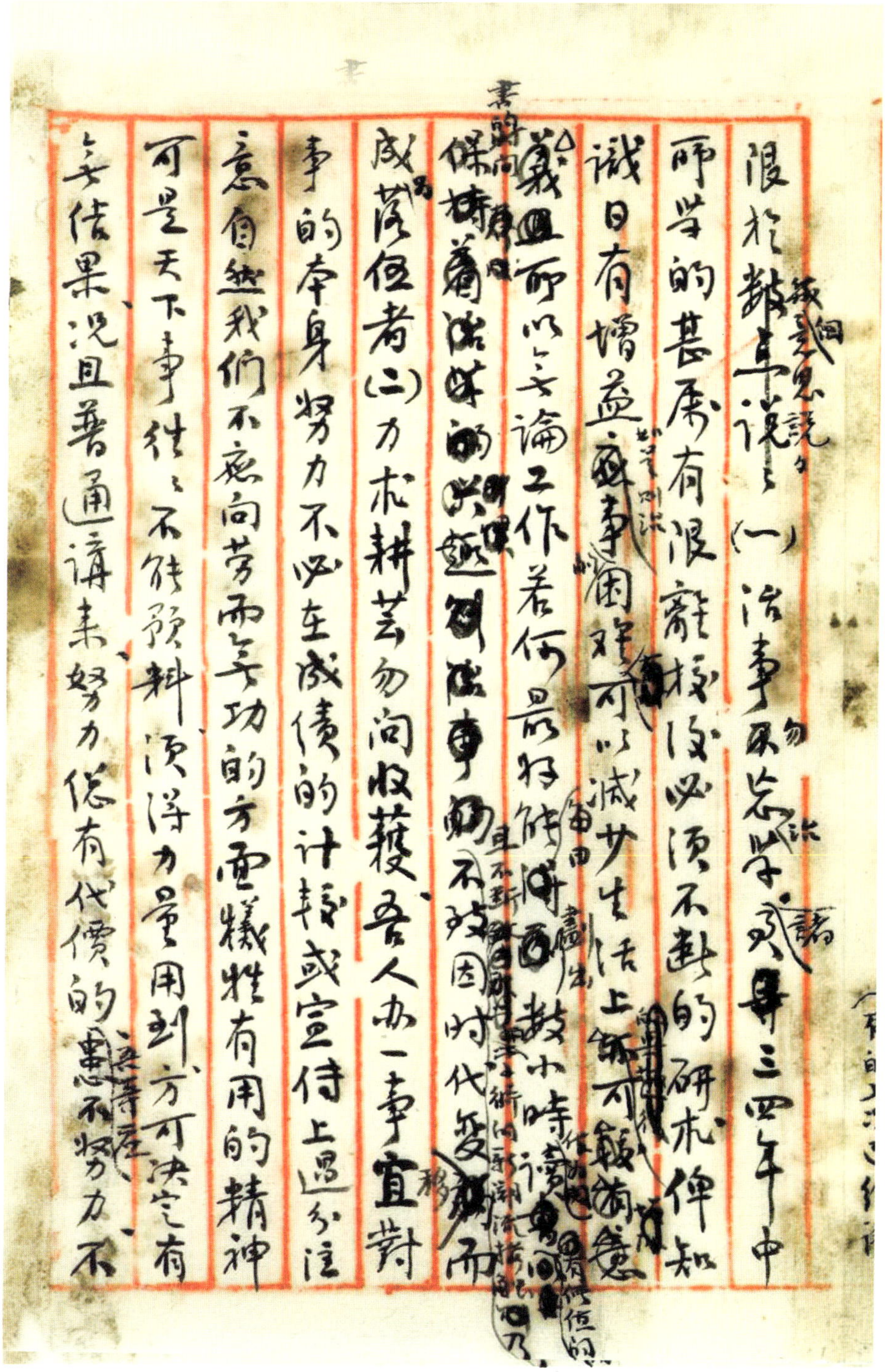
限於數點說說(一)治事不忘學,我畢業三四年中
所学的甚属有限,離校後必須不斷的研求,俾知
識日有增益,或事困难,可以减少生活上不能滿意
義,這所以無論工作若何,最好能每日數小時
保持着治學的興趣,對治事勿不致因时代變而
成落伍者(二)力求耕耘勿问收获,吾人办一事宜對
事的本身努力,不必在成績的計較或宣傳上過分注
意,自然我們不應向劳而無功的方面犧牲有用的精神,
可是天下事往往不能預料,須得力量用到,方可決定有
無結果,況且普通講來,努力總有代價的,患不努力,不

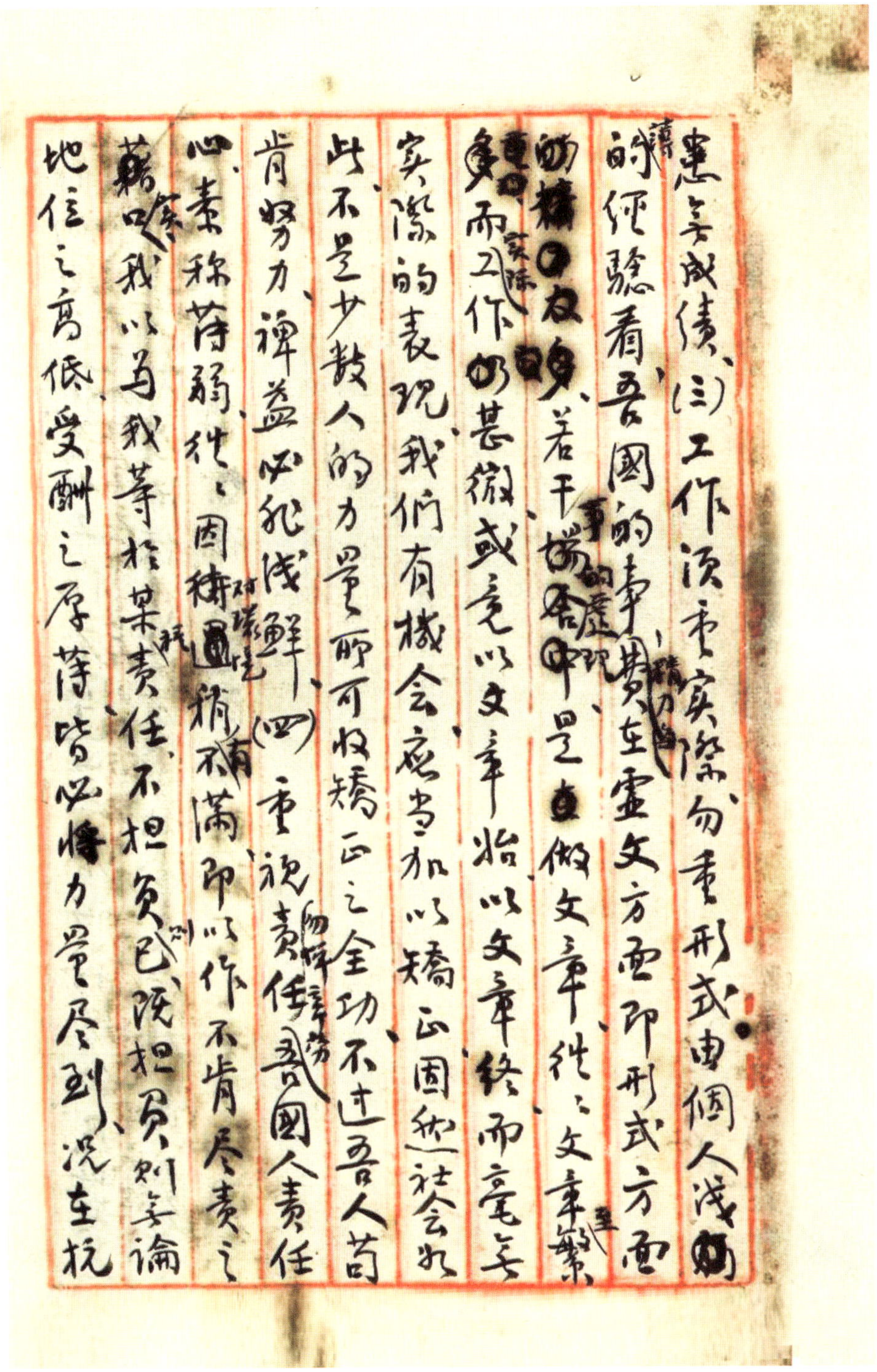
患無成績、（三）工作須重實際、勿重形式、由個人淺
請時須聽看吾國的事、費精力在虛文方面、即形式方面
的精力太多、若干事端的處理中是在做文章、從文章繁
多而實際工作甚微、或竟以文章始以文章終而毫無
實際的表現、我們有機會應當加以矯正、固然社會如
此不是少數人的力量所可收矯正之全功、不過吾人苟
肯努力、裨益必非淺鮮、（四）重視責任、勿推諉、國人責任
心素稱薄弱、往往因循、遇稍有不滿、即以作不肯盡責之
藉口、我以為我等於某責任、不担負則已、既担負、則無論
地位之高低、受酬之厚薄、皆必將力量盡到、況在抗

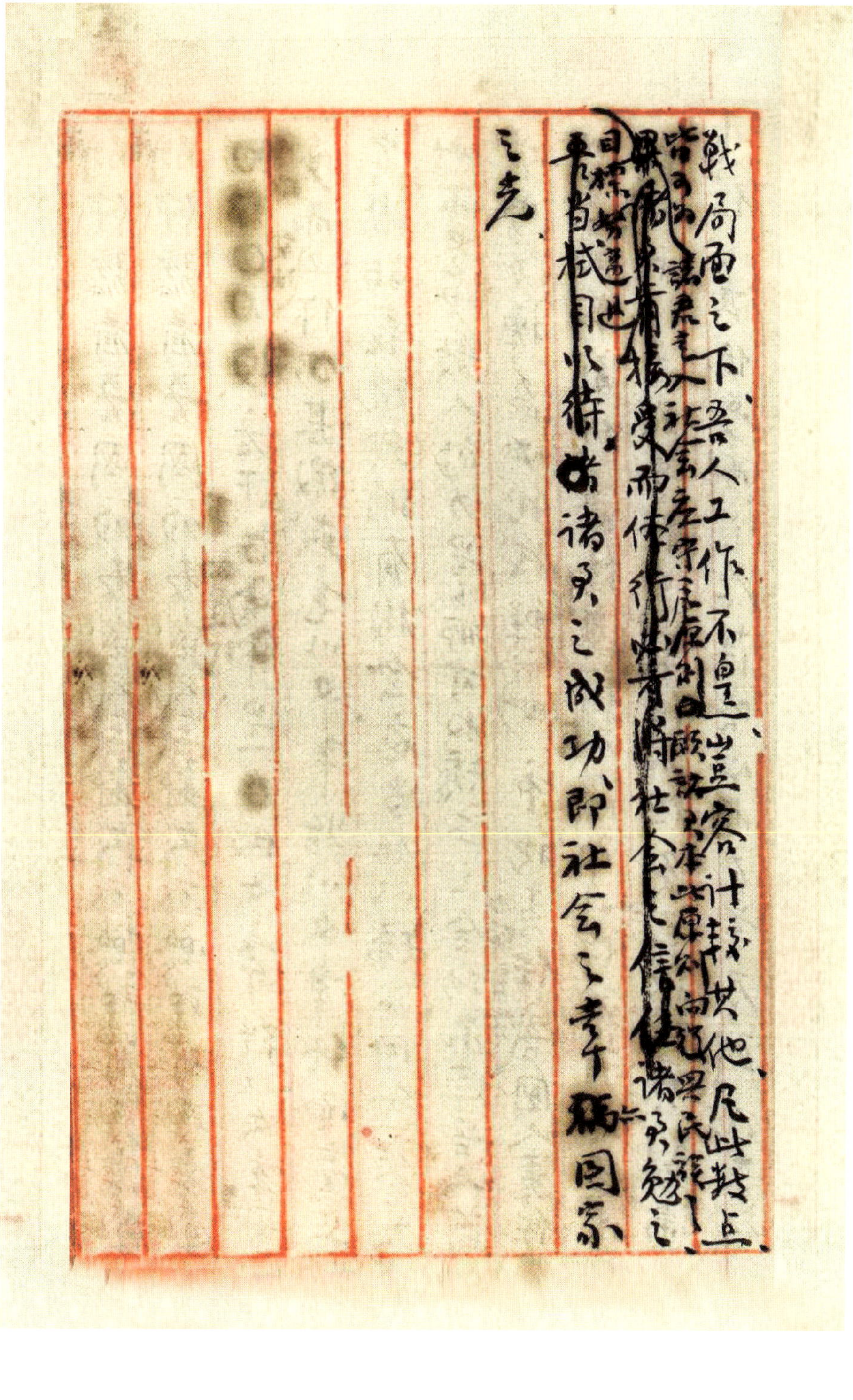
战局困之下、吾人工作不遑、岂容计较其他、凡此数点、
皆可以为诸君走入社会之前应注意之事、亦即本校历来向诸君所期望者、
果能集诸君努力而使行以博社会之信任、诸君勉之、
目标努力达此
责者拭目以待、诸君之成功、即社会之幸福、国家
之光、

云南大学历来重视学术研究。东陆大学曾计划设立滇边调查部。熊庆来任校长后，大力培养研究风气。多个院系和学术研究机构纷纷创办学术刊物，出版学术著作，发表学术论文。

图为1923年6月，东陆大学成立伊始拟订的《附设滇边调查部简章》。

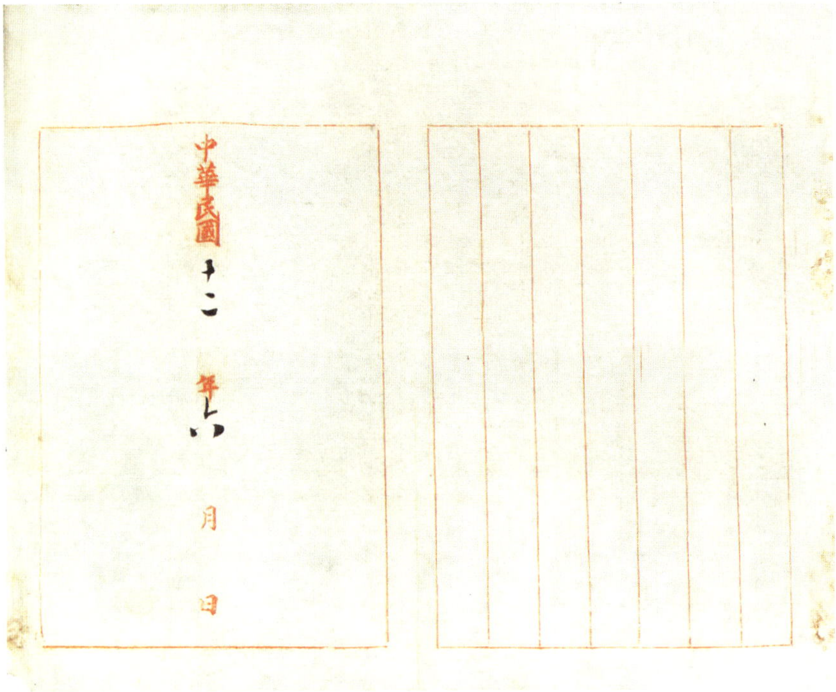

中華民國 十二 年 六 月 日

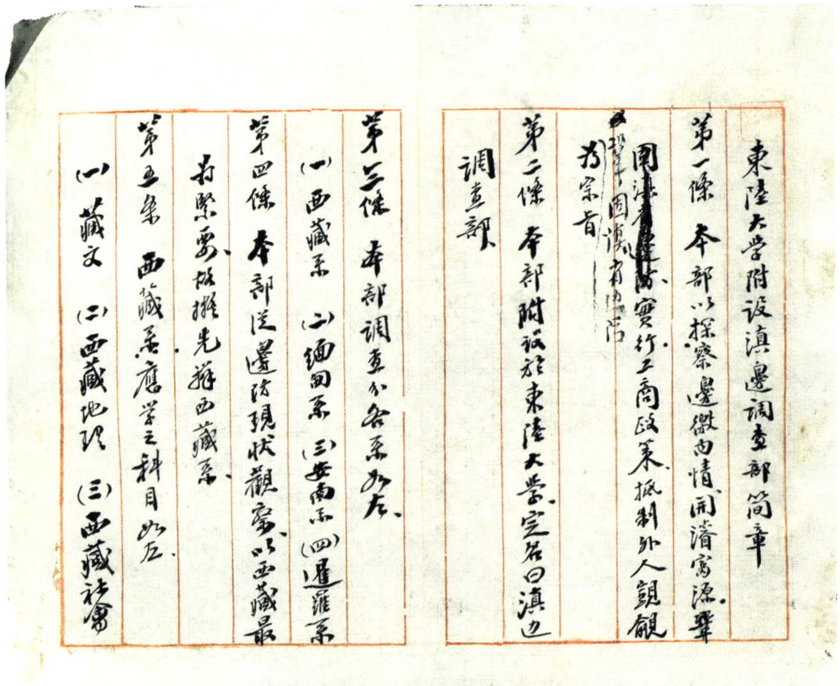

東陸大學附設滇邊調查部簡章

第一條 本部以探察邊徼內情、開濟富源、舉[illegible]、實行工商政策、抵制外人覬覦為宗旨

第二條 本部附設於東陸大學、定名曰滇边調查部、

第三條 本部調查分各系如左、

(一)西藏系 (二)緬甸系 (三)安南系 (四)暹羅系

第四條 本部從邊防現狀觀察、以西藏最為緊要、故擬先辦西藏系、

第五條 西藏系應學之科目如左、

(一)藏文 (二)西藏地理 (三)西藏社會

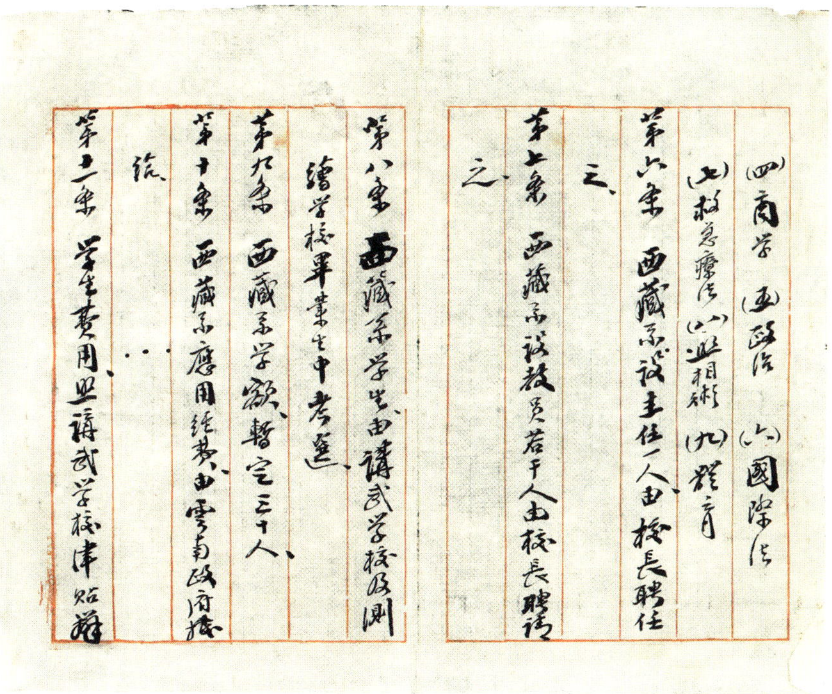

(四)商學 (五)政治 (六)國際法
(七)救急療法 (八)照相術 (九)體育
第六條 西藏系設主任一人，由校長聘任之。
第七條 西藏系設教員若干人，由校長聘請之。
第八條 西藏系學生由講武學校及測繪學校畢業生中考選。
第九條 西藏系學額暫定三十人。
第十條 西藏系應用經費由雲南政府撥給。
……
第十一條 學生費用照講武學校津貼辦

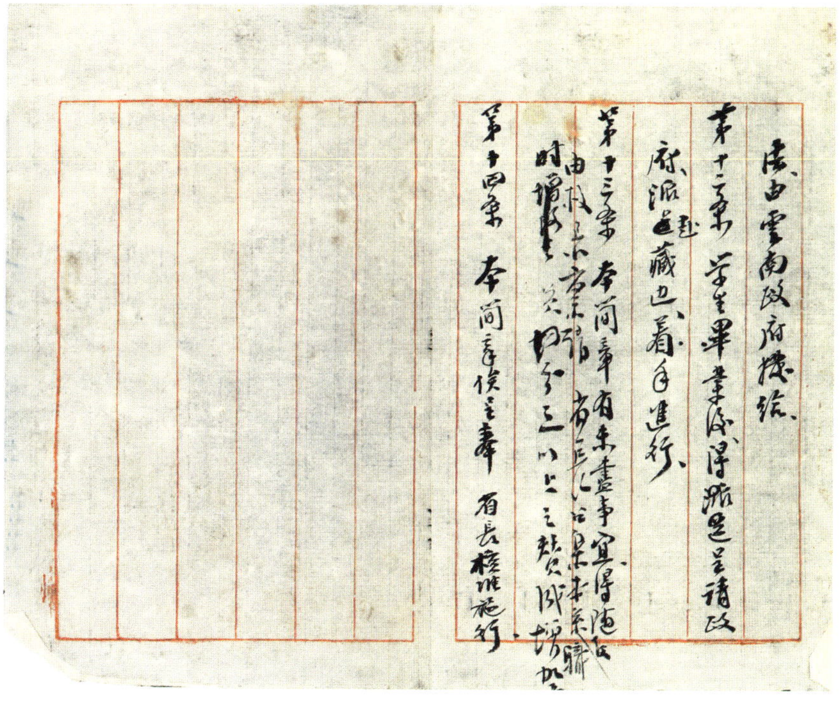

法，由雲南政府撥給。
第十二條 學生畢業後得派遣呈請政府派赴西藏邊著手進行。
第十三條 本簡章有未盡事宜得隨時增修。[illegible]
第十四條 本簡章俟呈奉 省長核准施行。

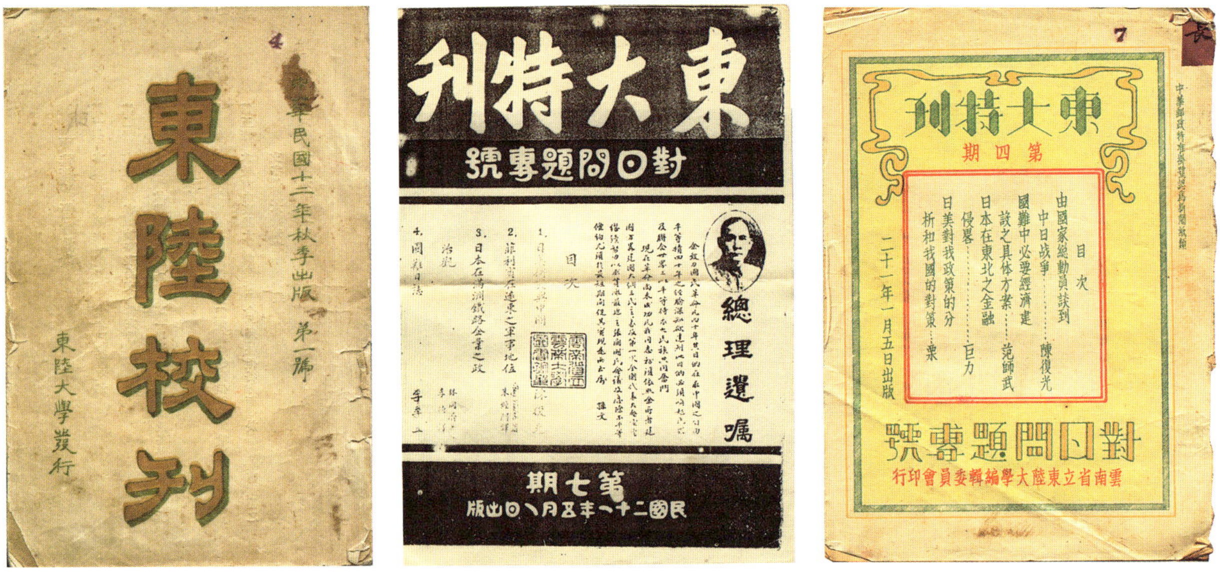

东陆大学时期的部分刊物。

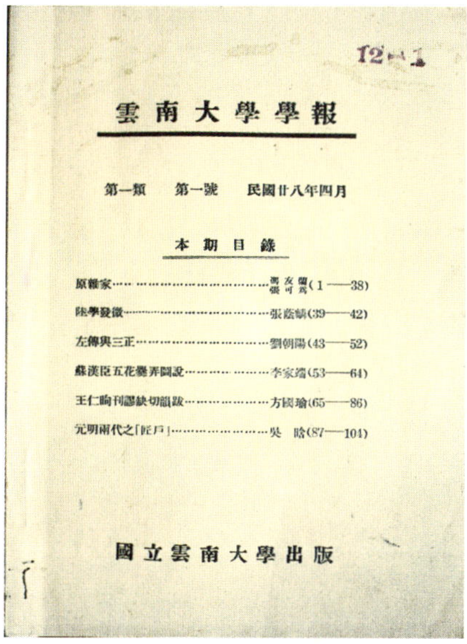

12-1

雲南大學學報

第一類　第一號　民國廿八年四月

本期目錄

國立雲南大學出版

11

雲南大學學報

第二類　第一號

昆　明
國立雲南大學刊行
民國二十七年八月

JOURNAL
OF THE
UNIVERSITY OF YUNNAN

Series B　Number 1

Published by
NATIONAL UNIVERSITY OF YUNNAN
Kunming
August, 1938

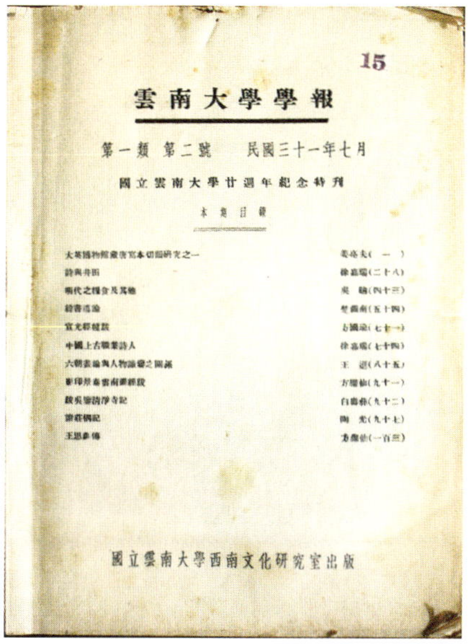

15

雲南大學學報

第一類 第二號　民國三十一年七月

國立雲南大學廿週年紀念特刊

本期目錄

國立雲南大學西南文化研究室出版

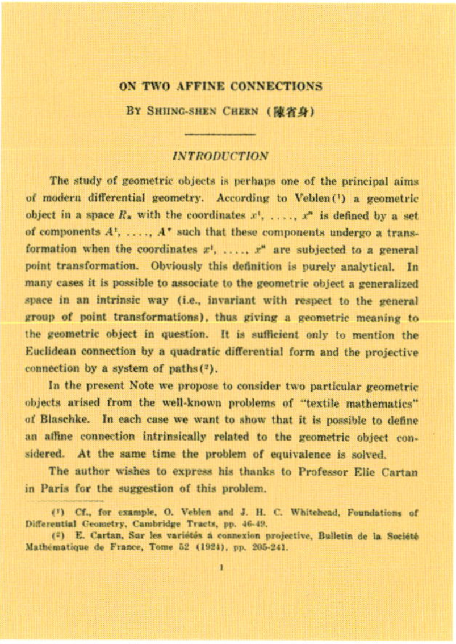

ON TWO AFFINE CONNECTIONS

BY SHIING-SHEN CHERN (陳省身)

INTRODUCTION

The study of geometric objects is perhaps one of the principal aims of modern differential geometry. According to Veblen(1) a geometric object in a space R_n with the coordinates $x^1, \ldots, x^n$ is defined by a set of components $A^1, \ldots, A^r$ such that these components undergo a transformation when the coordinates $x^1, \ldots, x^n$ are subjected to a general point transformation. Obviously this definition is purely analytical. In many cases it is possible to associate to the geometric object a generalized space in an intrinsic way (i.e., invariant with respect to the general group of point transformations), thus giving a geometric meaning to the geometric object in question. It is sufficient only to mention the Euclidean connection by a quadratic differential form and the projective connection by a system of paths(2).

In the present Note we propose to consider two particular geometric objects arised from the well-known problems of "textile mathematics" of Blaschke. In each case we want to show that it is possible to define an affine connection intrinsically related to the geometric object considered. At the same time the problem of equivalence is solved.

The author wishes to express his thanks to Professor Elie Cartan in Paris for the suggestion of this problem.

(1) Cf., for example, O. Veblen and J. H. C. Whitehead, Foundations of Differential Geometry, Cambridge Tracts, pp. 46-49.

(2) E. Cartan, Sur les variétés à connexion projective, Bulletin de la Société Mathématique de France, Tome 52 (1924), pp. 205-241.

1

国立云南大学时期的学报。

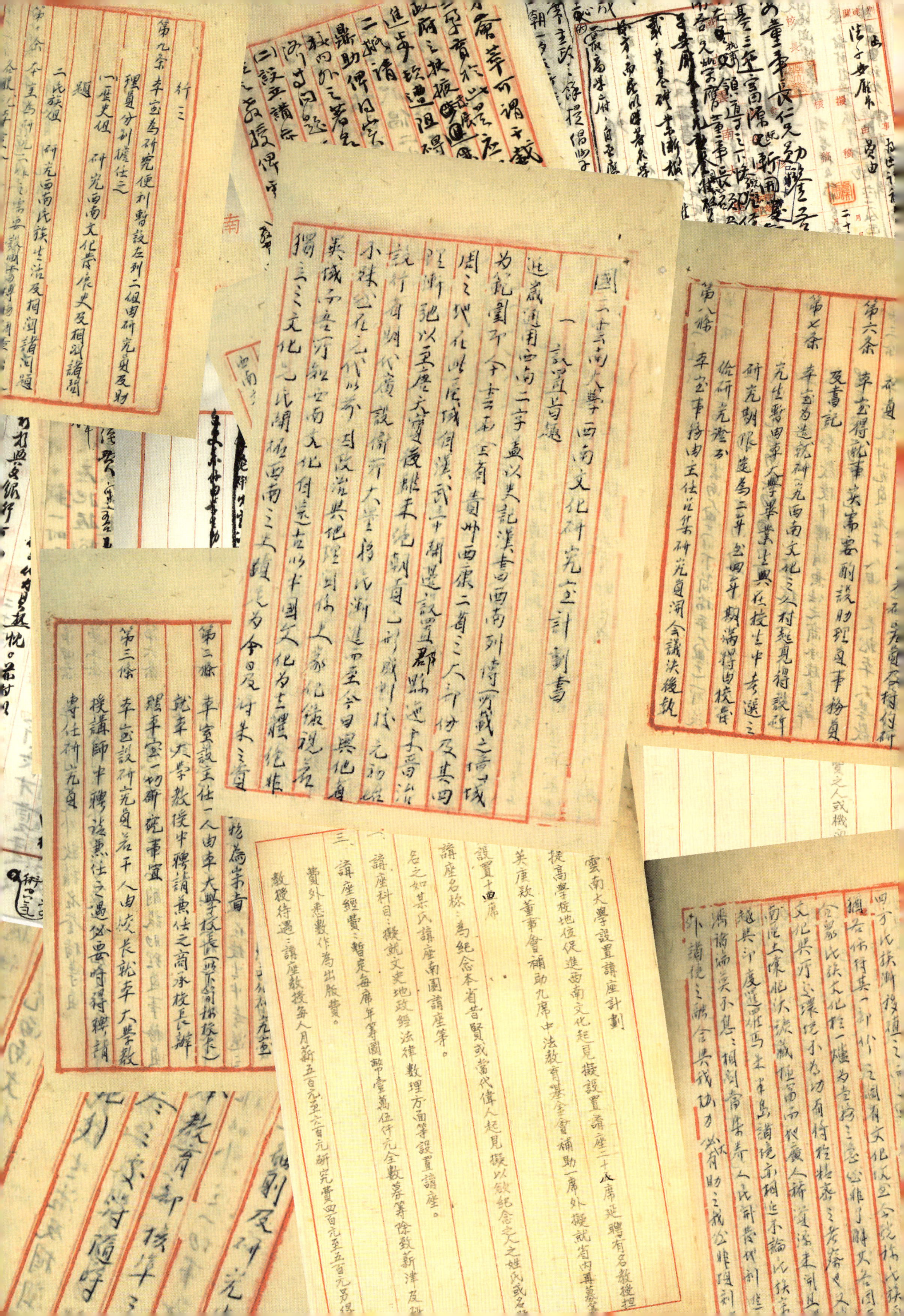

國立雲南大學西南文化研究室計劃書
雲南大學設置講座計劃

右页：西南文化研究室主任方国瑜就拟聘姜亮夫、徐梦麟、楚方鹏、陶云逵、陈定民、白寿彝为该室研究员事宜与校长熊庆来的往来信函。

左页：云南大学西南文化研究室计划书及设置讲座计划书。

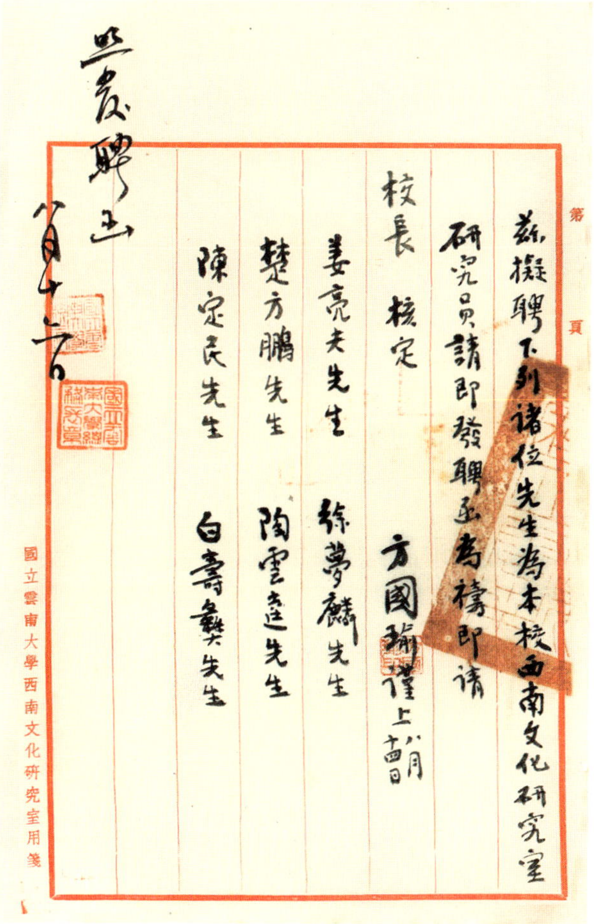

照發聘函

茲擬聘下列諸位先生為本校西南文化研究室研究員請即發聘函為禱即請

校長核定

方國瑜謹上 八月廿四日

姜亮夫先生　徐夢麟先生

楚方鵬先生　陶雲逵先生

陳定民先生　白壽彝先生

國立雲南大學西南文化研究室用箋

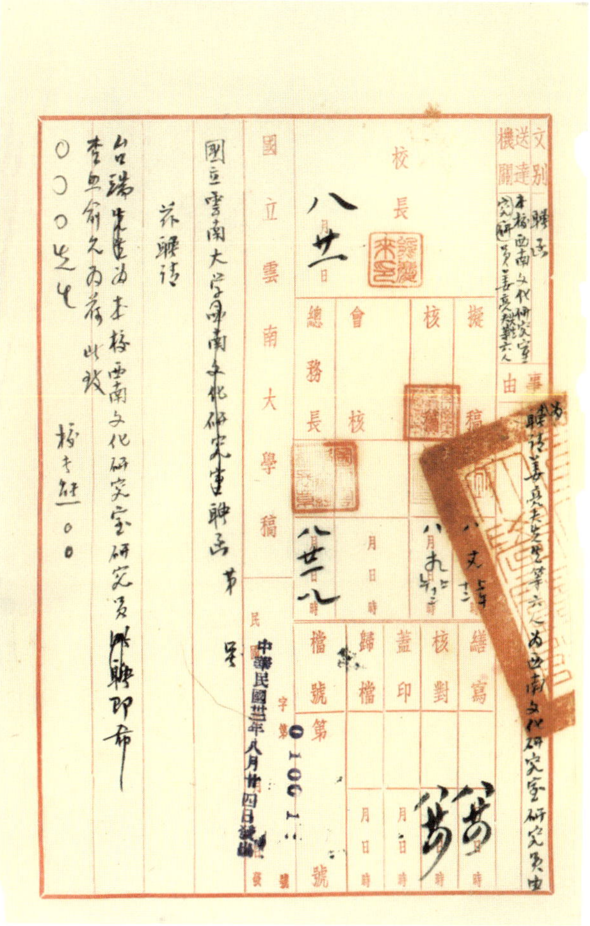

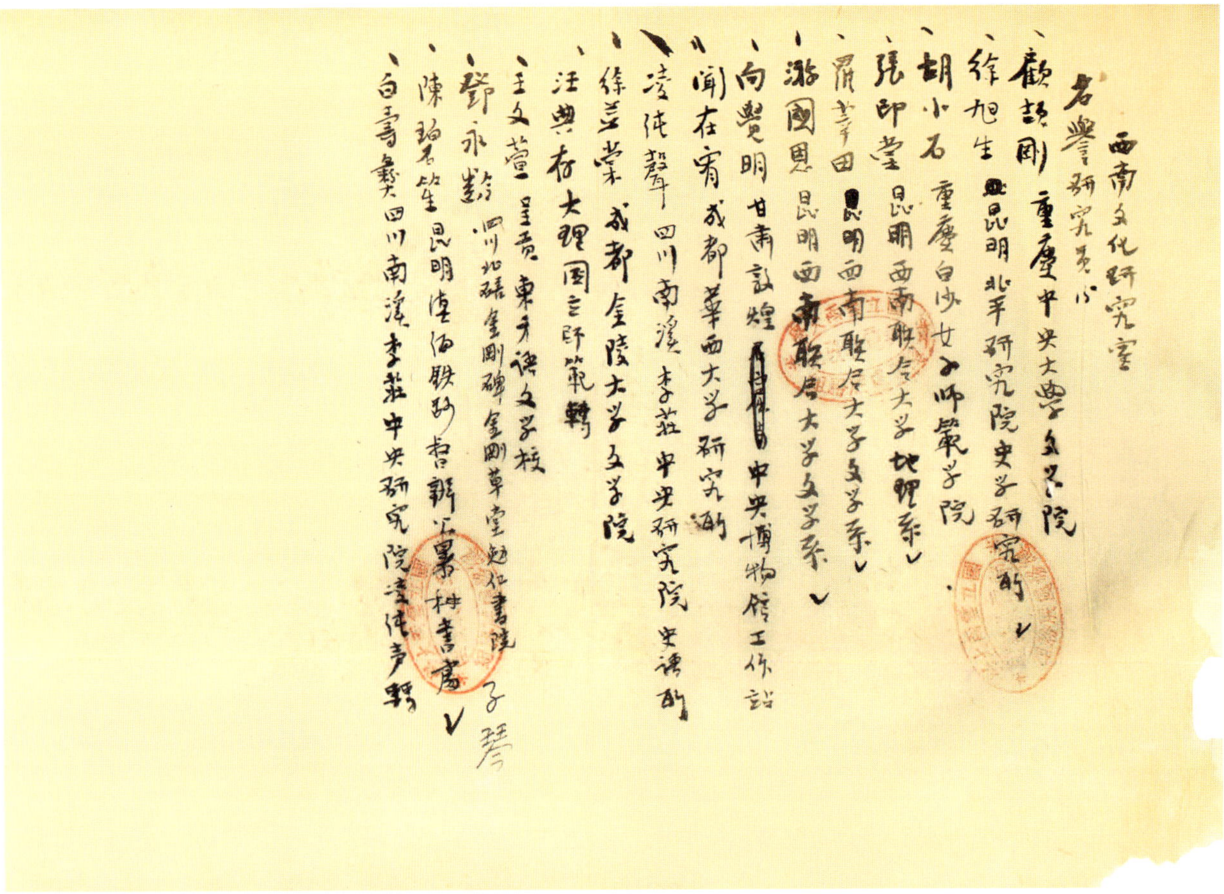
西南文化研究室
名譽研究員
、顧頡剛 重慶中央大學文學院
徐旭生 北平研究院史學研究所
、胡小石 重慶白沙女子師範學院
張印堂 昆明西南聯合大學地理系
、羅莘田 昆明西南聯合大學文學系
、游國恩 昆明西南聯合大學文學系
、向覺明 甘肅敦煌中央博物館工作站
、聞在宥 成都華西大學研究所
、凌純聲 四川南溪李莊中央研究院史語所
、徐益棠 成都金陵大學文學院
、汪典存 大理國立師範轉
、王文萱 呈貢東方語文學校
鄧永齡 四川北碚金剛碑金剛草堂勉仁書院 子琴
、陳碧笙 昆明滇緬鐵路督辦[illegible]梅書寓
、白壽彝 四川南溪李莊中央研究院凌純聲轉

西南文化研究室名誉研究员、名誉编辑员、特约编辑员聘任名单。

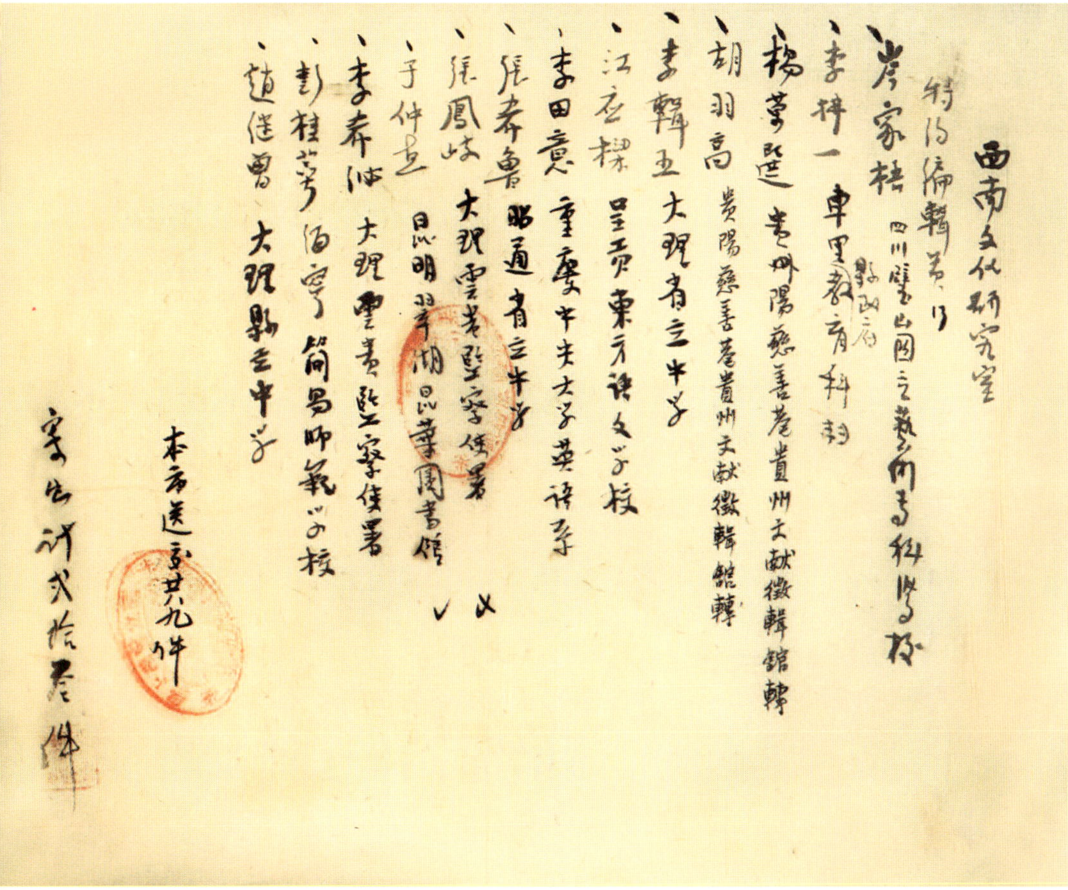
西南文化研究室
特約編輯若干
、岑家梧 四川璧山國立藝術專科學校
、李拂一 車里縣政府教育科
、楊萬選 貴州陽慈善巷貴州文獻徵輯館轉
、胡羽高 貴陽慈善巷貴州文獻徵輯館轉
、李輯五 大理省立中學
、江應樑 呈貢東方語文學校
、李田意 重慶中央大學英語系
、張希魯 昭通省立中學
、張鳳岐 大理雲貴監察使署
、于仲直 昆明翠湖昆華圖書館
、李希泌 大理雲貴監察使署
、彭桂萼 緬寧簡易師範學校
、趙繼曾 大理縣立中學
本市送交共九件
寄出計貳拾叁件

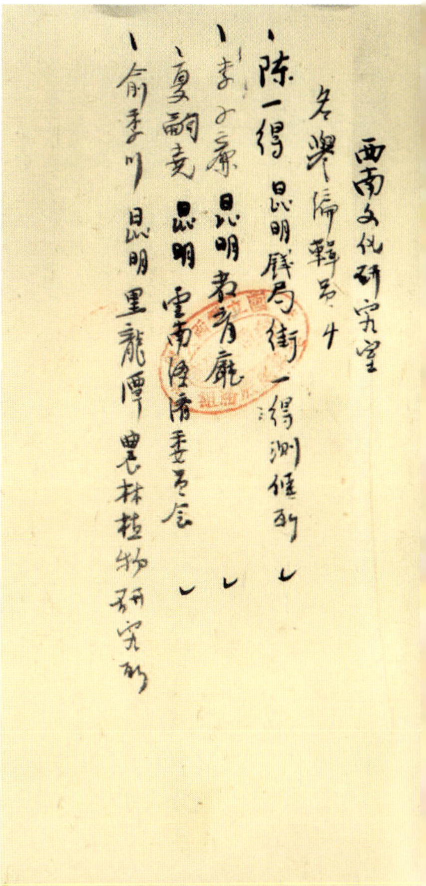
西南文化研究室
名譽編輯若干
、陳一得 昆明錢局街一得測候所
、李子廉 昆明教育廳
、夏嗣堯 昆明雲南經濟委員會
、俞季川 昆明黑龍潭農林植物研究所

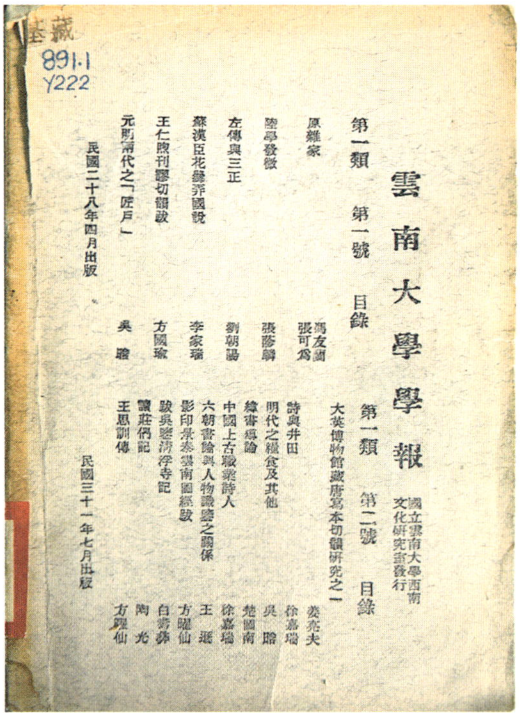

雲南大學學報

國立雲南大學西南文化研究室發行

第一類 第一號 目錄

原雜家 馮友蘭
陸學發微 張可爲
左傳與三正 張蔭麟
蘇漢臣花蘇弄國說 劉朝陽
王仁煦刊謬切韻跋 李家瑞
元明兩代之「匠戶」 方國瑜
吳晗

民國二十八年四月出版

第一類 第二號 目錄

大英博物館藏唐寫本切韻研究之一 姜亮夫
詩與井田 徐嘉瑞
明代之糧食及其他 吳晗
緯書蒭論 楚圖南
中國上古職業詩人 徐嘉瑞
六朝書論與人物識鑒之關係 王遜
影印景泰雲南圖經跋 方曙仙
跋吳懋清浮寺記 白壽彝
讀莊偶記 陶光
王思訓傳 方曙仙

民國三十一年七月出版

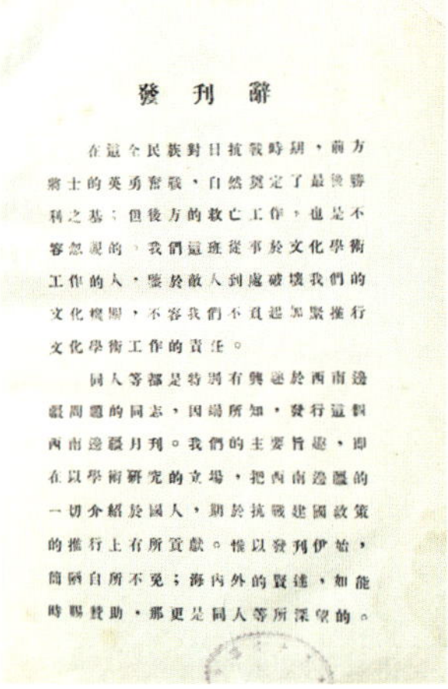

發刊辭

在這全民族對日抗戰時期，前方將士的英勇奮戰，自然奠定了最後勝利之基；但後方的救亡工作，也是不容忽視的。我們這班從事於文化學術工作的人，鑒於敵人到處破壞我們的文化機關，不容我們不負起加緊推行文化學術工作的責任。

同人等都是特別有興趣於西南邊疆問題的同志，因為所知，發行這個西南邊疆月刊。我們的主要旨趣，即在以學術研究的立場，把西南邊疆的一切介紹於國人，期於抗戰建國政策的推行上有所貢獻。惟以發刊伊始，簡陋自所不免；海內外的賢達，如能時賜贊助，那更是同人等所深望的。

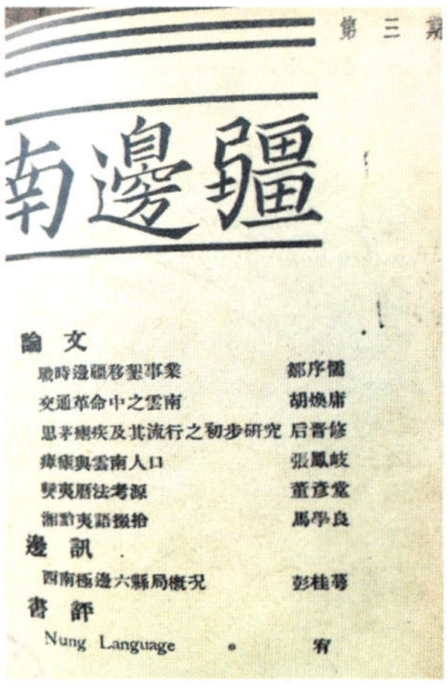

第三期

西南邊疆

論文

戰時邊疆移墾事業 鄒序儒
交通革命中之雲南 胡煥庸
思茅瘧疾及其流行之初步研究 后晉修
瘴瘧與雲南人口 張鳳岐
㑩夷曆法考源 董彥堂
湘黔夷語掇拾 馬學良

邊訊

西南極邊六縣局概況 彭桂萼

書評

Nung Language 宥

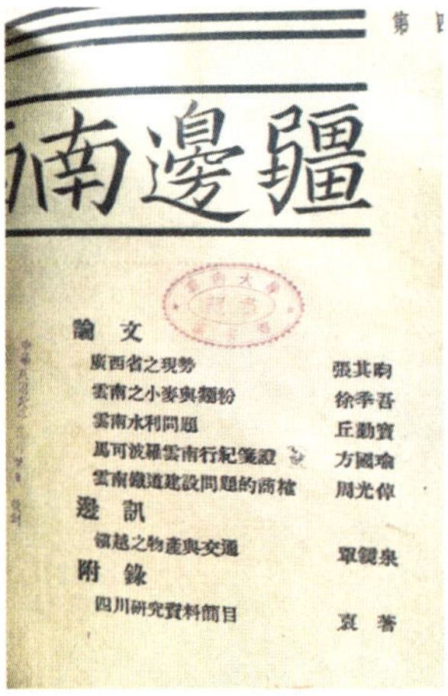

第四期

西南邊疆

論文

廣西省之現勢 張其昀
雲南之小麥與麵粉 徐季吾
雲南水利問題 丘勤寶
馬可波羅雲南行紀箋證 方國瑜
雲南鐵道建設問題的商榷 周光倬

邊訊

緬越之物產與交通 覃鎮泉

附錄

四川研究資料簡目 袁著

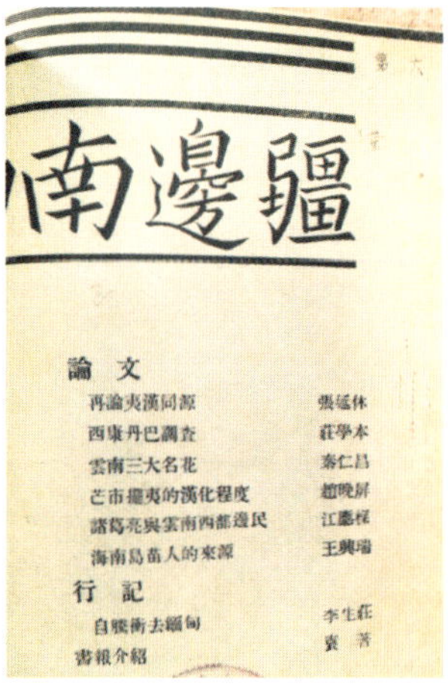

西南邊疆

論文

再論夷漢同源 張延休
西康丹巴調查 莊學本
雲南三大名花 秦仁昌
芒市擺夷的漢化程度 趙曉屏
諸葛亮與雲南西部邊民 江應樑
海南島黎人的來源 王興瑞

行記

自騰衝去緬甸 李生莊

書報介紹 袁著

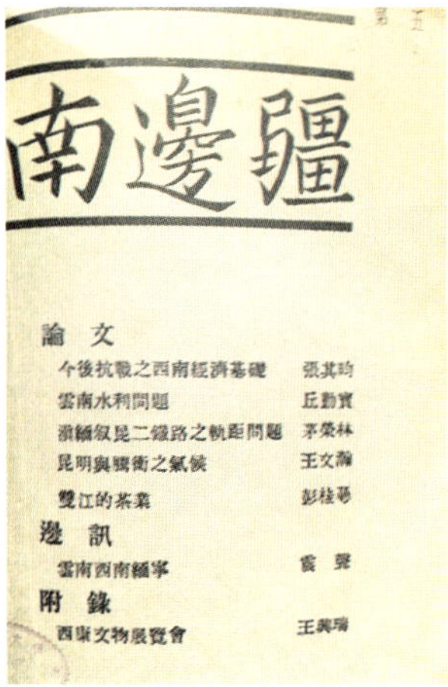

西南邊疆

論文

今後抗戰之西南經濟基礎 張其昀
雲南水利問題 丘勤寶
滇緬敘昆二鐵路之軌距問題 李榮林
昆明與騰衝之氣候 王文瀚
雙江的茶葉 彭桂萼

邊訊

雲南西南綴事 餐霞

附錄

西康文物展覽會 王興瑞

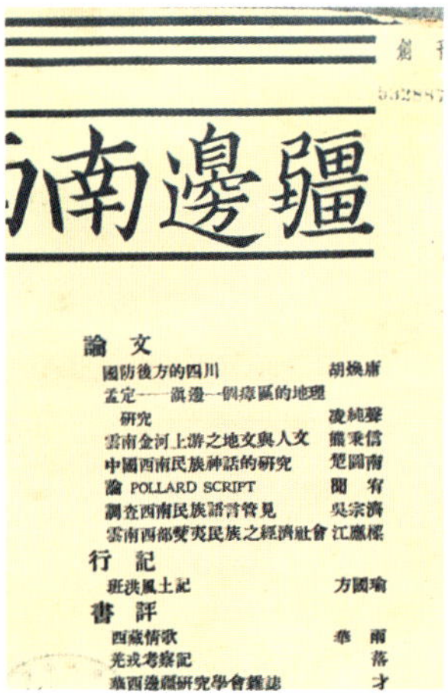

創刊

西南邊疆

論文

國防後方的四川 胡煥庸
孟定——滇邊一個瘴區的地理研究 凌純聲
雲南金河上游之地文與人文 鐵秉信
中國西南民族神話的研究 楚圖南
論 POLLARD SCRIPT 聞宥
調查西南民族語言管見 吳宗濟
雲南西部擺夷民族之經濟社會 江應樑

行記

班洪風土記 方國瑜

書評

西藏情歌 華雨
羌戎考察記 落
華西邊疆研究學會雜誌 才

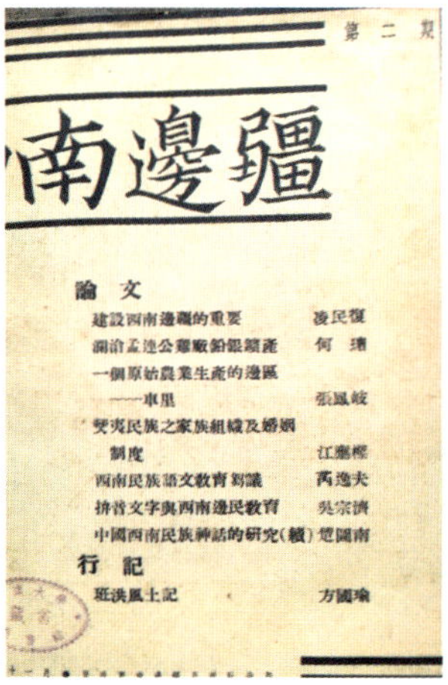

第二期

西南邊疆

論文

建設西南邊疆的重要 凌民復
潤滄孟連公爾廠銀礦蠡產 何瑨
一個原始農業生產的邊區——車里 張鳳岐
擺夷民族之家族組織及婚姻制度 江應樑
西南民族語文教育芻議 芮逸夫
拼音文字與西南邊民教育 吳宗濟
中國西南民族神話的研究(續) 楚圖南

行記

班洪風土記 方國瑜

国立云南大学西南文化研究室主办的《云南大学学报》以及方国瑜、楚图南等共同编辑出版的《西南边疆》刊载了大量的学术论文。

西南文化研究室编辑出版的“西南研究丛书”。

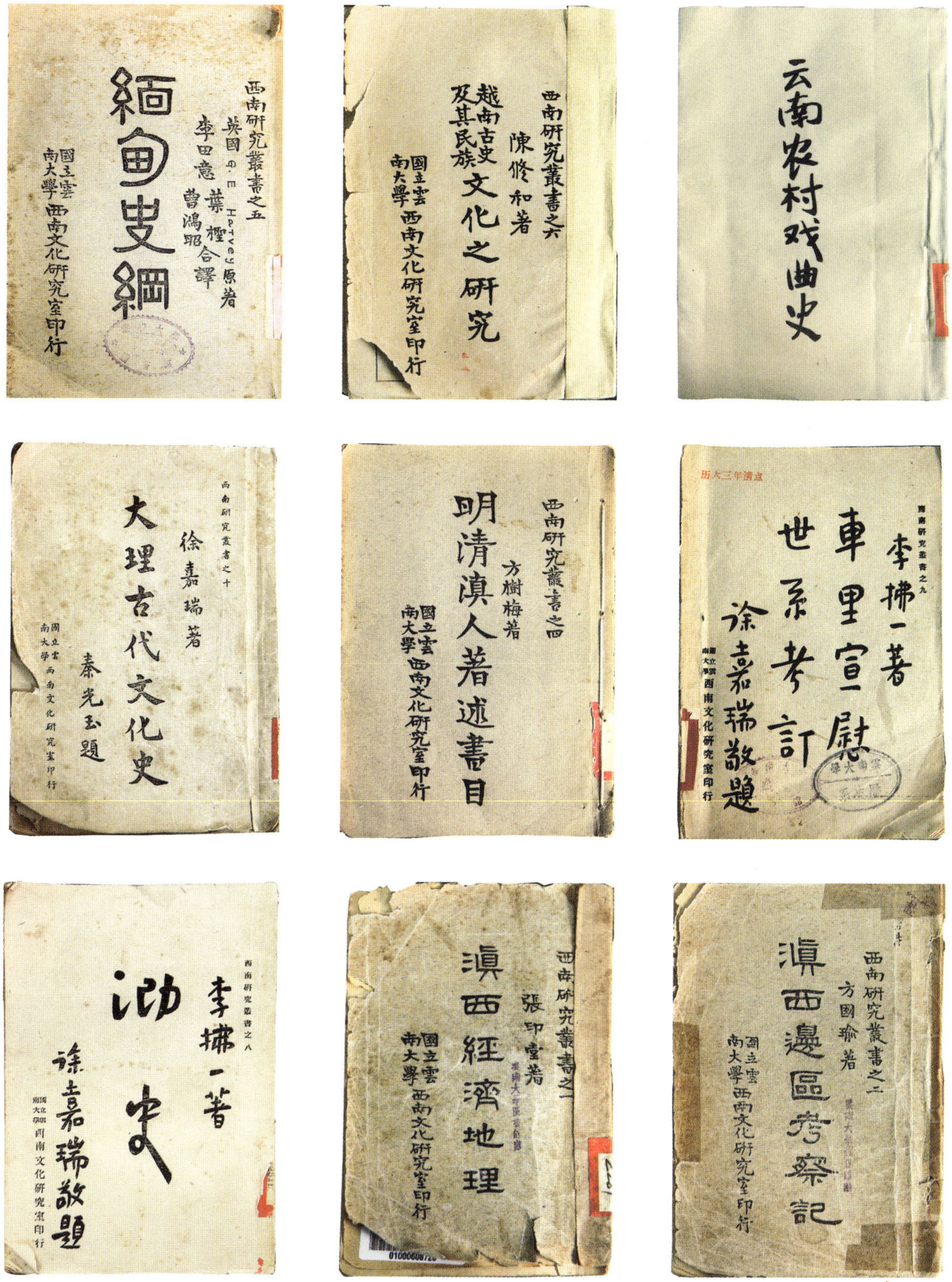

1939年7月，为躲避日军轰炸，云南大学社会学系迁至昆明呈贡，同年成立的社会学研究室设在呈贡魁星阁，后来被称为“魁阁”。费孝通、陶云逵、许烺光、林耀华、史国衡、李有义、张之毅、田汝康、谷苞等一批知名学者积极开展调查研究，举办“席明纳”（Seminar，即学术研讨），成就卓著，创造了中国社会学人类学史上辉煌的“魁阁时代”。

魁阁全景。

左图：魁阁的“席明纳”。
右图：费孝通在魁阁。

云南大学与燕京大学订立“合作原则”。

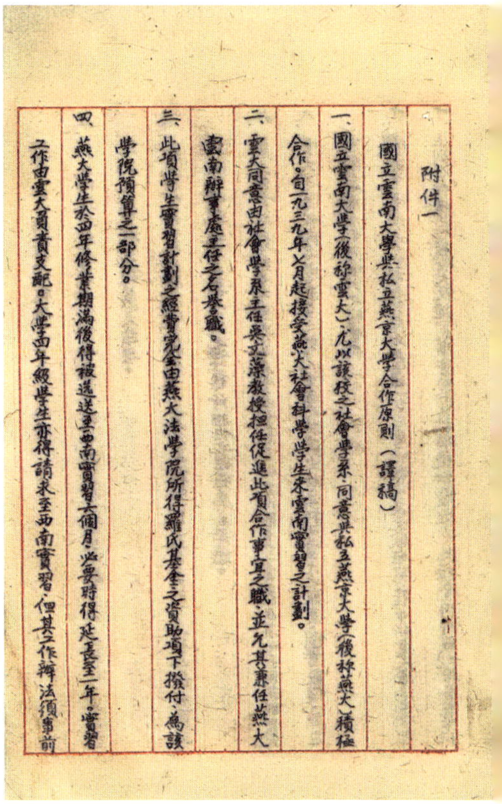

附件一

國立雲南大學與私立燕京大學合作原則（譯稿）

一、國立雲南大學（後稱雲大）、凡以該校之社會學系、同意與私立燕京大學（後稱燕大）積極合作。自一九三九年七月起接受燕大社會科學學生來雲南實習之計劃。

二、雲大同意由社會學系主任吳文藻教授担任促進此項合作事宜之職，並允其兼任燕大雲南辦事處主任之名譽職。

三、此項學生實習計劃之經費完全由燕大法學院所得羅氏基金之資助項下撥付，為該學院預算之一部分。

四、燕大學生於四年修業期滿後得被送送至西南實習六個月，必要時得延長至一年。實習工作由雲大負責支配。大學四年級學生亦得請求至西南實習，但其工作辦法須事前

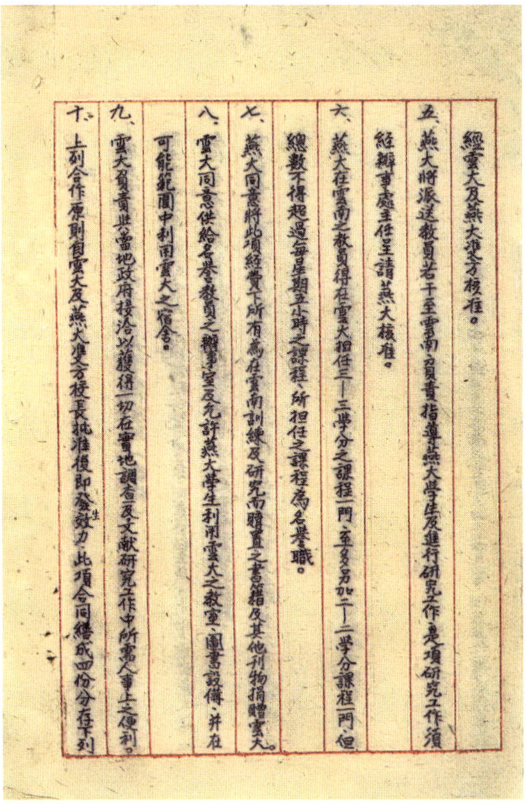

經雲大及燕大雙方核准。

五、燕大將派送教員若干至雲南負責指導燕大學生及進行研究工作，是項研究工作須經辦事處主任呈請燕大核准。

六、燕大在雲南之教員得在雲大担任三—三學分之課程一門，至多另加二—三學分課程一門，但總數不得超過每星期五小時之課程，所担任之課程為名譽職。

七、燕大同意將此項經費下所有為在雲南訓練及研究而購置之書籍及其他刊物捐贈雲大。

八、雲大同意供給名譽教員之辦事室及允許燕大學生利用雲大之教室、圖書設備，并在可能範圍中利用雲大之宿舍。

九、雲大負責與當地政府接洽以獲得一切在實地調查及文獻研究工作中所需人事上之便利。

十、上列合作原則自雲大及燕大雙方校長批准後即發生效力，此項合同繕成四份分存下列

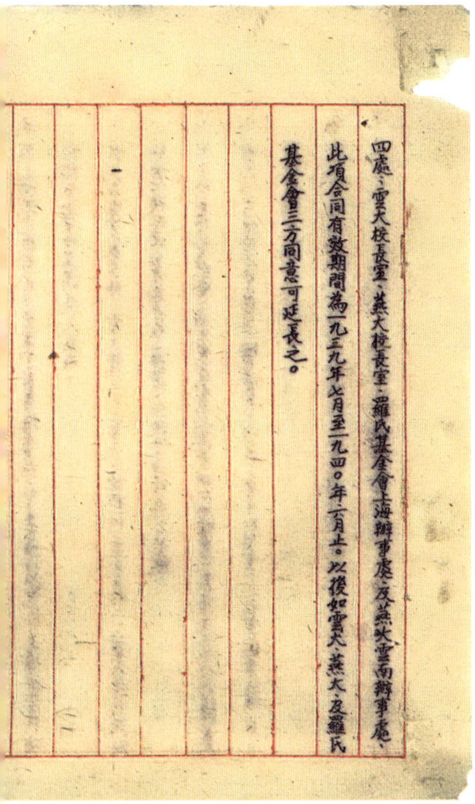

四處：雲大校長室、燕大校長室、羅氏基金會上海辦事處、及燕大雲南辦事處、

此項合同有效期間為一九三九年七月至一九四〇年六月止。以後如雲大、燕大、及羅氏基金會三方同意可延長之。

云南大学与中国农民银行签订“推进农村社会经济调查工作合同”。

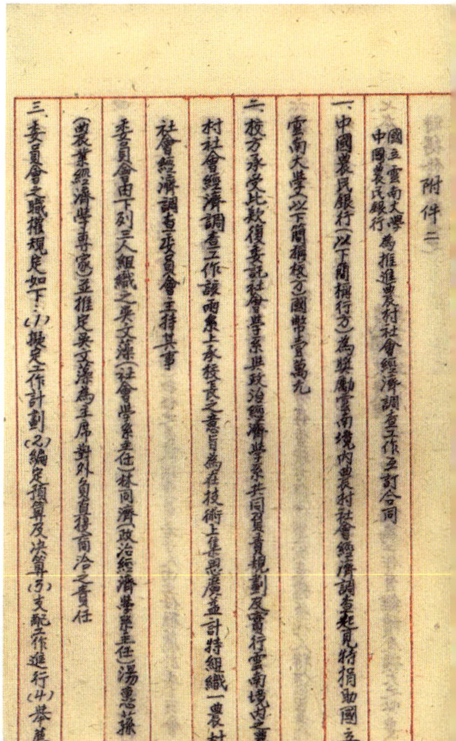

附件二

國立雲南大學
中國農民銀行 為推進農村社會經濟調查工作之訂合同

一、中國農民銀行（以下簡稱行方）為獎勵雲南境內農村社會經濟調查起見特捐助國立雲南大學（以下簡稱校方）國幣壹萬元

二、校方承受此款復委託社會學系與政治經濟學系共同負責規劃及實行雲南境內之農村社會經濟調查工作該兩系承校長之意旨為在技術上集思廣益計特組織一農村社會經濟調查委員會主持其事

委員會由下列三人組織之吳文藻（社會學系主任）林同濟（政治經濟學系主任）湯惠蓀、（農業經濟學專家）並推定吳文藻為主席對外負直接商洽之責任

三、委員會之職權規定如下：(1)擬定工作計劃(2)編定預算及決算(3)支配工作進行(4)舉薦

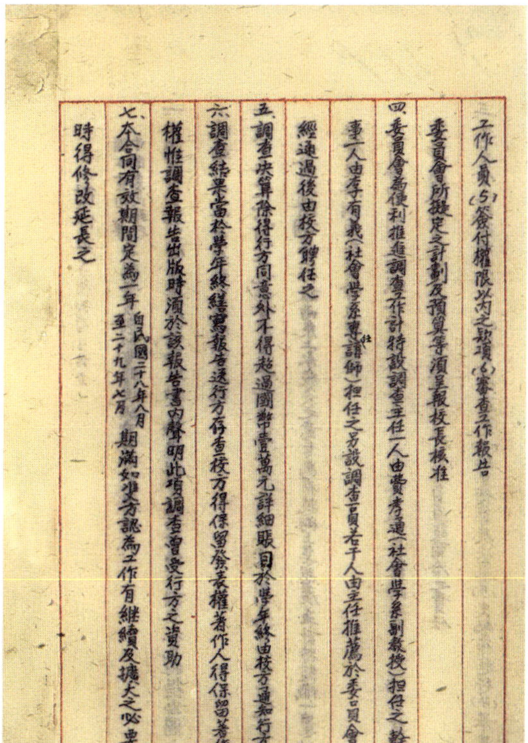

工作人員(5)簽付權限以內之款項(6)審查工作報告

委員會所擬定之計劃及預算等須呈報校長核准

四、委員會為便利推進調查工作計特設調查主任一人由費孝通（社會學系副教授）担任之幹事一人由李有義（社會學系專任講師）担任之另設調查員若干人由主任推薦於委員會經通過後由校方聘任之

五、調查決算除得行方同意外不得超過國幣壹萬元詳細賬目於學年終由校方通知行方

六、調查結果當於學年終結寫報告送行方存查校方得保留發表權著作人得保留著作權惟調查報告出版時須於該報告書內聲明此項調查曾受行方之資助

七、本合同有效期間定為一年（自民國二十八年八月至二十九年七月）期滿如雙方認為工作有繼續及擴大之必要時得修改延長之

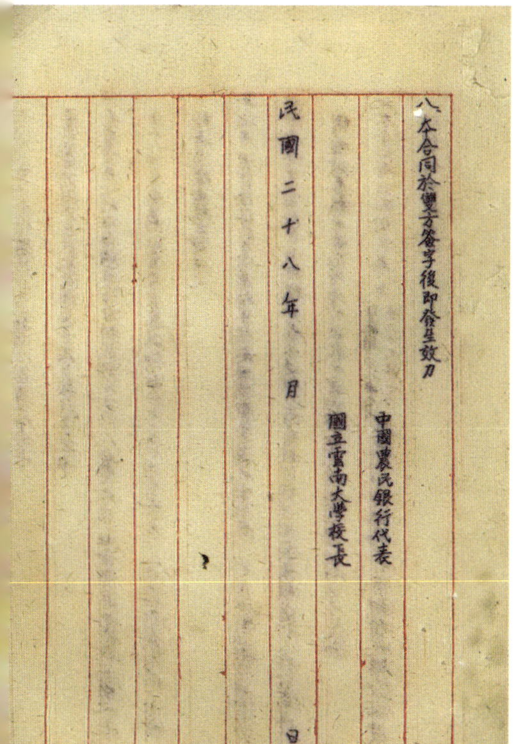

八、本合同於雙方簽字後即發生效力

中國農民銀行代表

國立雲南大學校長

民國二十八年　月　日

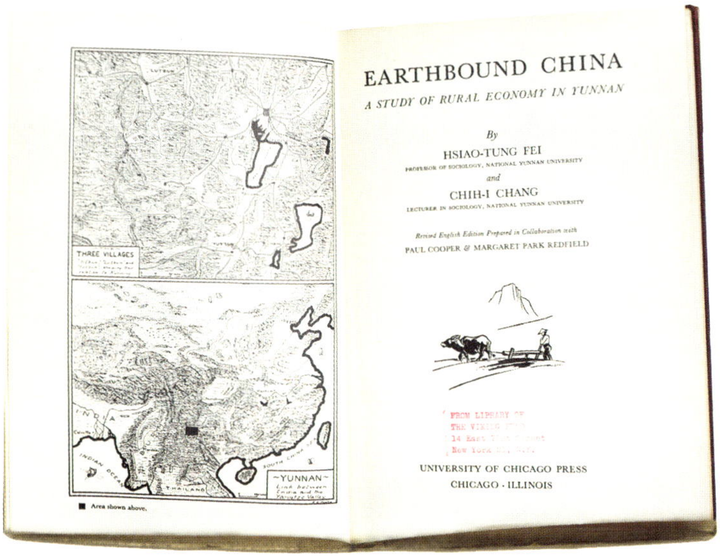

1945年，费孝通、张之毅在美国出版著作《乡土中国》。

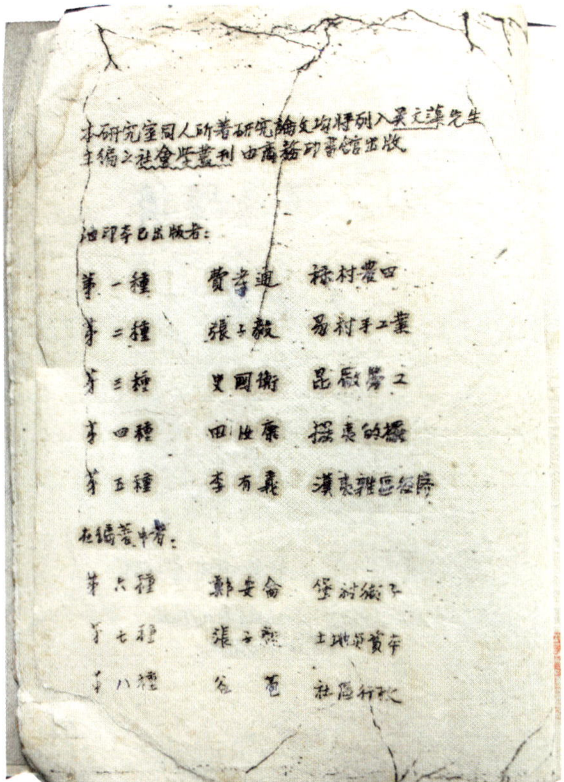

本研究室同人所著研究論文均將列入吳文藻先生主編之社會學叢刊由商務印書館出版

油印本已出版者：

第一種　費孝通　祿村農田

第二種　張子毅　易村手工業

第三種　史國衡　昆廠勞工

第四種　田汝康　擺夷的擺

第五種　李有義　漢夷雜區經濟

在編著中者：

第六種　鄭安侖　堡村[illegible]

第七種　張子毅　土地與[illegible]

第八種　谷苞　社區行政

云南大学社会学研究室部分学术成果。先由研究室刻写油印，再列入吴文藻先生主编的社会学丛刊，由商务印书馆出版。

社會學叢刊 乙集第五種
涼山夷家
林耀華著
商務印書館發行

昆廠勞工
史國衡著
商務印書館印行
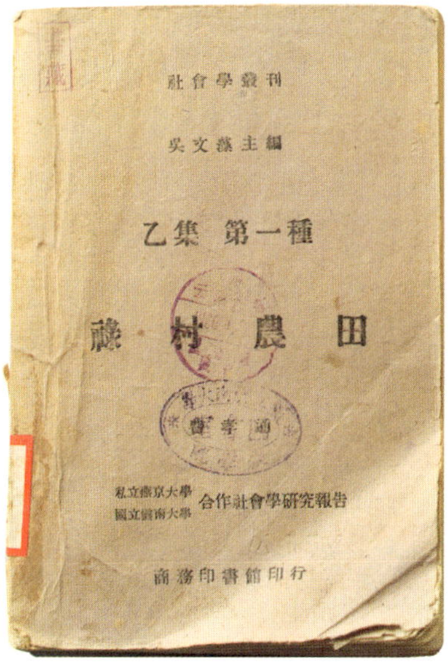
社會學叢刊
吳文藻主編
乙集 第一種
祿村農田
費孝通
私立燕京大學
國立雲南大學
合作社會學研究報告
商務印書館印行

文化論
B. Malinowski 著
民國二十七年六月
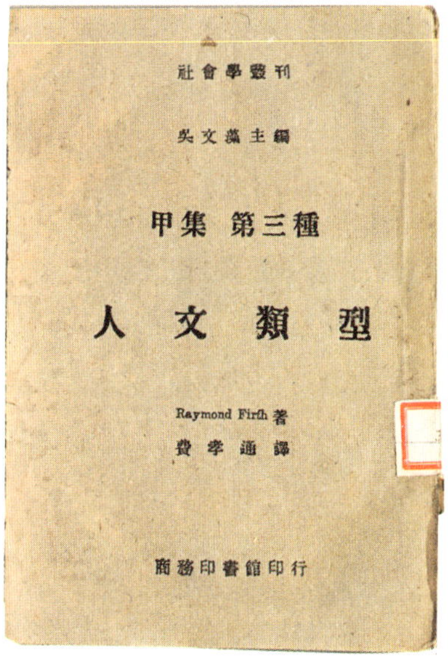
社會學叢刊
吳文藻主編
甲集 第三種
人文類型
Raymond Firth 著
費孝通譯
商務印書館印行
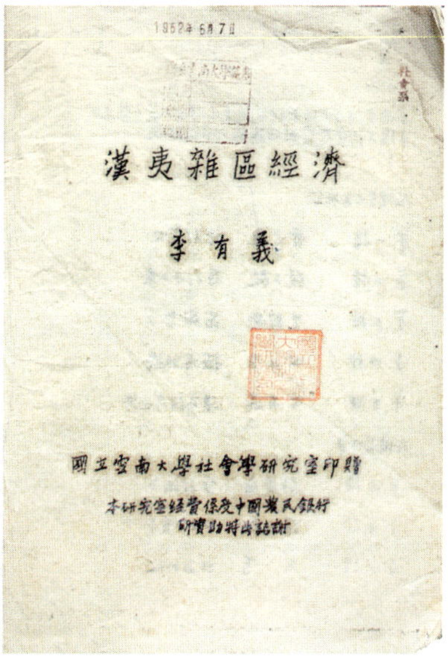
漢夷雜區經濟
李有義
國立雲南大學社會學研究室印贈

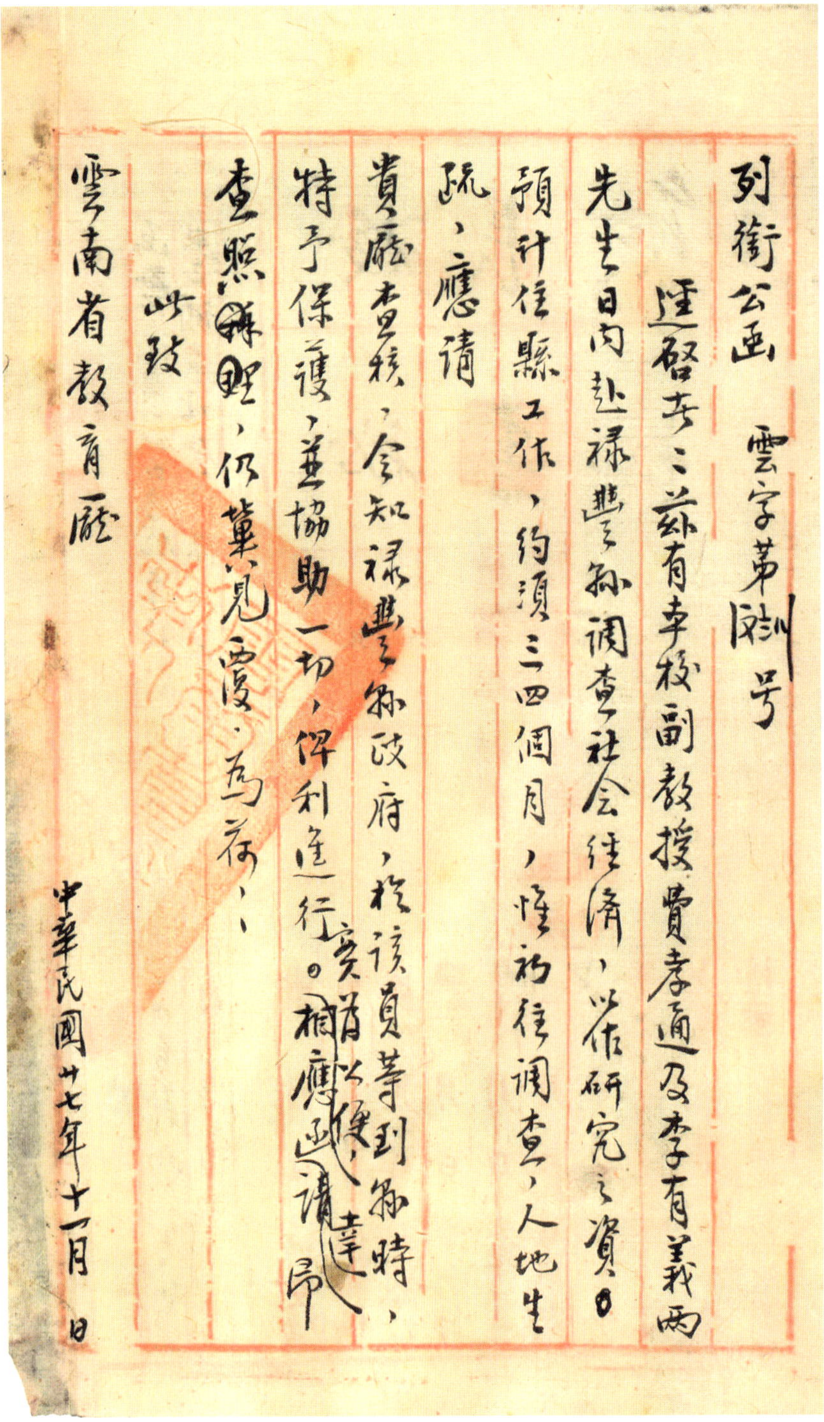

列銜公函　雲字第[illegible]號

逕啟者：茲有本校副教授費孝通及李有義兩先生日內赴祿豐縣調查社會經濟，以作研究之資。預計住縣工作，約須三四個月，惟初往調查，人地生疏，應請貴廳查核，令知祿豐縣政府，於該員等到縣時，特予保護，並協助一切，俾利進行，實為公便。相應函達，即請查照辦理，仍冀見覆，為荷！

此致

雲南省教育廳

中華民國廿七年十一月　日

右页：云南大学致函教育厅，请求为费孝通、李有义赴禄丰调查提供便利。

左页：陶云逵致函熊庆来，请求为田汝康赴芒市等地调查提供便利。

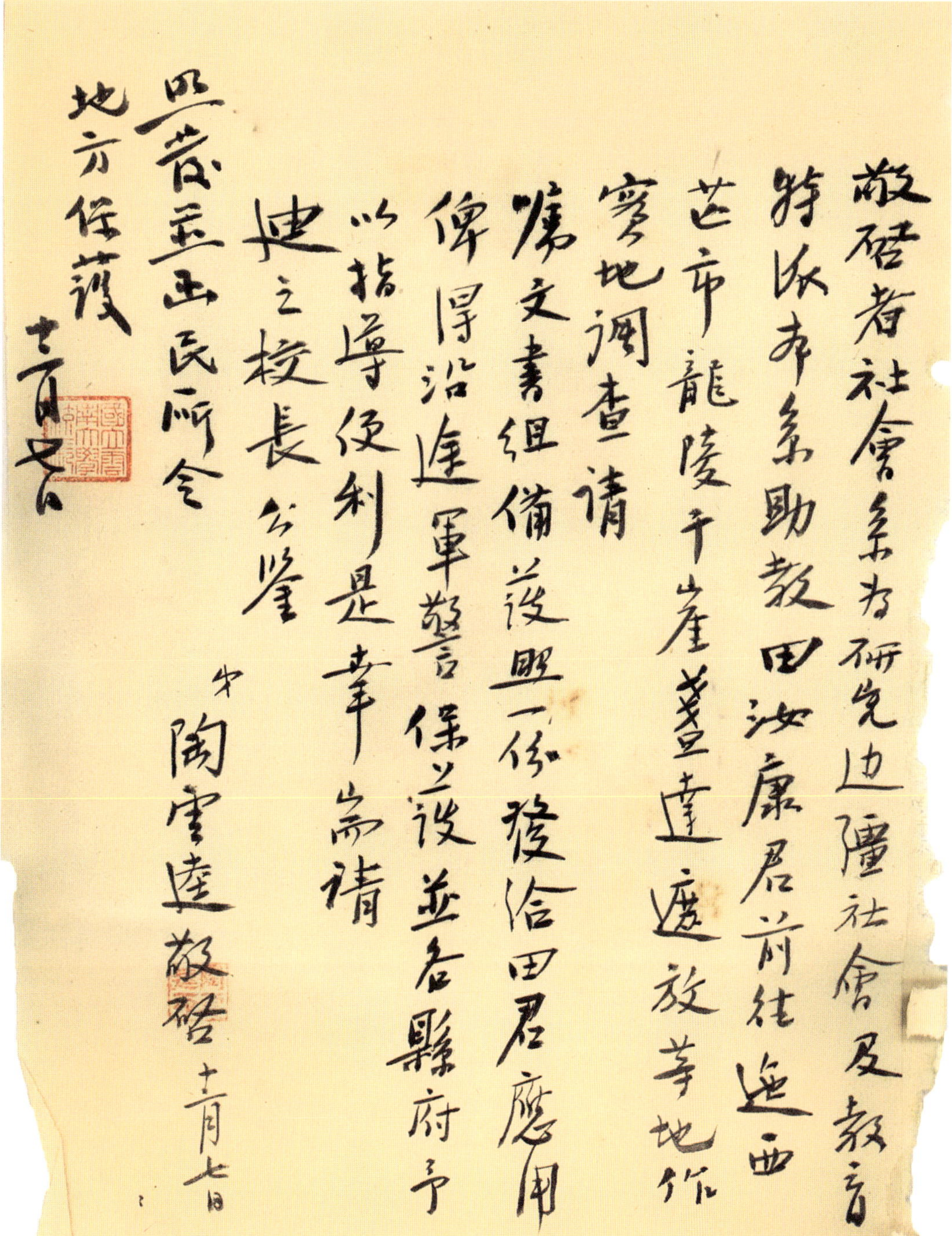

敬啓者社會系為研究邊疆社會及教育
特派本系助教田汝康君前往迤西
芒市龍陵干崖盞達遮放等地作
實地調查請
據文書組備護照一份發給田君應用
俾得沿途軍警保護並各縣府予
以指導便利是幸尚請
建之校長公鑒
中
陶雲逵敬啓 十月七日

照發並函民所令
地方保護
十月七日

1946年5月，云南大学与中央研究院天文研究所合设昆明凤凰山天文台。

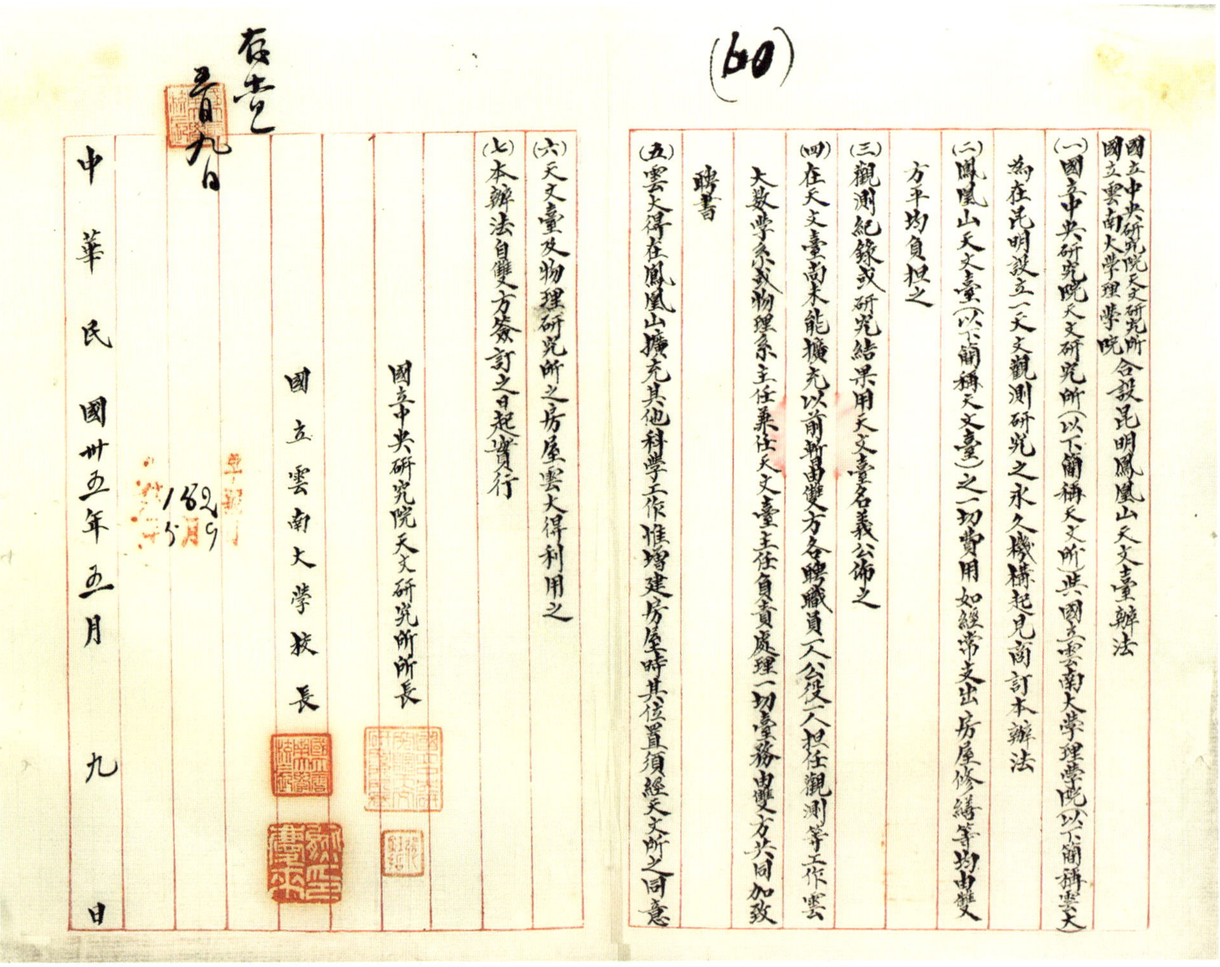

(60)

國立中央研究院天文研究所
國立雲南大學理學院合設昆明鳳凰山天文臺辦法

(一)國立中央研究院天文研究所(以下簡稱天文所)與國立雲南大學理學院(以下簡稱雲大)為在昆明設立一天文觀測研究之永久機構起見商訂本辦法

(二)鳳凰山天文臺(以下簡稱天文臺)之一切費用如經常支出房屋修繕等均由雙方平均負擔之

(三)觀測紀錄或研究結果用天文臺名義公佈之

(四)在天文臺尚未能擴充以前暫由雙方各聘職員一人(公役一人)担任觀測等工作雲大數學系(或物理系)主任兼任天文臺主任負責處理一切臺務由雙方共同加致聘書

(五)雲大得在鳳凰山擴充其他科學工作惟增建房屋時其位置須經天文所之同意

(六)天文臺及物理研究所之房屋雲大得利用之

(七)本辦法自雙方簽訂之日起實行

國立中央研究院天文研究所所長

國立雲南大學校長

中華民國卅五年五月九日

云南大学与云南茶叶公司合作开展茶树栽培试验。

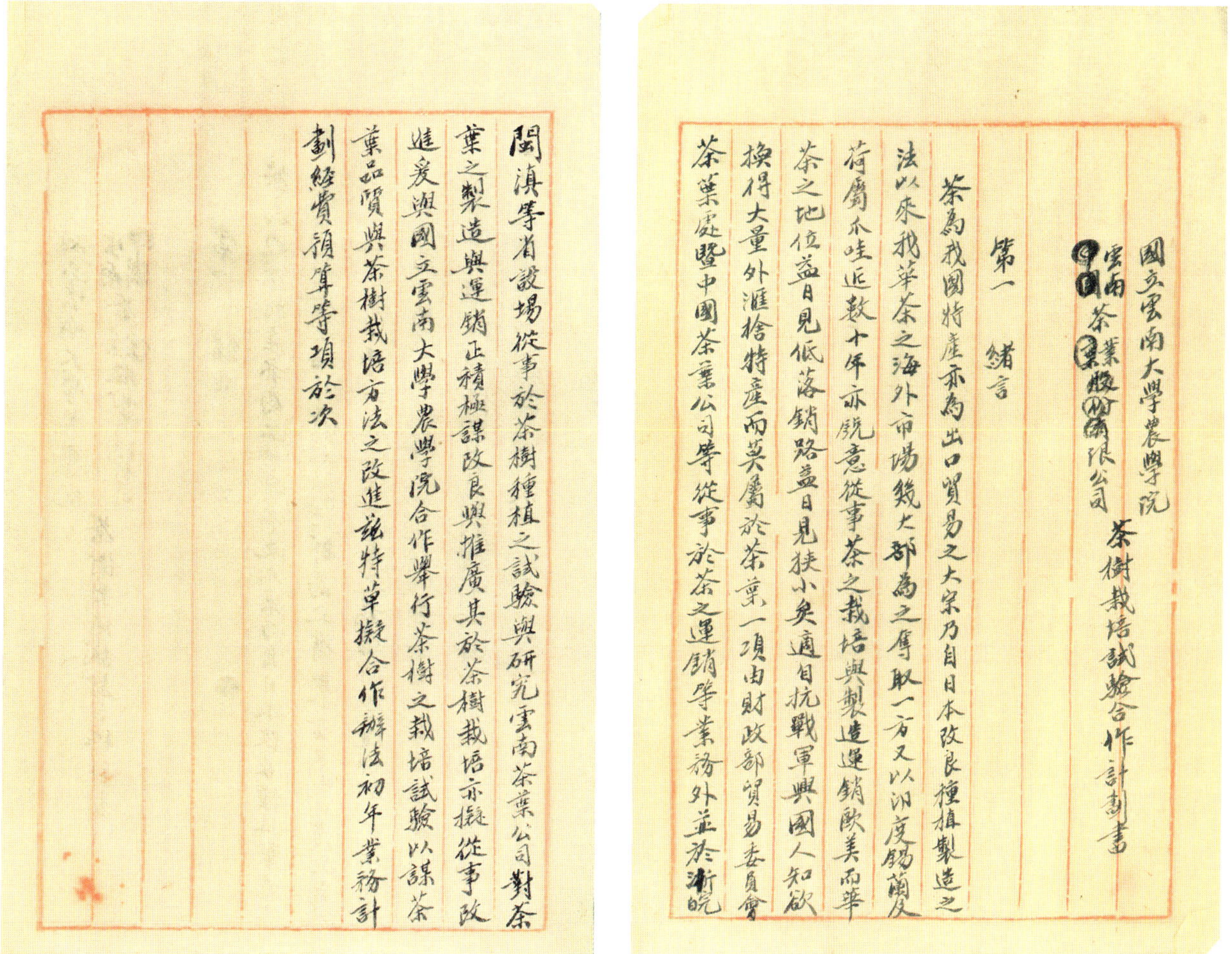
國立雲南大學農學院
雲南中國茶葉股份有限公司
茶樹栽培試驗合作計劃書

第一 緒言

茶爲我國特產亦爲出口貿易之大宗乃自日本改良種植製造之法以來我華茶之海外市場幾大部爲之奪取一方又以印度錫蘭及荷屬爪哇近數十年亦銳意從事茶之栽培與製造運銷歐美而華茶之地位益日見低落銷路益日見狹小矣適自抗戰軍興國人知欲換得大量外滙捨特產而莫屬於茶葉一項由財政部貿易委員會茶葉處暨中國茶葉公司等從事於茶之運銷等業務外並於浙皖閩滇等省設場從事於茶樹種植之試驗與研究雲南茶葉公司對茶葉之製造與運銷正積極謀改良與推廣其於茶樹栽培亦擬從事改進爰與國立雲南大學農學院合作舉行茶樹之栽培試驗以謀茶葉品質與茶樹栽培方法之改進茲特草擬合作辦法初年業務計劃經費預算等項於次

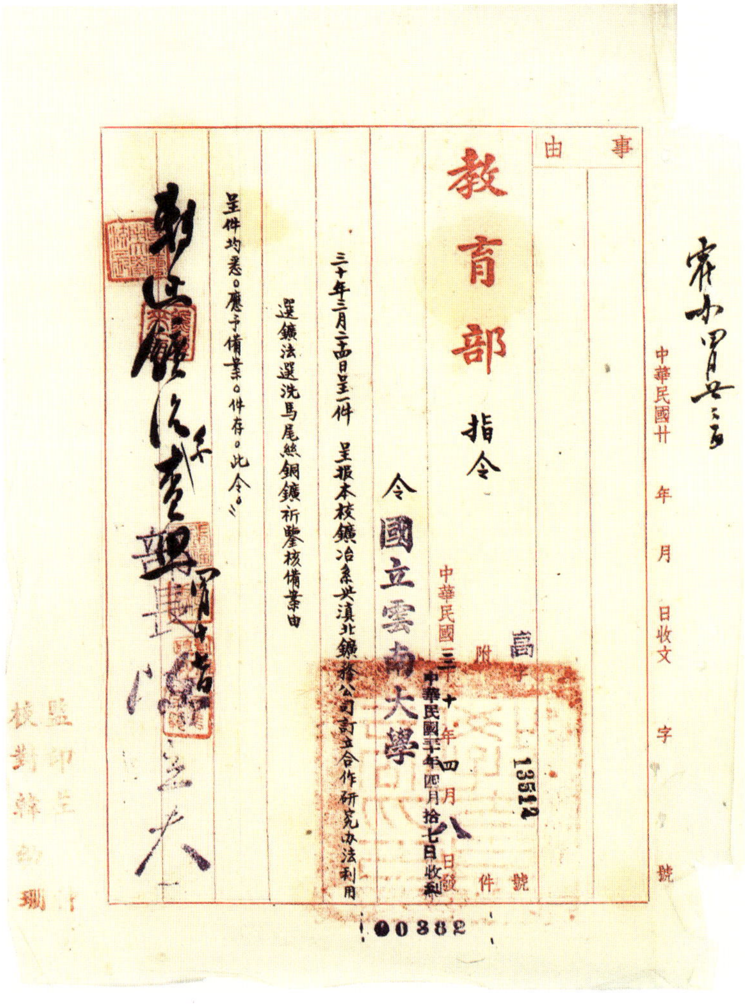

教育部

指令

高字第13512號

令國立雲南大學

三十年三月二十四日呈一件　呈報本校鑛冶系與滇北鑛務公司訂立合作研究辦法利用選鑛法選洗馬尾絲銅鑛祈鑒核備案由

呈件均悉。應予備案。件存。此令。

部長　陳立夫

中華民國三十年四月八日發

中華民國三十年四月拾七日收

00382

1941年，云南大学与滇北矿务公司合作选洗东川铜矿。

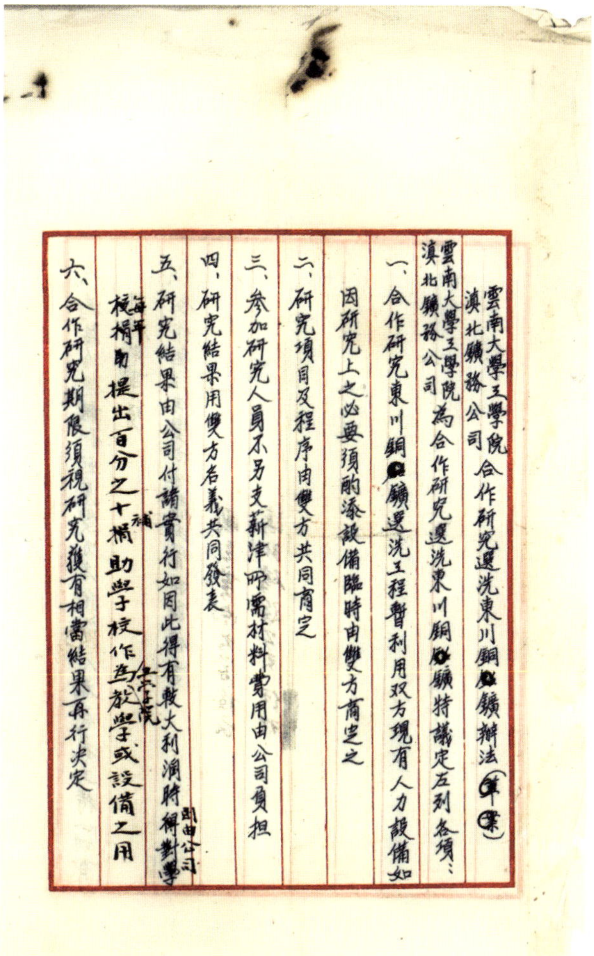
雲南大學工學院滇北礦務公司合作研究選洗東川銅礦辦法（草案）

雲南大學工學院滇北礦務公司為合作研究選洗東川銅礦特議定左列各項：

一、合作研究東川銅礦選洗工程暫利用双方現有人力設備如因研究上之必要須酌添設備臨時由雙方商定之

二、研究項目及程序由雙方共同商定

三、參加研究人員不另支薪津所需材料費用由公司負担

四、研究結果用雙方名義共同發表

五、研究結果由公司付諸實行如因此得有較大利潤時則由公司斟酌每年提撥由提出百分之十補助學校工學院作為教學或設備之用

六、合作研究期限須視研究獲有相當結果再行決定

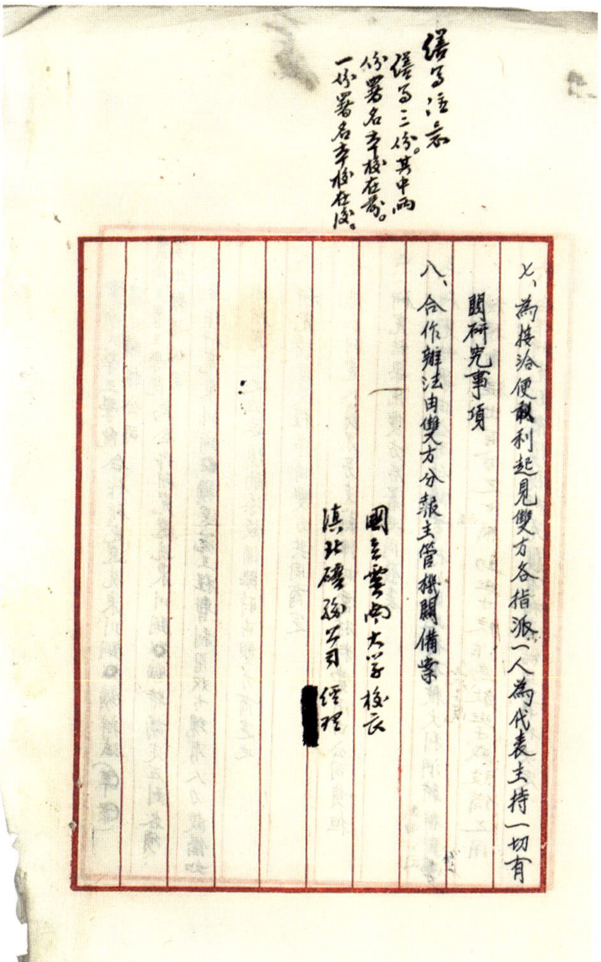
七、為接洽便利起見雙方各指派一人為代表主持一切有關研究事項

八、合作辦法由雙方分報主管機關備案

國立雲南大學校長

滇北礦務公司 [redacted] 經理

繕寫注意

繕寫三份。其中兩份署名章橫在前。一份署名章橫在後。

1943年，云南大学与云南全省经济委员会合组社会学研究室。

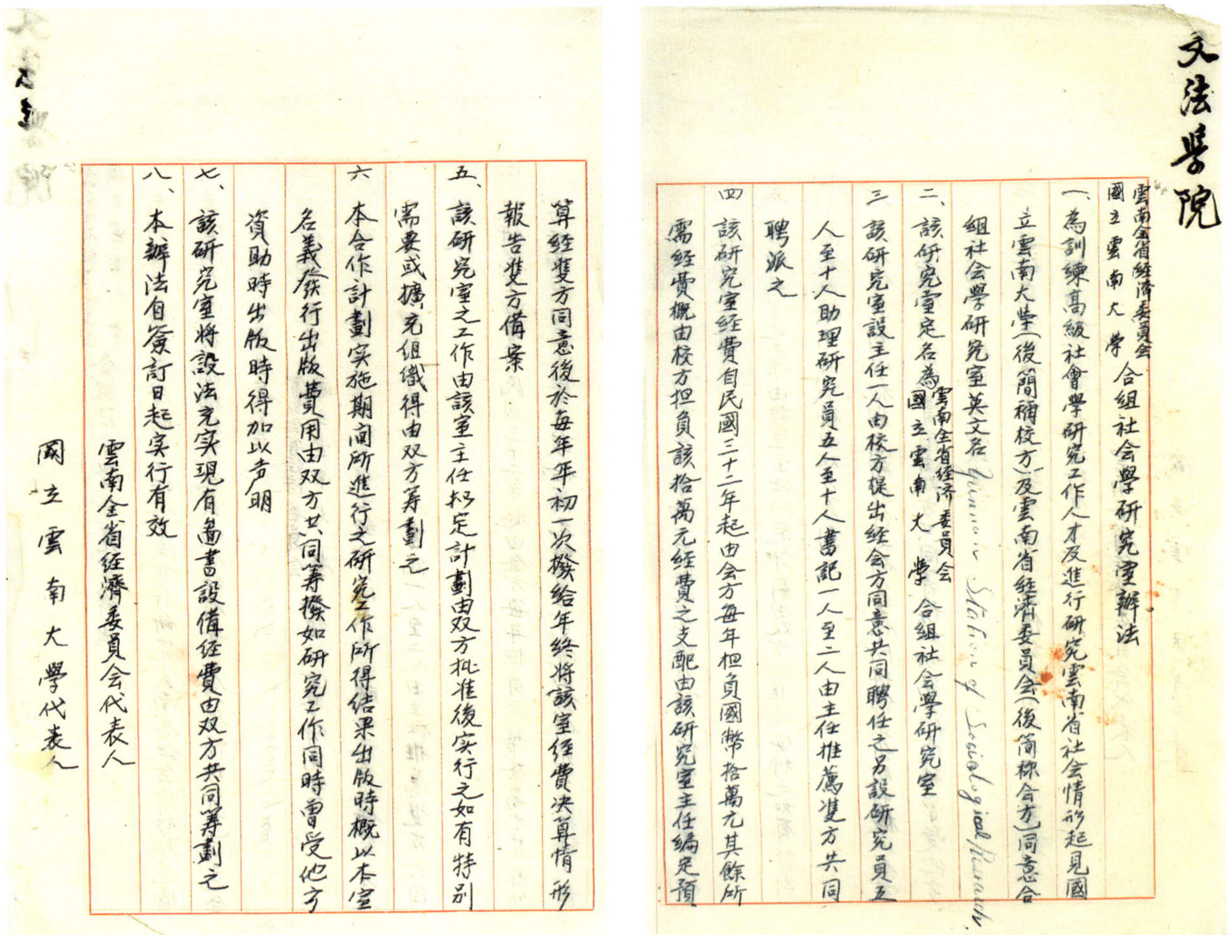

文法學院

雲南全省經濟委員會 國立雲南大學 合組社會學研究室辦法

一、為訓練高級社會學研究工作人才及進行研究雲南省社会情形起見國立雲南大學（後簡稱校方）及雲南省經濟委員會（後簡稱会方）同意合組社会學研究室

二、該研究室定名為雲南全省经济委員会 國立雲南大學 合組社会學研究室 英文名 Yunnan Station of Sociological Research

三、該研究室設主任一人由校方提出经会方同意共同聘任之另設研究員五人至十人助理研究員五人至十人書記一人至二人由主任推薦雙方共同聘派之

四、該研究室经費自民國三十二年起由会方每年担負國幣拾萬元其餘所需经費概由校方担負該拾萬元经費之支配由該研究室主任編定預算经雙方同意後於每年年初一次撥給年終將該室经費決算情形報告雙方備案

五、該研究室之工作由該室主任擬定計劃由双方批准後实行之如有特别需要或擴充組織得由双方籌劃之

六、本合作計劃实施期間所進行之研究工作所得結果出版時概以本室名義發行出版費用由双方共同籌撥如研究工作同時曾受他方資助時出版時得加以声明

七、該研究室將設法充实現有圖書設備经費由双方共同籌劃之

八、本辦法自簽訂日起实行有效

雲南全省經濟委員会代表人

國立雲南大學代表人

1938年，教育部令云南大学填送实际问题研究报告表。

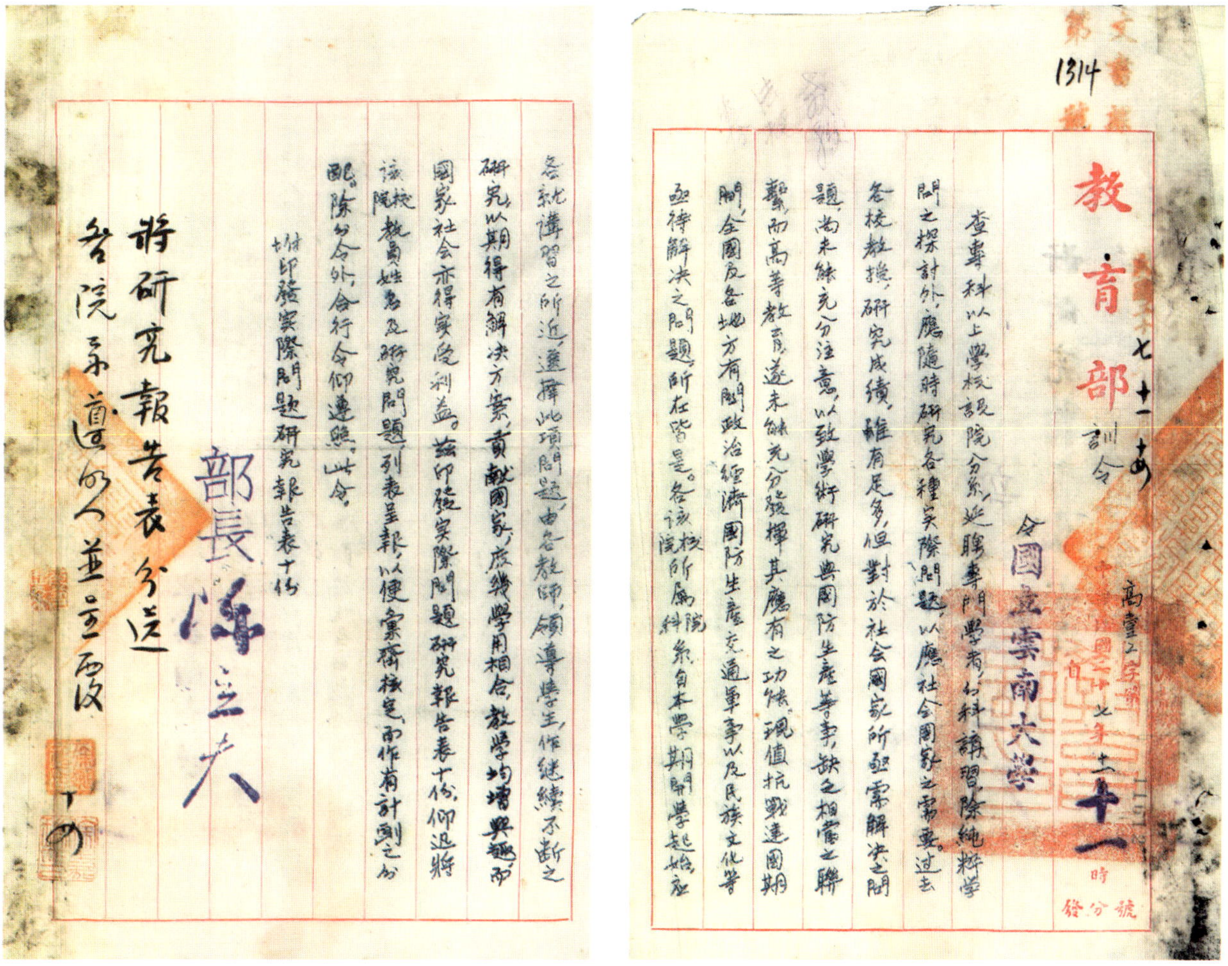
教育部訓令　高壹二字第七十一[illegible]號

令國立雲南大學

查專科以上學校，設院分系，延聘專門學者，分科講習，除純粹學問之探討外，應隨時研究各種實際問題，以應社會國家之需要。過去各校教授，研究成績，雖有足多，但對於社會國家所亟需解決之問題，尚未能充分注意，以致學術研究與國防生產等事，缺乏相當之聯繫，而高等教育，遂未能充分發揮其應有之功能。現值抗戰建國期間，全國及各地方有關政治經濟國防生產交通軍事以及民族文化等亟待解決之問題，所在皆是。各該院校所屬科院系，自本學期開學起始，應各就講習之所近，選擇此項問題，由各教師，領導學生，作繼續不斷之研究，以期得有解決方案，貢獻國家，庶幾學用相合，教學均增興趣，而國家社會亦得實受利益。茲印發實際問題研究報告表十份，仰迅將該校（院）教員姓名及研究問題，列表呈報，以便彙齊核定，而作有計劃之分配。除分令外，合行令仰遵照。此令。

附印發實際問題研究報告表十份

中華民國二十七年十一月　日

部長　陳立夫

將研究報告表分送各院系首長[illegible]

云南大学部分教师填报的实际问题研究报告表。

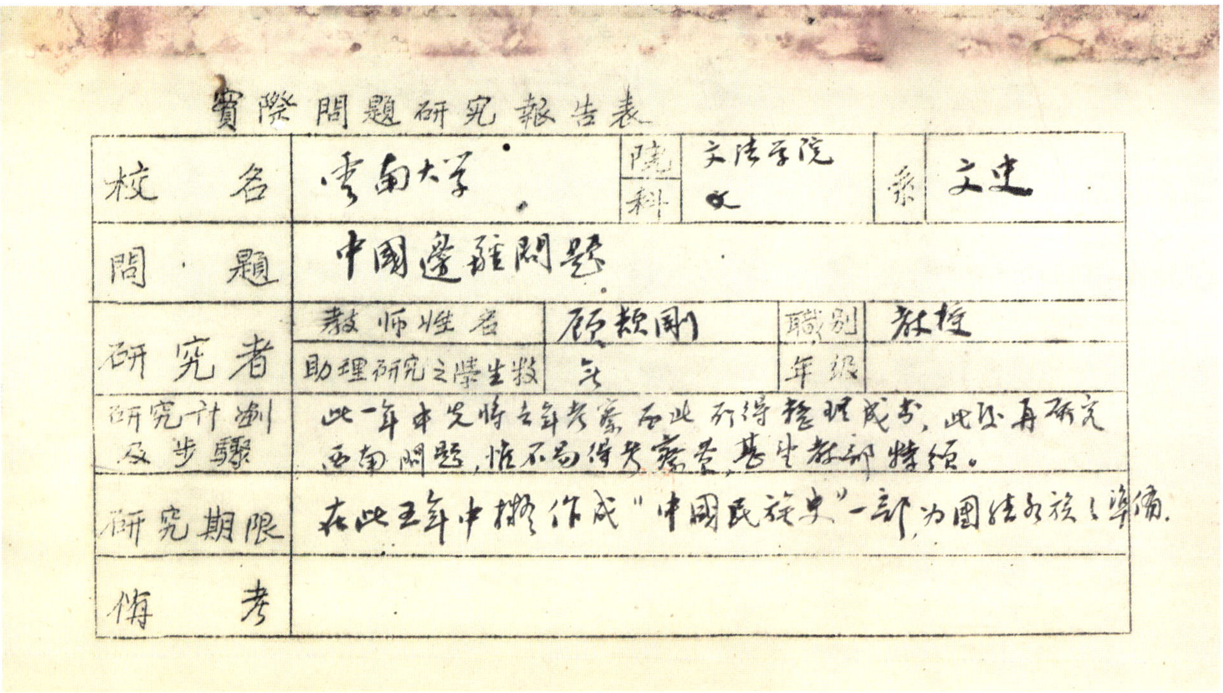

實際問題研究報告表

校名	雲南大學	院/科	文法學院 文	系	文史
問題	中國邊疆問題				
研究者	教師姓名	顧頡剛	職別	教授	
	助理研究之學生數	無	年級		
研究計劃及步驟	此一年中先將十年考察所得整理成書，此後再研究西南問題，惟不易得考察費，甚望教部特给。				
研究期限	在此五年中擬作成"中國民族史"一部，為團結民族之準備。				
備考					

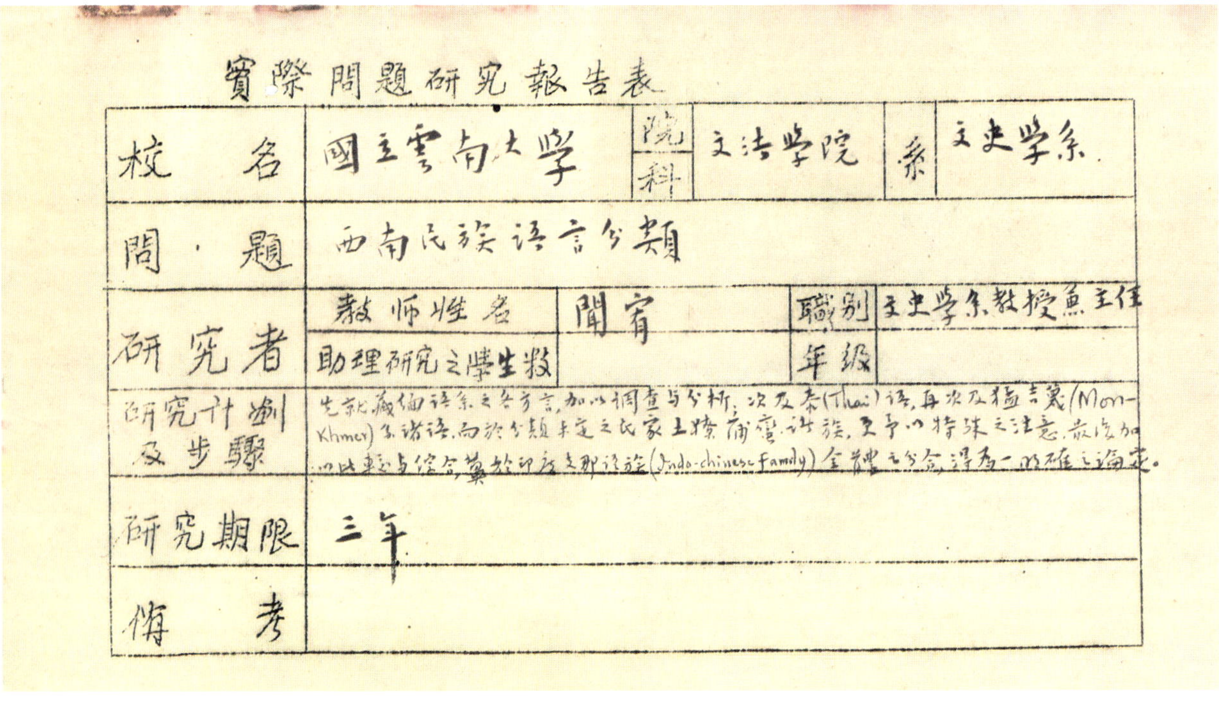

實際問題研究報告表

校名	國立雲南大學	院/科	文法學院	系	文史學系
問題	西南民族語言分類				
研究者	教師姓名	聞宥	職別	文史學系教授兼主任	
	助理研究之學生數		年級		
研究計劃及步驟	先就藏緬語系之各方言，加以調查與分析，次及泰(Thai)語，再次及猛吉蔑(Mon-Khmer)系諸語，而於分類未定之民家、土獠、蒲蠻諸族，更予以特殊之注意，最後加以比較與綜合，冀於印度支那語族(Indo-chinese Family)全體之分合，得一明確之論定。				
研究期限	三年				
備考					

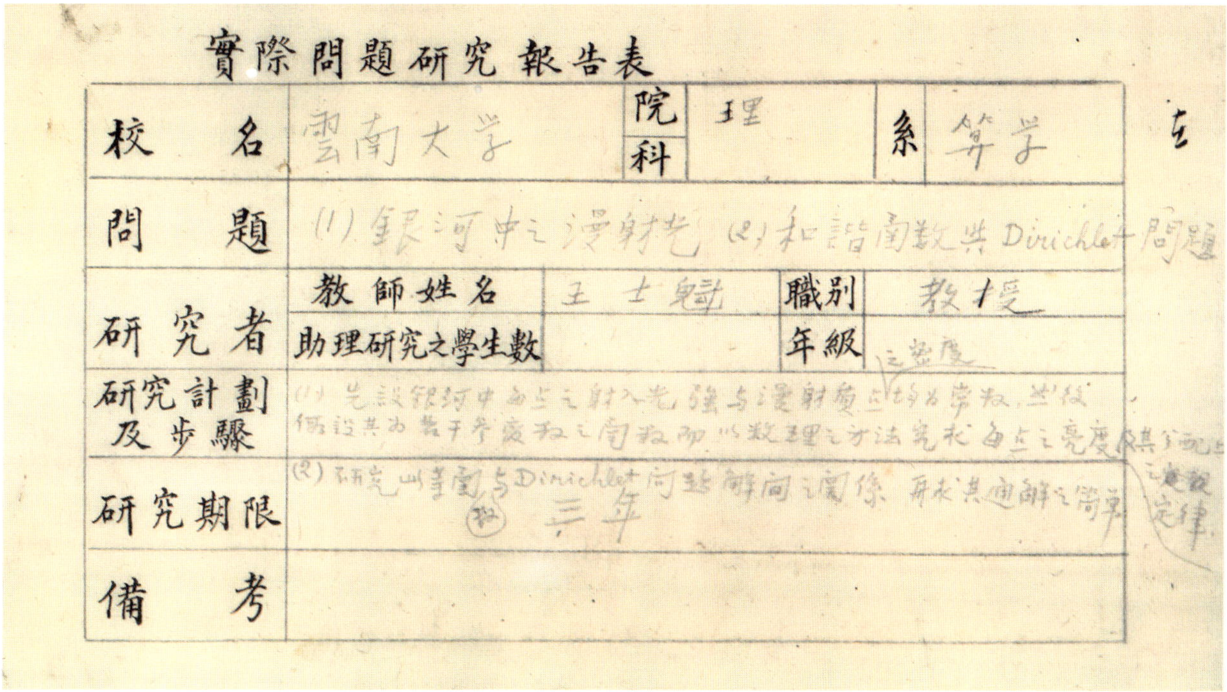

實際問題研究報告表

校名	雲南大学	院/科	理	系	算学
問題	(1) 銀河中之漫射光 (2) 和諧函数與Dirichlet問題				
研究者	教師姓名	王士魁		職別	教授
	助理研究之學生數			年級	
研究計劃及步驟	(1) 先設銀河中每点之射入光強与漫射質点之密度均为常数，然後假設其为若干参変数之函数，而以数理之方法究求每点之亮度[illegible]定律				
研究期限	(2) 研究和諧函数与Dirichlet問題解間之關係，再求其通解之簡單[illegible] 三年				
備考					

左

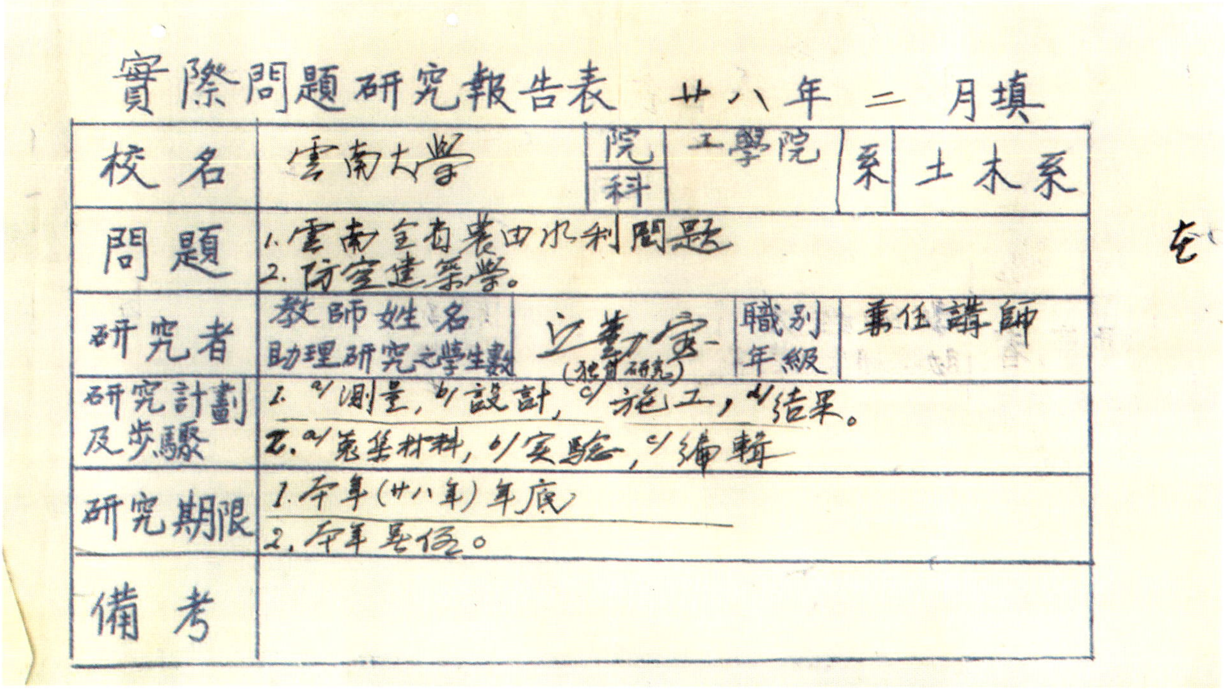

實際問題研究報告表　廿八年二月填

校名	雲南大學	院/科	工學院	系	土木系
問題	1. 雲南全省農田水利問題 2. 防空建築學。				
研究者	教師姓名	丘勤寶（獨自研究）		職別	兼任講師
	助理研究之學生數			年級	
研究計劃及步驟	1. a) 測量，b) 設計，c) 施工，d) 結果。 2. a) 蒐集材料，b) 實驗，c) 編輯				
研究期限	1. 今年（廿八年）年底 2. 今年暑假。				
備考					

左

1943年6月，云南大学选派费孝通教授赴美讲学复函教育部。

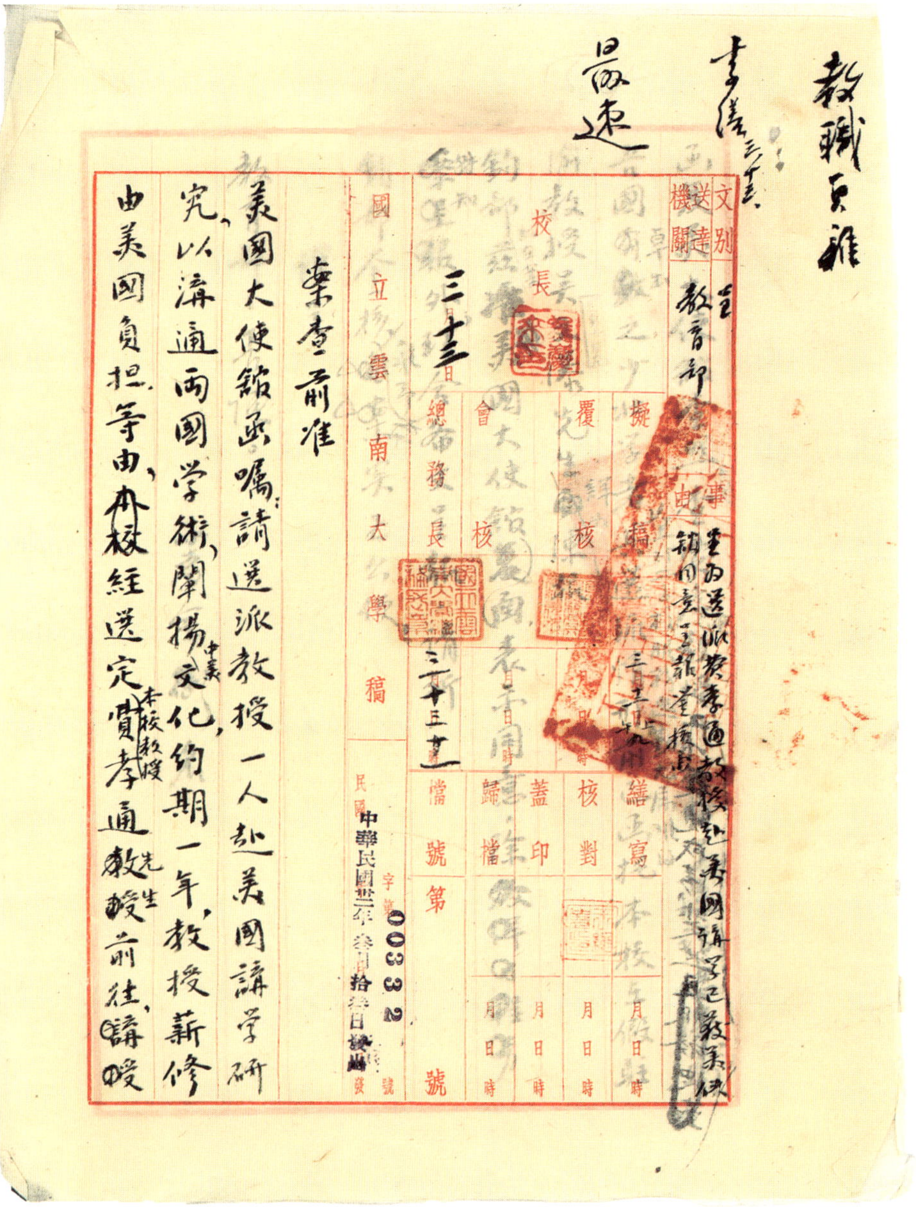
教職員雜

最速

文別 呈

送達機關 教育部

國立雲南大學稿

案查前准

美國大使館函囑：請選派教授一人赴美國講學研究，以溝通兩國學術、闡揚中美文化，約期一年，教授薪修由美國負担等由，本校經選定本校教授費孝通先生前往講學

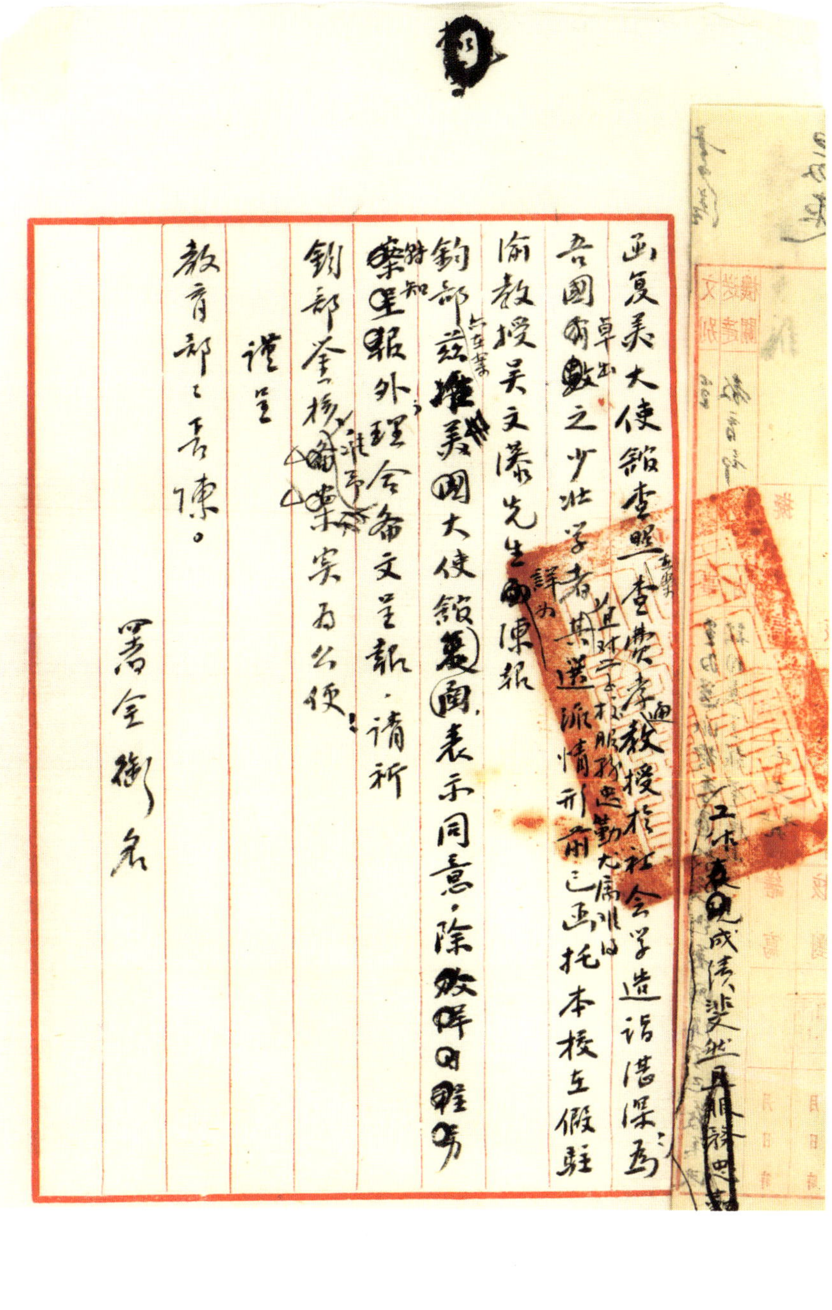

函復美大使館查照。查費孝通教授於社會學造詣湛深，為吾國有數之少壯學者，其選派情形，前已函托本校在假駐渝教授吳文藻先生面陳，鈞部茲准美國大使館覆函，表示同意。除將日程另案呈報外，理合備文呈報，請祈鈞部查核，准予備案，實為公便！

謹呈

教育部部長陳

署全銜名

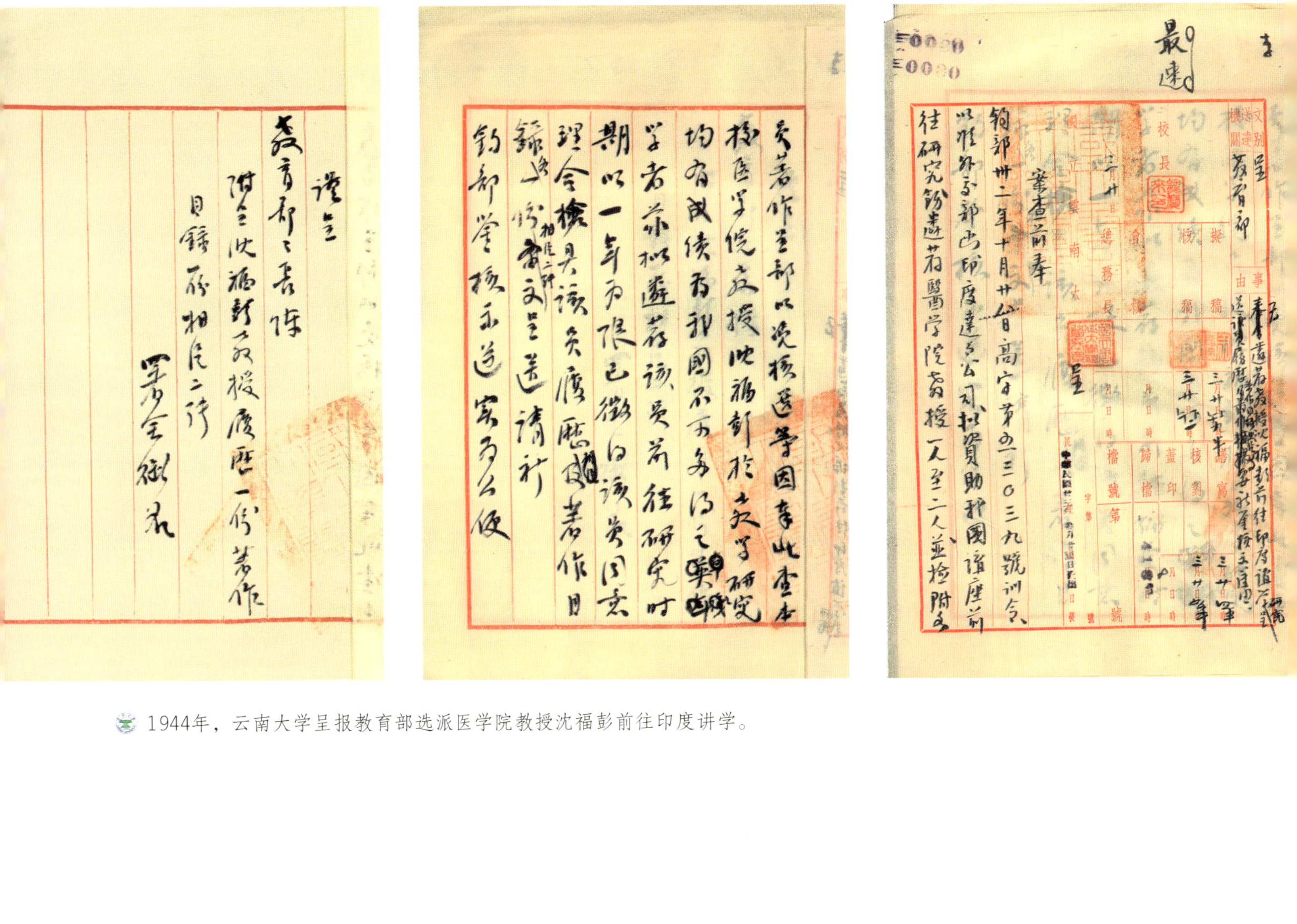

案查前奉钧部卅二年十月廿八日高字第五三〇三九號训令，以准外交部函印度达乡公司拟资助我国请座前往研究，饬遴荐医学院教授一人至二人，并检附文及著作呈部以凭核选等因，奉此。查本校医学院教授沈福彭于大学研究均有成绩，为我国不可多得之学者，亦拟遴荐该员前往研究，时期以一年为限，已征得该员同意，理合检具该员履历及著作目录（附件二件）备文呈送，请祈钧部鉴核示遵，实为公便。

谨呈

教育部部长陈

附呈沈福彭教授履历一份、著作目录、相片二张

1944年，云南大学呈报教育部选派医学院教授沈福彭前往印度讲学。

学术讲座是云大的一道文化风景线。刘文典、费孝通、姜亮夫、龚自知、冯景兰、崔之兰、华罗庚、秦仁昌、林同济、冯友兰、潘光旦、罗常培、陈省身、蒋廷黼、吴大猷、李书华等一大批著名教授在学校讲坛频频亮相。剑桥大学教授李约瑟、英国教授雷尼克、美国教授葛德尼、印度教授饶伊、河内医科大学教授吉贝氏、法国教授维莱、印度著名梵学家柯希南、英国著名病理学家桑德斯以及美国副总统华莱士等知名人士也曾莅校演讲。

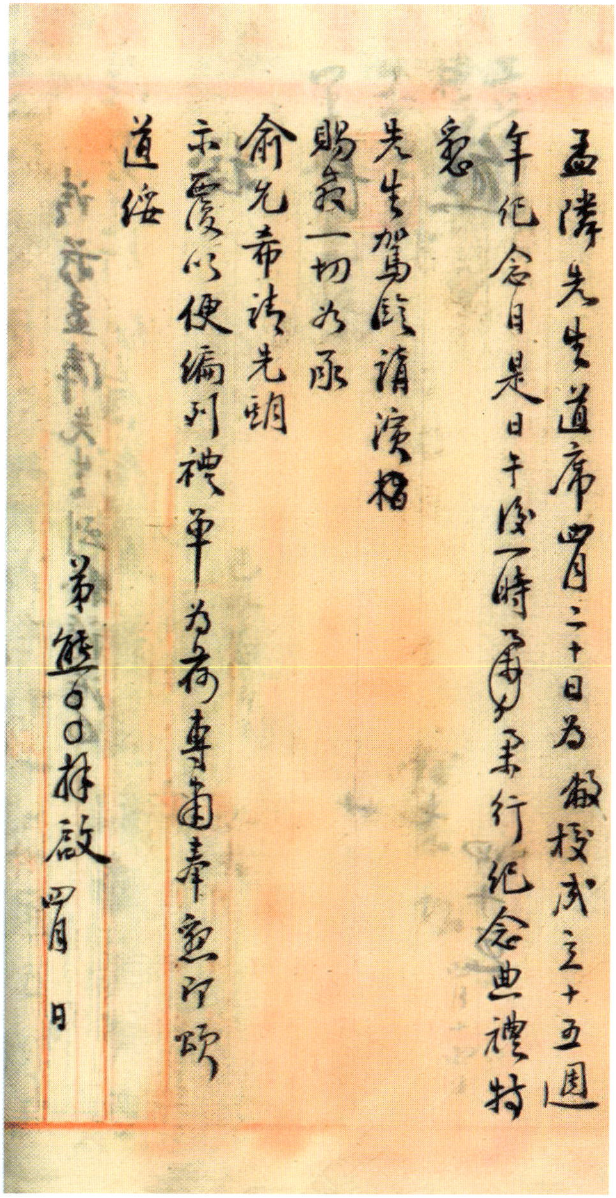

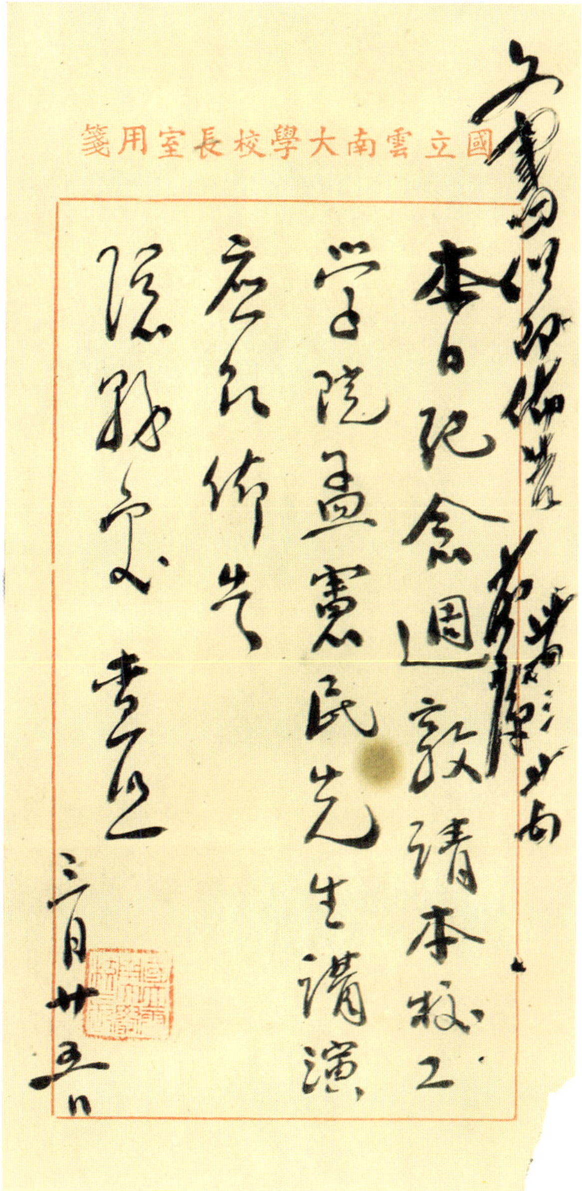

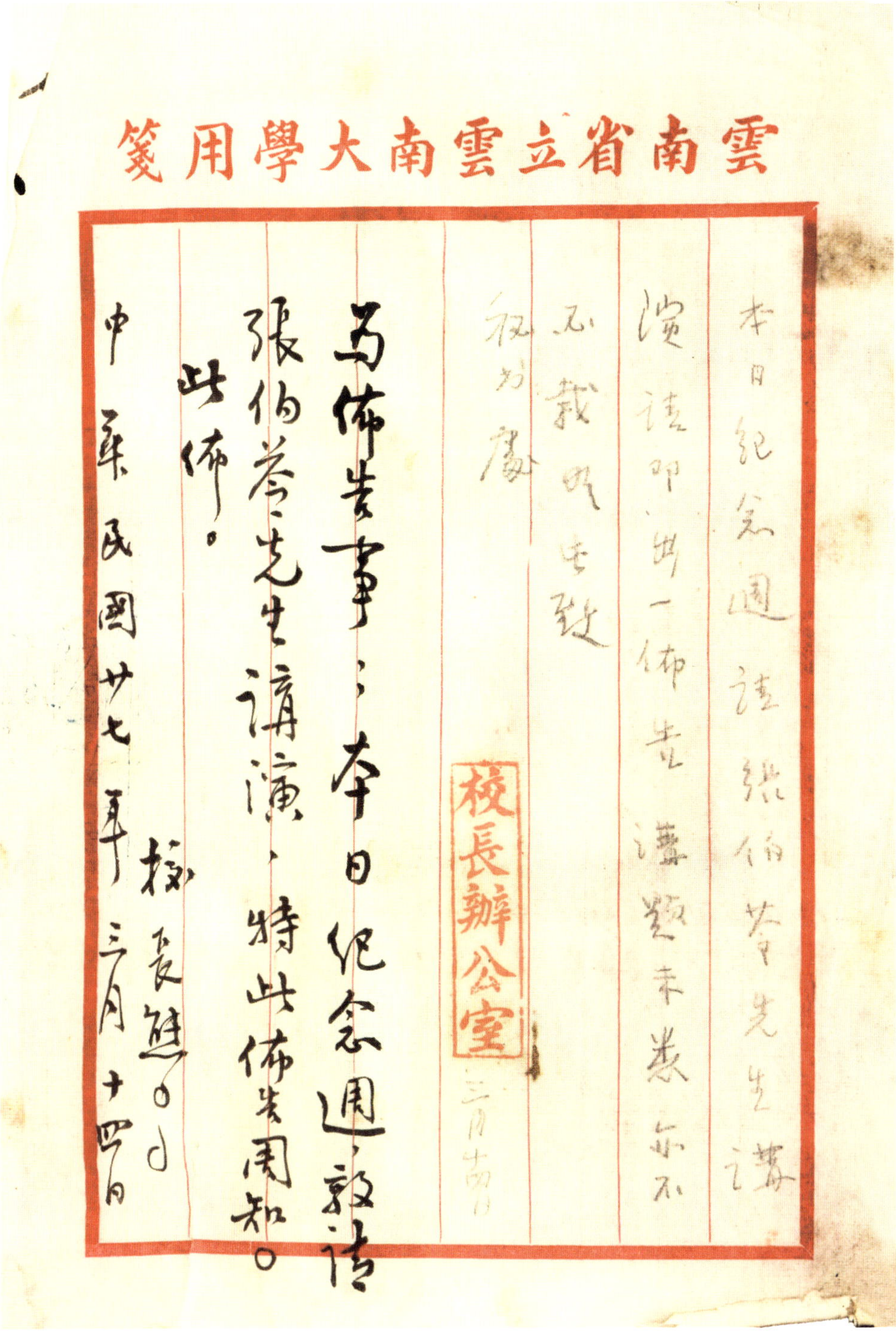
雲南省立雲南大學用箋

本日紀念週請張伯苓先生講演，請印出一佈告，講題未悉，亦不必載明。先生致
秘書處

校長辦公室
三月十四日

為佈告事：本日紀念週敦請
張伯苓先生講演，特此佈告周知。
此佈。
校長熊〇〇
中華民國廿七年三月十四日

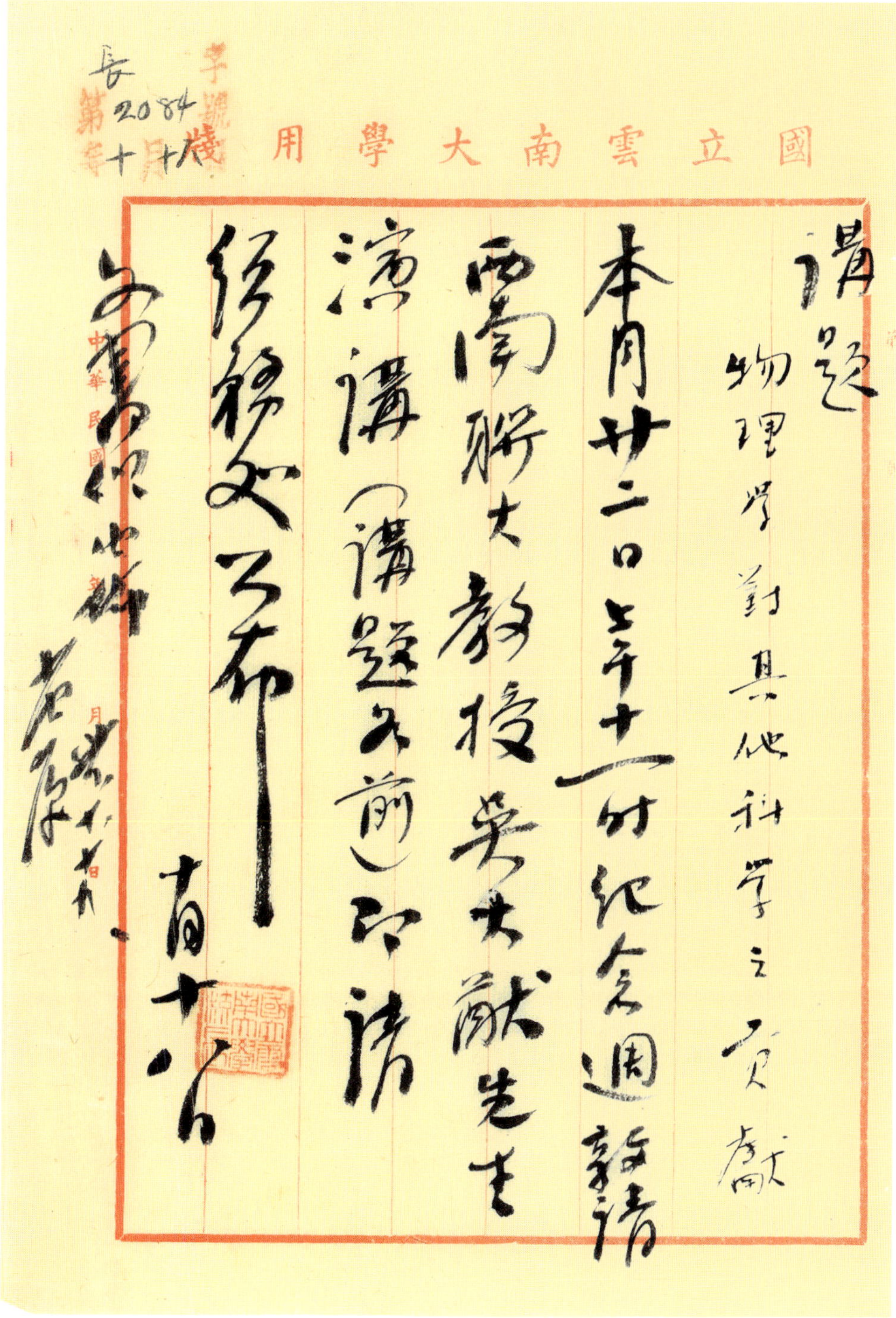

國立雲南大學用箋

長 2084
第 字 號
十一月十六

講題 物理學對其他科學之貢獻

本月廿二日上午十一時紀念週敦請
西南聯大教授吳大猷先生
演講（講題見前）即請
紹穀兄公布
慶 十六日

如囑佈告 若存 卅一、十一、十九

為布告事：二月十九日（星期六）午後三時，在本校大禮堂，敦

請

蔣廷黻先生由(?)講演「歐洲國際形勢」。仰本

校全體各院系學生屆時一律出席聽講為要。

校長熊○○

送报纸稿

蔣廷黻先生在雲南大學講演

雲南大學定(?)本月十九日午後三時，敦在大礼

堂敦請前蘇俄大使蔣廷黻先生講演「歐洲國際

形勢」，各界有欲聽講者可到校參加云。

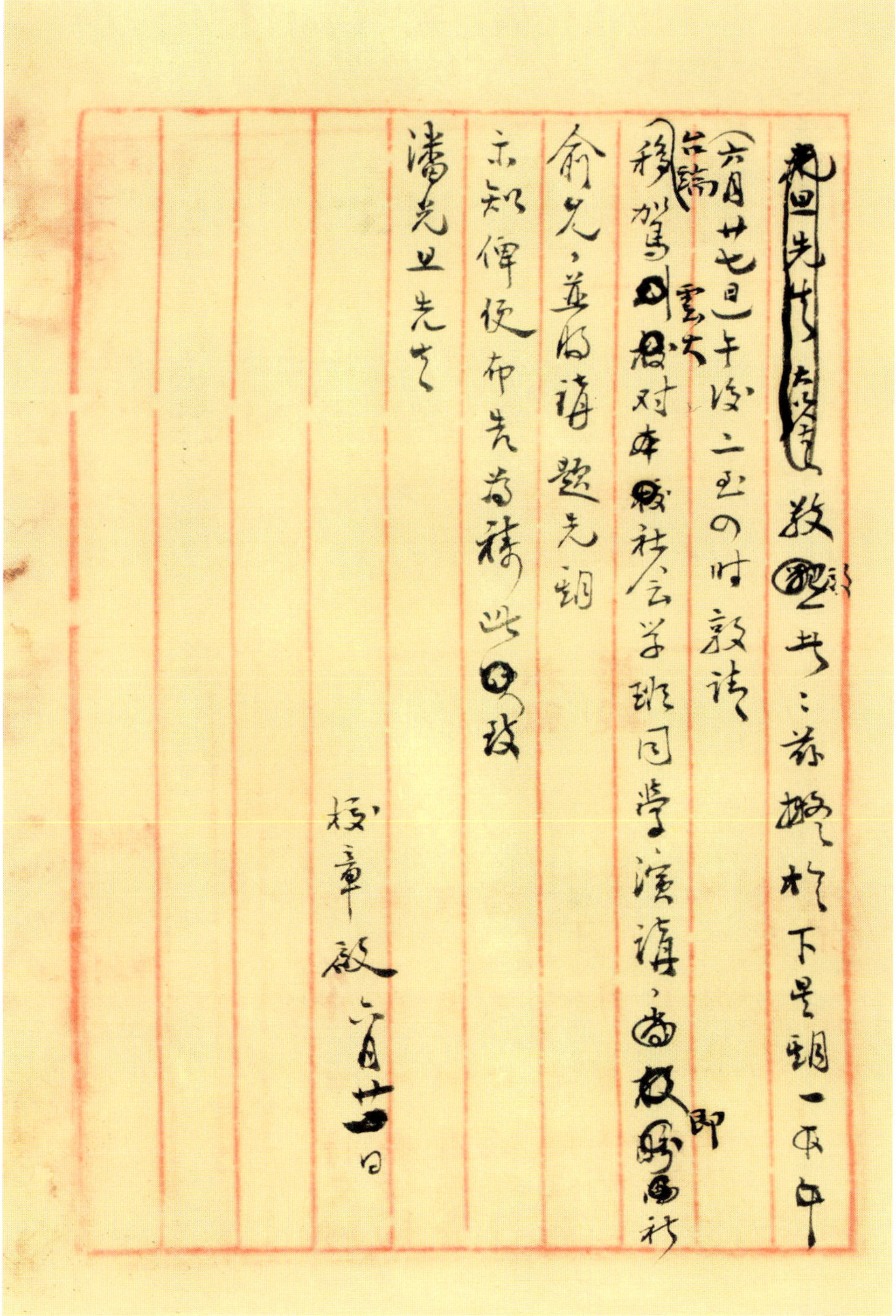

[illegible]田先生大鉴：敬启者，兹拟于下星期一下午（六月廿七日）午后二至四时敦请
台端移驾云大对本校社会学班同学演讲，尚祈即赐
俞允，并将讲题先期
示知，俾便布告为祷。此致
潘光旦先生
樹章 敬启 六月廿四日

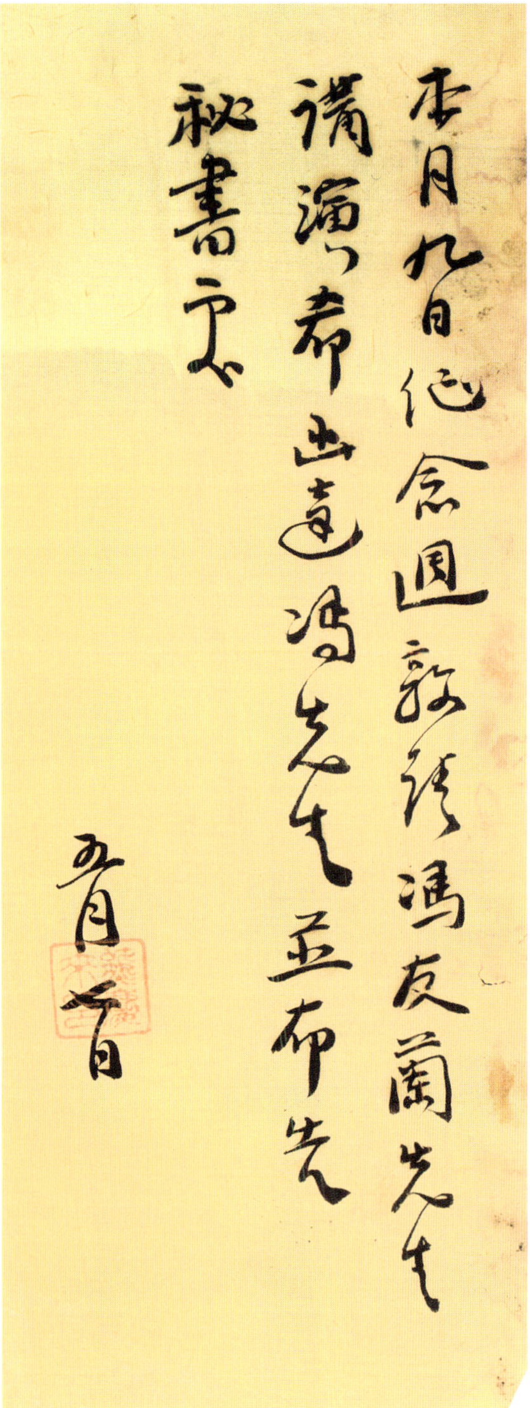

本月九日紀念週敦請馮友蘭先生
講演，希函達馮先生並布告
秘書處
五月十一日

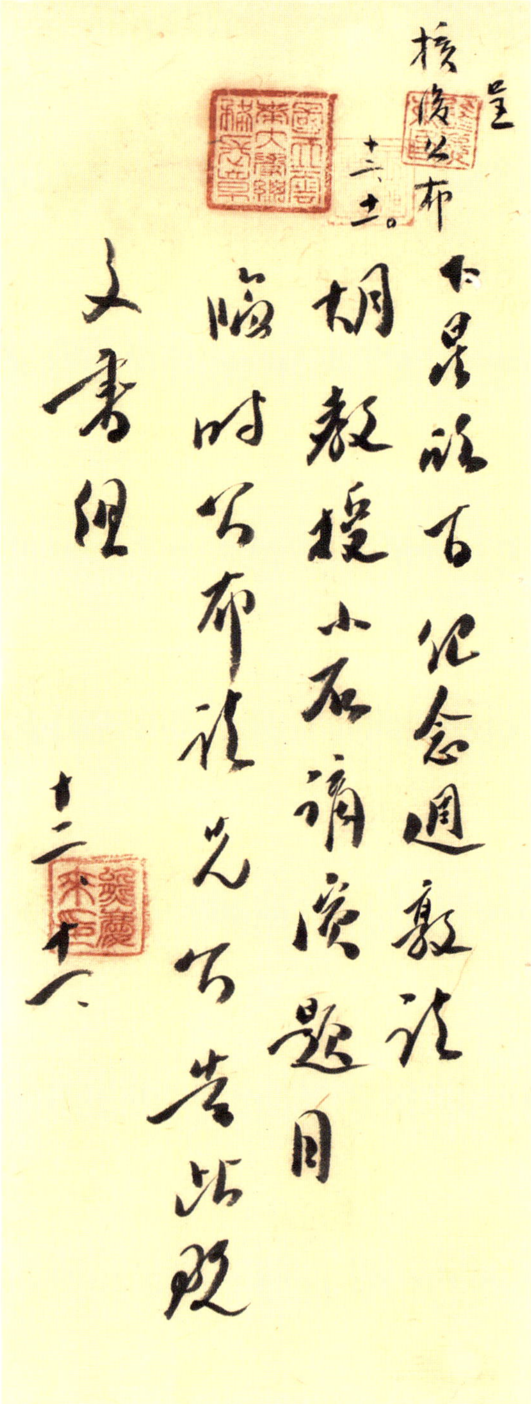

呈
核後公布
十二、十一。

下星期一日紀念週敦請
胡教授小石講演題目
臨時公布請先公告貼版
文書組
十二 十八

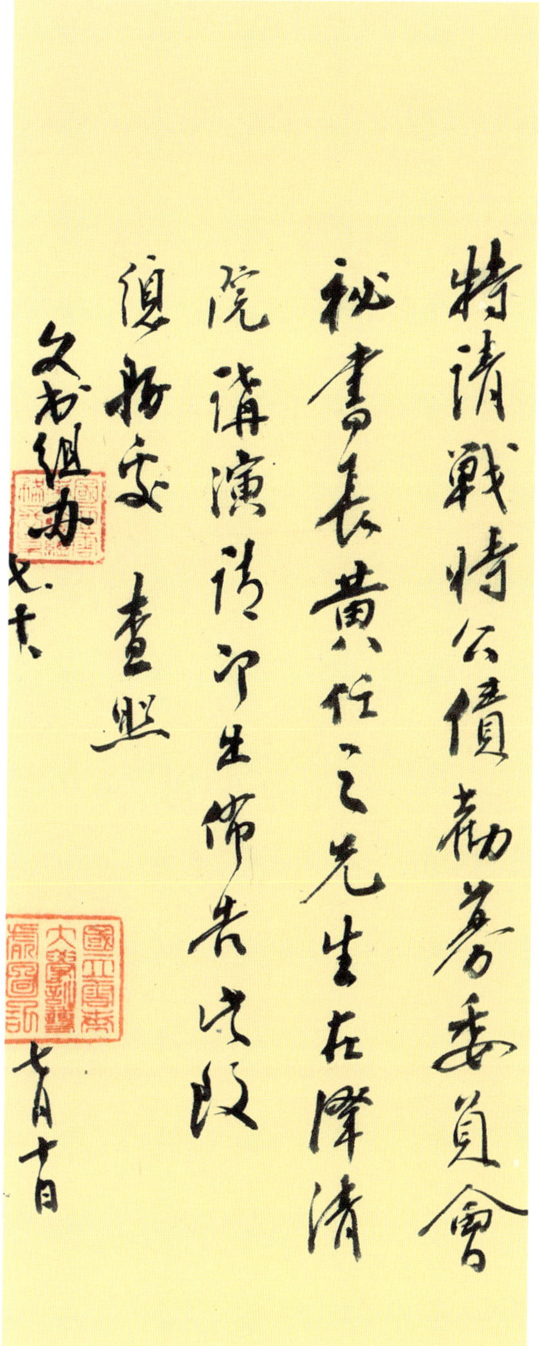
特請戰時公債勸募委員會
秘書長黃任之先生在澤清
堂講演請即出佈告此致
總務處 查照
文書組
七、十
七月十日

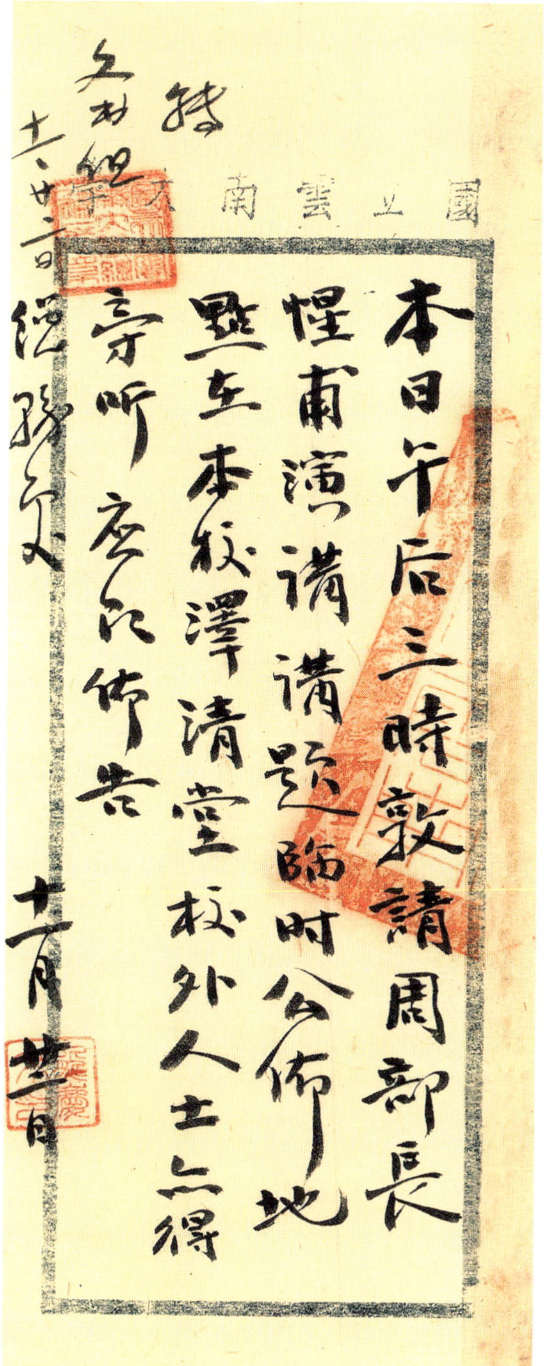
轉
文書組
十、廿二日
國立雲南大學
本日午后三時敦請周部長
惺甫演講講題臨時公佈地
點在本校澤清堂校外人士亦得
旁聽 希即佈告
總務處
十月廿二日

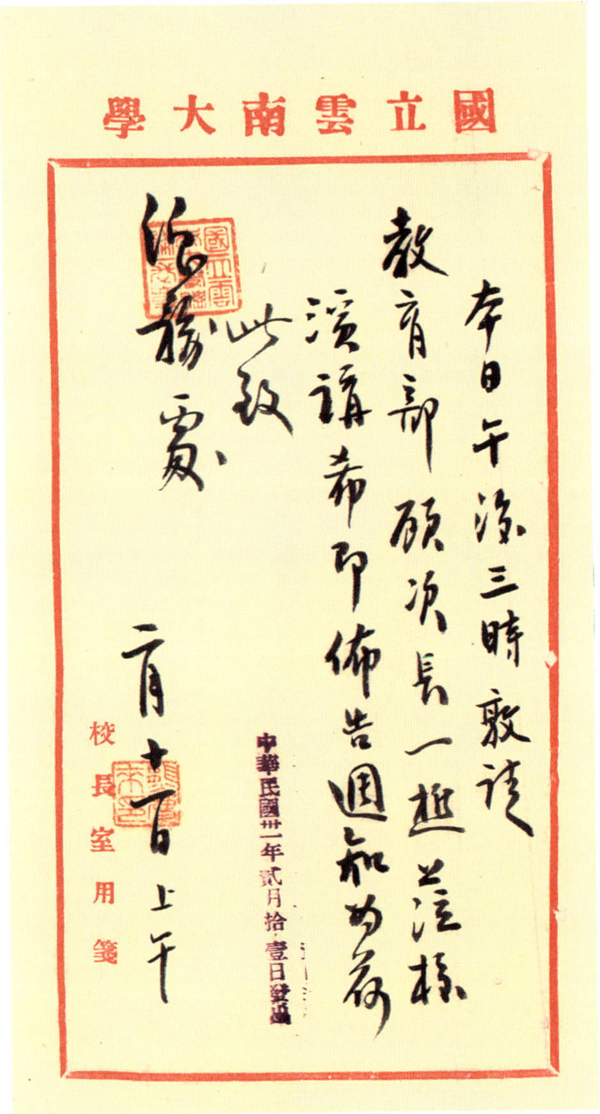
國立雲南大學

本日午後三時敦請
教育部顧次長一樵先生蒞校
演講希即佈告週知為荷
此致
總務處
育 十一日上午
校長室用箋
中華民國卅一年貳月拾壹日發出

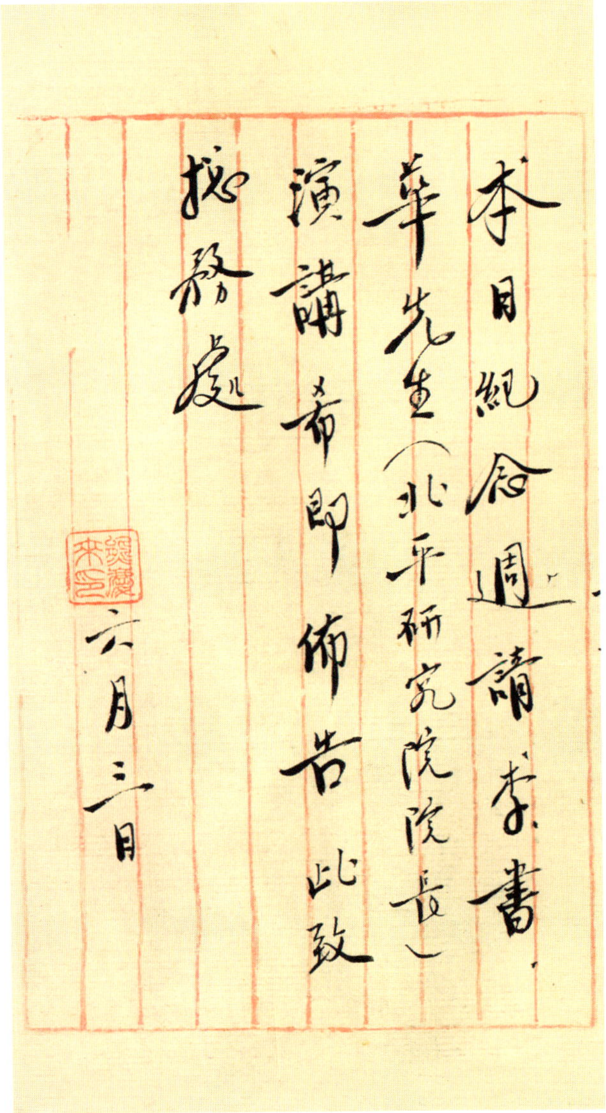
本日紀念週請李書
華先生（北平研究院院長）
演講希即佈告 此致
總務處
六月三日

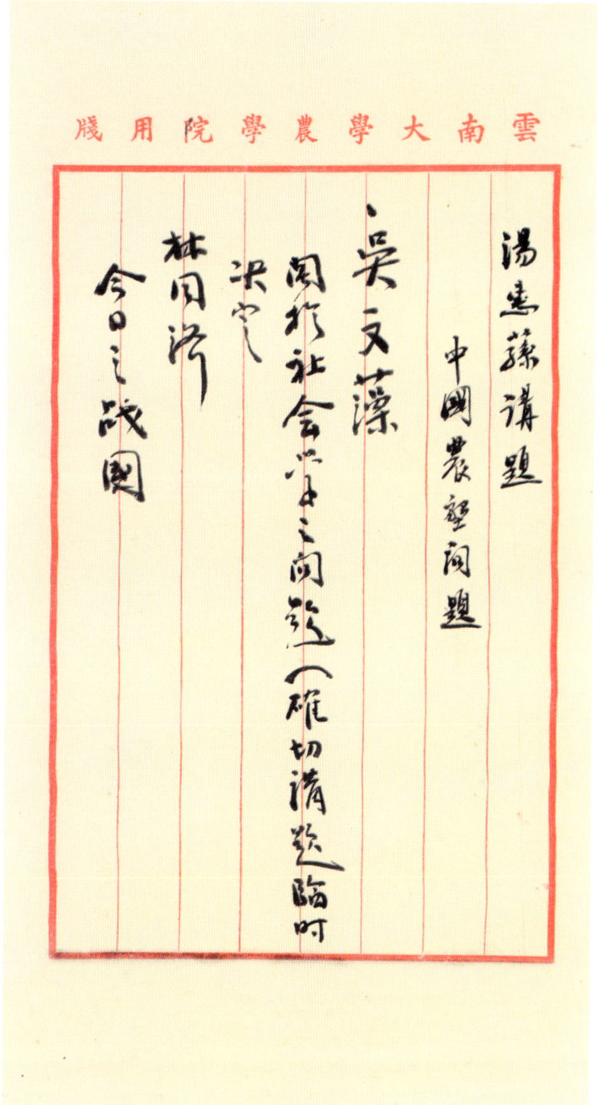

雲南大學農學院用箋

湯惠蓀講題

中國農業問題

、吳文藻

關於社會學之問題（確切講題臨時決定）

林同濟

今日之戰國

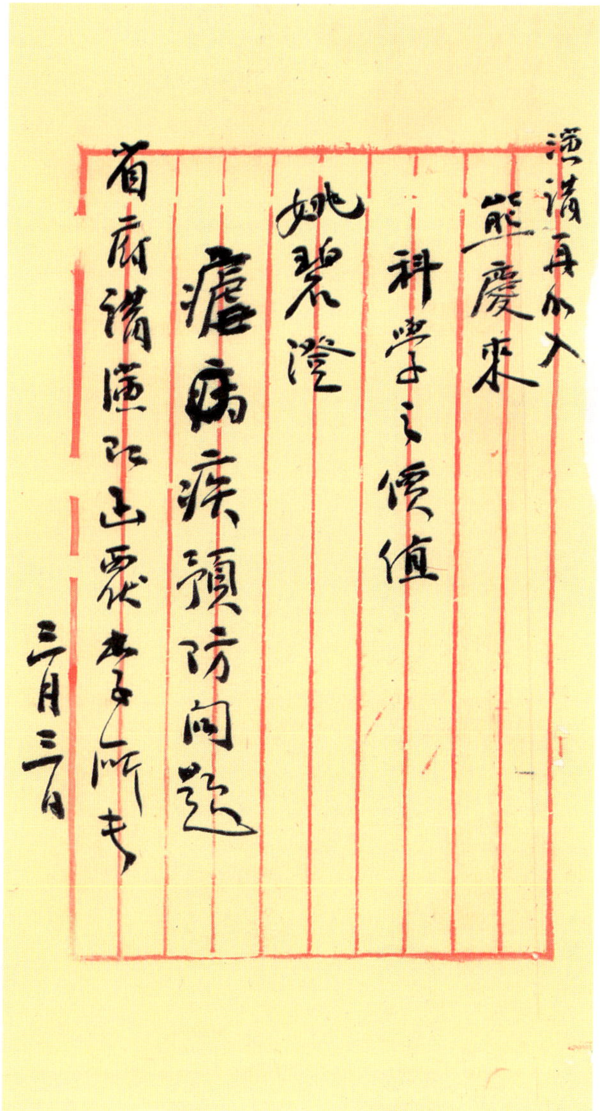

並請再加入

熊慶來

科學之價值

姚碧澄

瘧病疾預防問題

首府請隨時通知西聯大各所長

三月三日

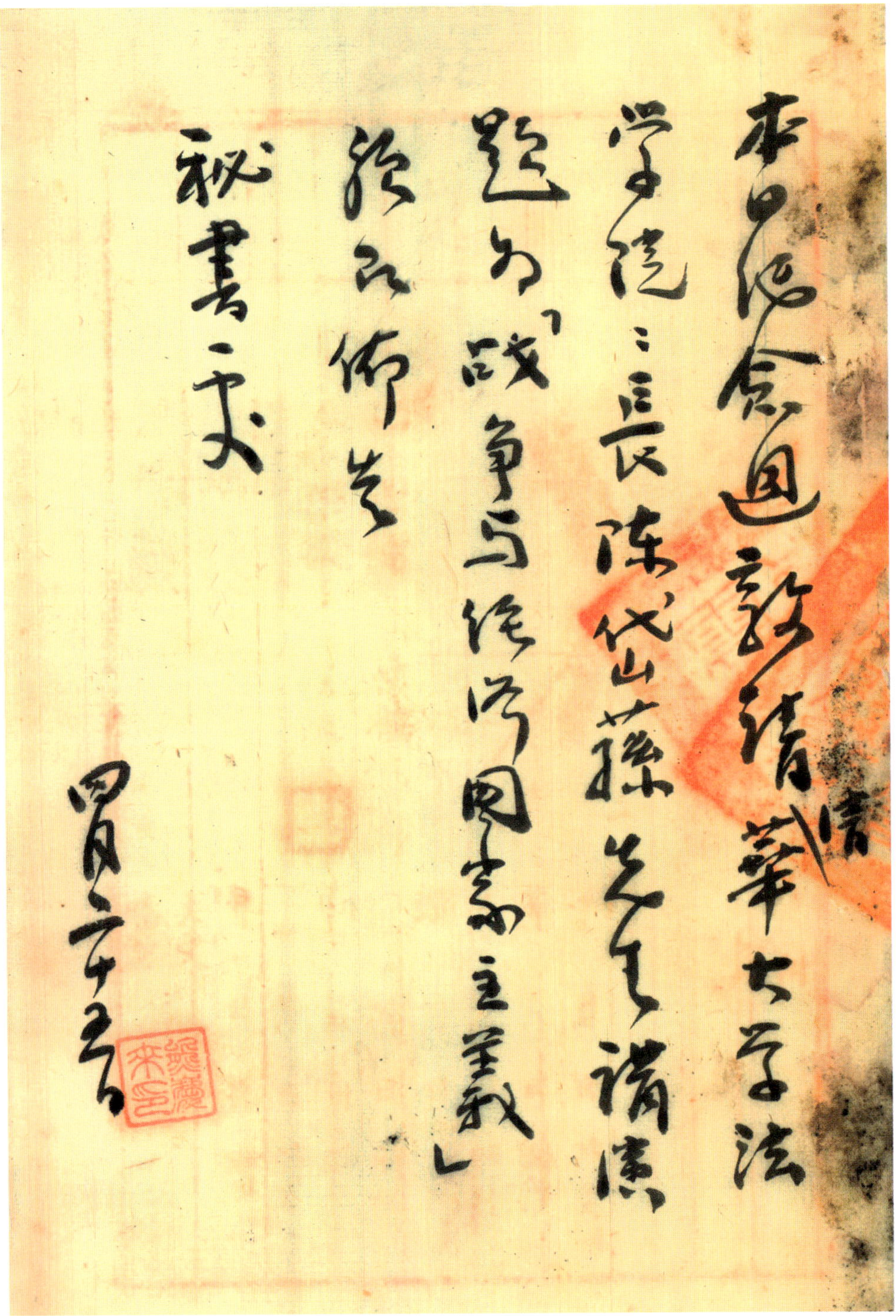
本日紀念週敦請
清華大學法學院院長陳岱孫先生講演
題為「戰爭與經濟國家主義」
經已佈告
秘書處

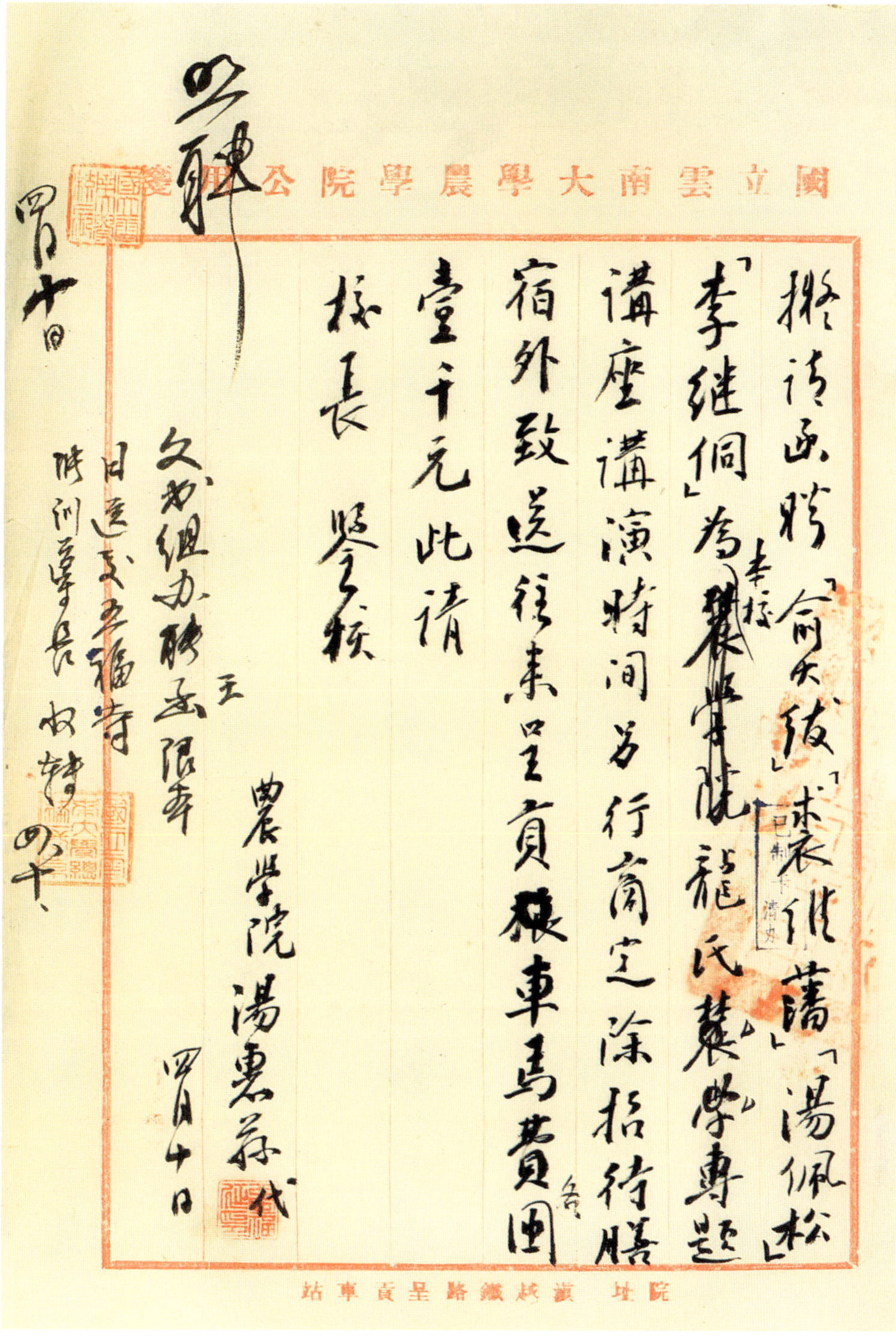

國立雲南大學農學院公用箋

以聘

四月十日

撰請函聘「俞大紱」「湯佩松」「李继侗」為本校農學院龍氏農學專題講座講演特聞另行商定除指定待膳宿外致送往來呈貢農車馬費國幣千元此請

校長 鑒核

農學院 湯惠蓀 代

四月十日

文书组办聘函 王 限本日送交王福寺 轉訓導長收轉 四、十、

院址 滇越鐵路呈貢車站

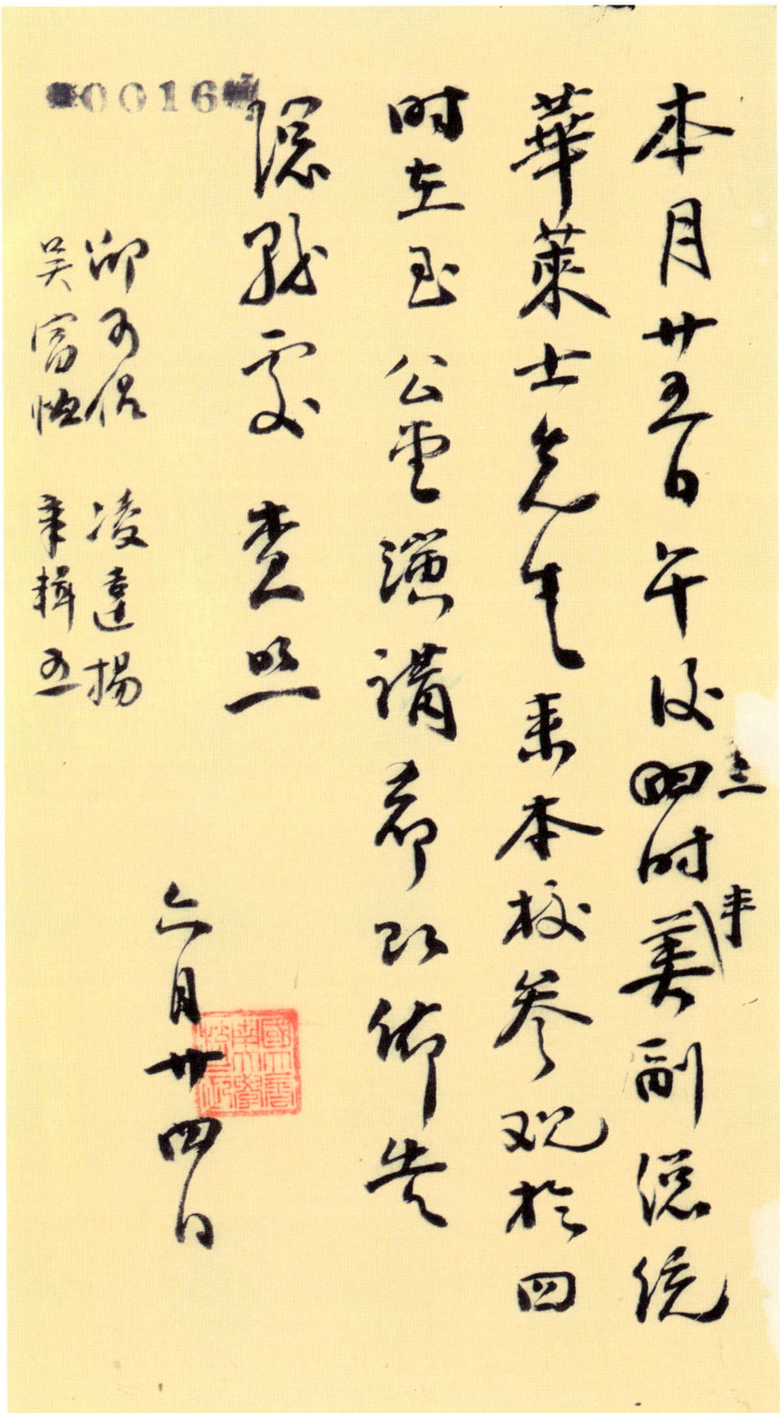
0016

本月廿五日午後四時美副總統華萊士先生來本校參觀，於四時左右至 公開演講，希予佈告

總務處查照

柳可佐 凌達揚

吳富恆 兼辦五

六月廿四日

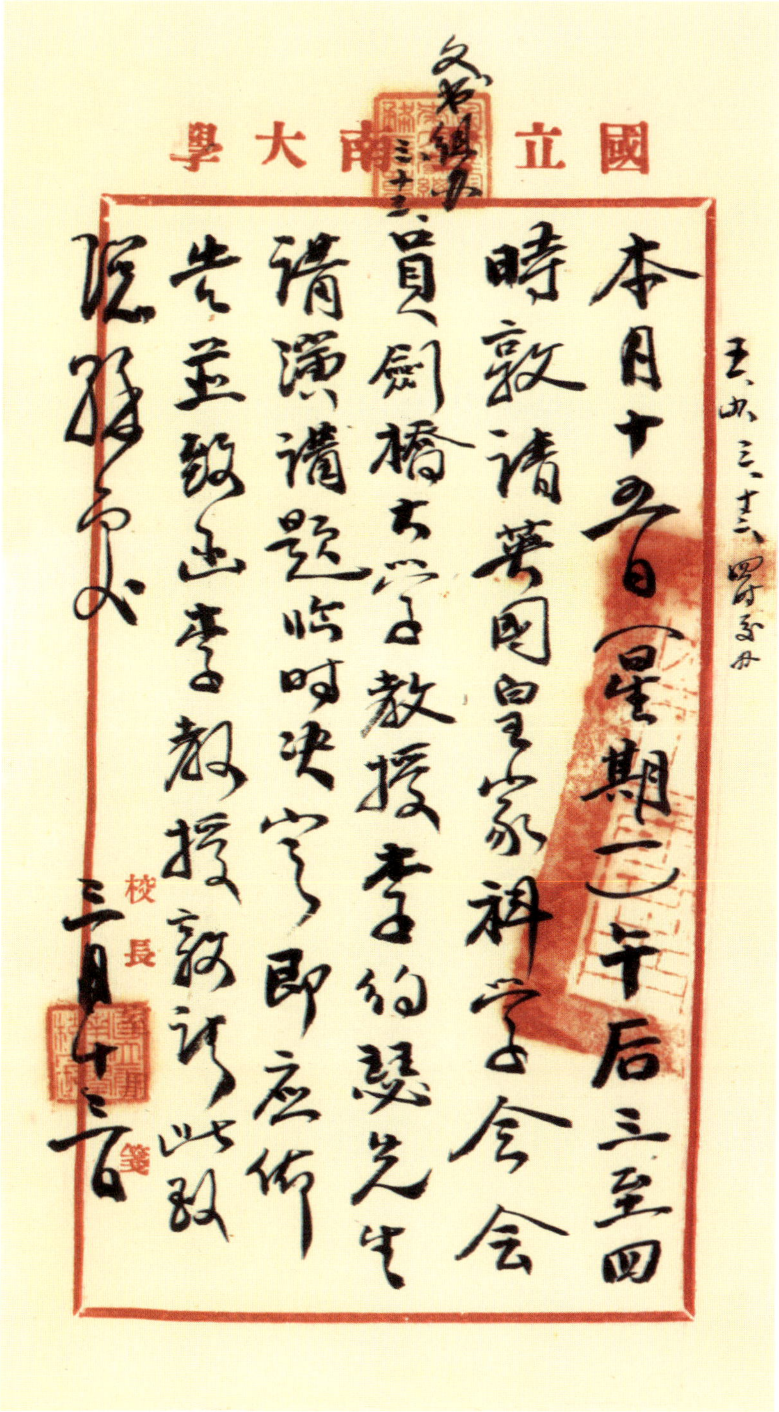
國立暨南大學

文書組存 三十三

本月十四日（星期一）午後三至四時敦請英國皇家科學會會員劍橋大學教授李約瑟先生講演講題臨時決定即希備告並致函李教授敦請此致

[illegible]

校長箋

三月十二日

三十三、三、十二、[illegible]

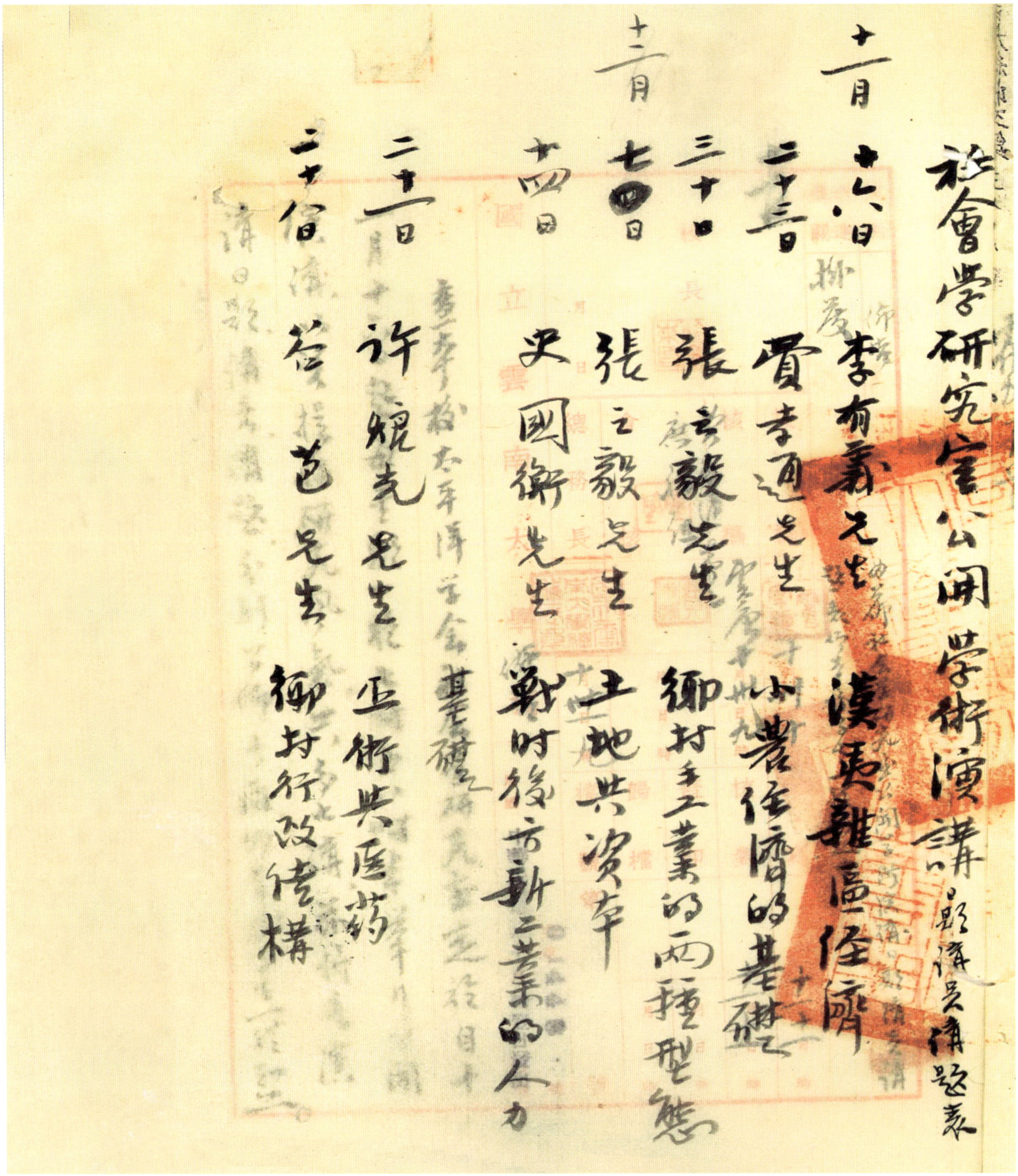
社會學研究室公開學術演講日期講員講題表

十一月	十六日	李有義先生	漢夷雜區經濟
	二十三日	費孝通先生	小農經濟的基礎
	三十日	張之毅先生	鄉村手工業的兩種型態
十二月	七日	張之毅先生	土地與資本
	十四日	史國衛先生	戰時後方新工業的人力
	二十一日	許烺光先生	公衛與醫藥
	二十八日	谷苞先生	鄉村行政機構

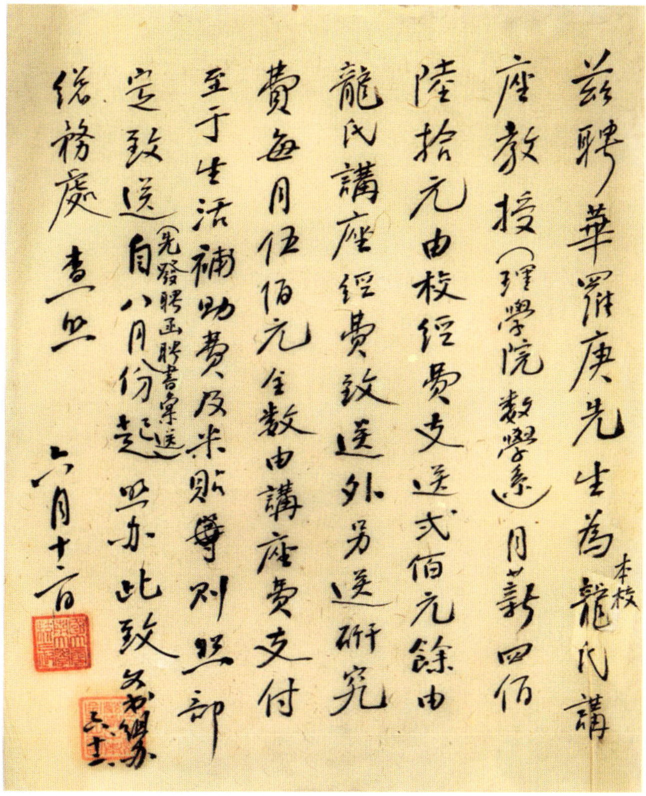
兹聘華羅庚先生為本校龍氏講
座教授（理學院數學系）月薪四佰
陸拾元由校經費支送弍佰元餘由
龍氏講座經費致送外另送研究
費每月伍佰元全數由講座費支付
至于生活補助費及米貼等列照部
定致送（先發聘函聘書彙送）自八月份起 照办 此致
總務處
六月十二日

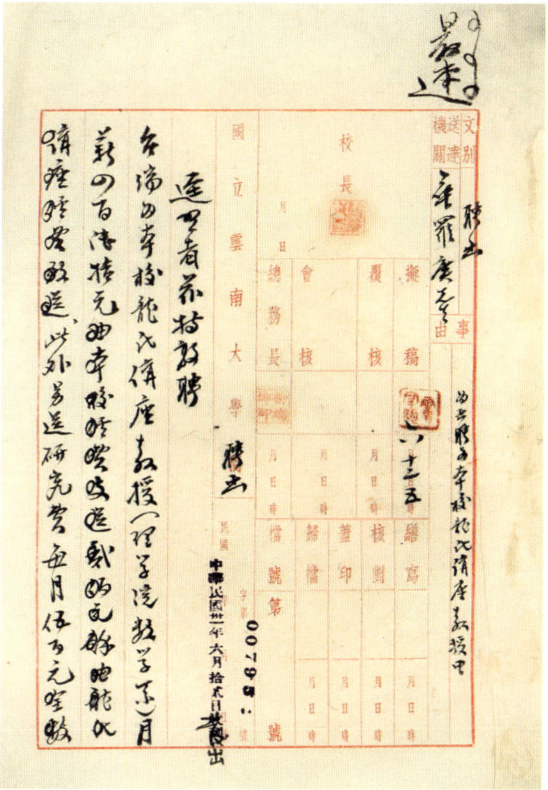
聘函
華羅庚
國立雲南大學
校長
擬稿 覆核 會核 總務長
繕寫 校對 蓋印 歸檔
檔號第 號
逕啟者茲特敦聘
台端為本校龍氏講座教授（理學院數學系）月
薪四百陸拾元由本校經費支送弍佰元餘由龍氏
講座經費致送，此外另送研究費每月伍百元全數
中華民國卅一年六月拾弍日發出
0079

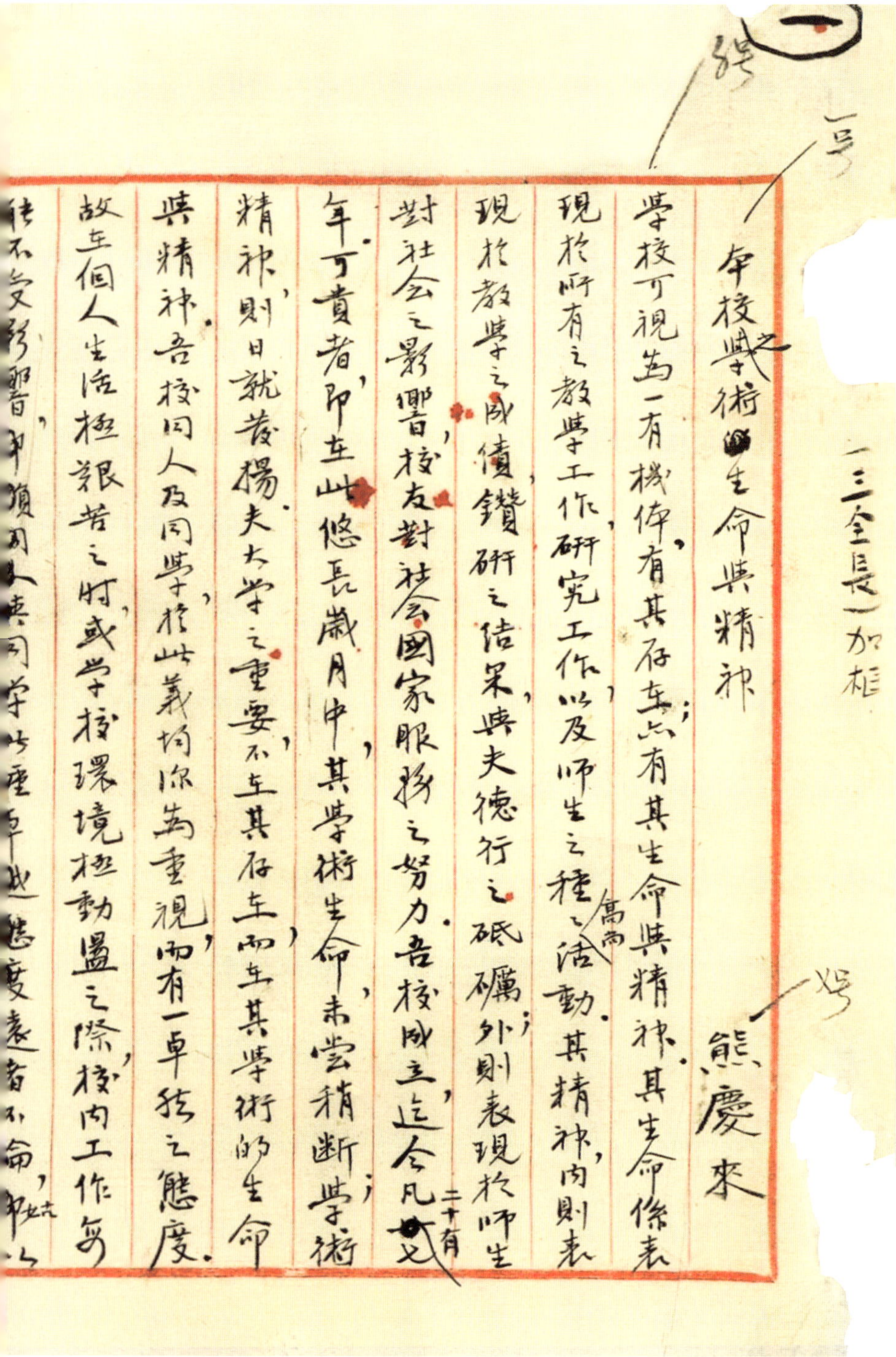

1949年4月，熊庆来为纪念云南大学建校27周年撰文《本校之学术生命与精神》。熊庆来认为：“夫大学之重要，不在其存在，而在其学术的生命与精神。”

……之……而言……因时局之变，发物价狂涨，待遇调整远不能
適應需要，同人物質生活殆瀕絕境，於絃（歌）從未中輟，而課外之
研究工作，繼續推動者仍（復）不少。一般同學在本學期中讀書情緒
至佳，侵晨傍晚，於田間林下均時聞（其）吟誦之聲。且因省外大學生來
此寄讀者聯翩而至，全校學生人數（激）增至千五百人，更（加）增厚學校
之絃誦空氣。雖校舍缺乏，茅屋陋室亦皆充分利用，[illegible]於同人
以此西南學府之生命力得以加強，精神得以提高，反覺不改其樂。余
忝（居）主持（校政）地位，得同人精神上之合作，并睹同學對學行之努力，
固你感慶幸。茲於學校工作上與同人生活上（寂）感之需要，小作討
論之滿足，實覺不（設備），且念及本校欲負起時代使命應有之設施，
同人工作應有之（設備），尤深慚悚。良以今日學術有長足進步，
分門別類，窮遠探深，非集眾多之專家，不易言教學，（而）（固）有充
實之設備，亦不足以言研究，非有容量廣大之校舍，不足（以）適應生活與工
作之需要。環顧吾校教師，雖為整齊，而設備則尚簡陋，校舍容
量尤深感不足，是欲成為一有健全學術生命之大學，距離尚遠，
固之在精神上之表現，吾人亦未認為滿足。於教育學術為百年
大計，政府自應扶植，社會亦應翊助，甚望熱心人士有以教之，俾補
政府力之不足，而使學校蔚成一健全之學府，庶其存在不致動搖，其
學術生命與精神之意義得發揚光大，以適應時代之要求也。

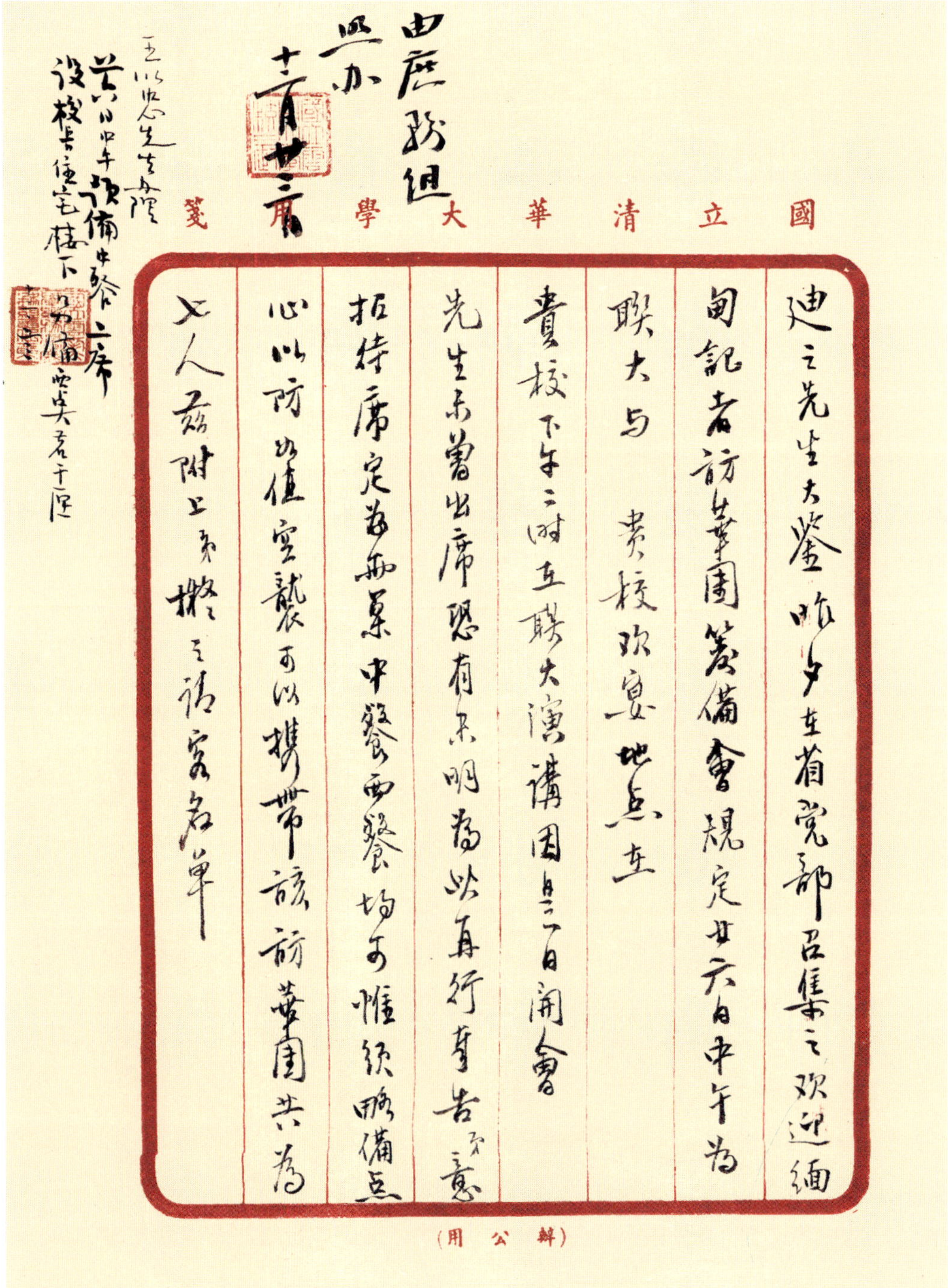

國立清華大學用箋

迪之先生大鑒：昨夕在省党部召集之歡迎緬甸記者訪華團籌備會，規定廿六日中午為聯大與　貴校歡宴地點在　貴校，下午二時在聯大演講，因是日開會先生未曾出席，恐有未明，茲以再行奉告，至意招待席定為兩桌，中餐西餐均可，惟須略備點心，以防北值空襲，可以攜帶。該訪華團共為七人，茲附上所擬之請客名單

（辦公用）

由庶務組照辦　十二月廿三

廿六日中午預備中餐二席，設校長住宅樓下，另備西點若干盤

[illegible]

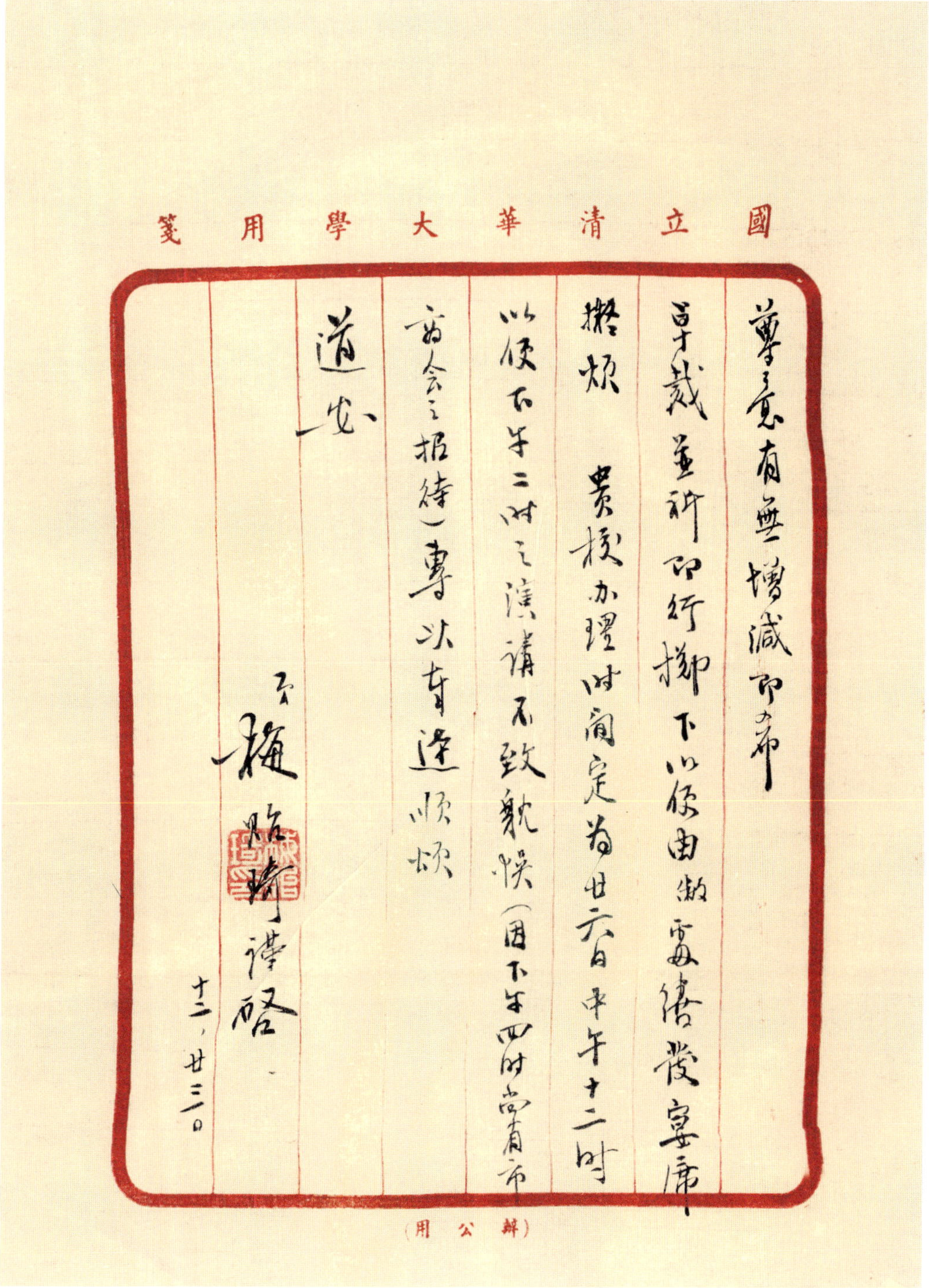
國立清華大學用箋

尊意有無增減即希
卓裁並許即付擲下以便由敝處繕發宴席
擬煩　貴校办理时間定為廿六日中午十二时
以便下午二时之演講不致耽悞（因下午四时尚有市
商会之招待）專此奉達順頌
道安
弟 梅貽琦謹啓
十二，廿三日

（辦公用）

茅以升致函熊庆来。

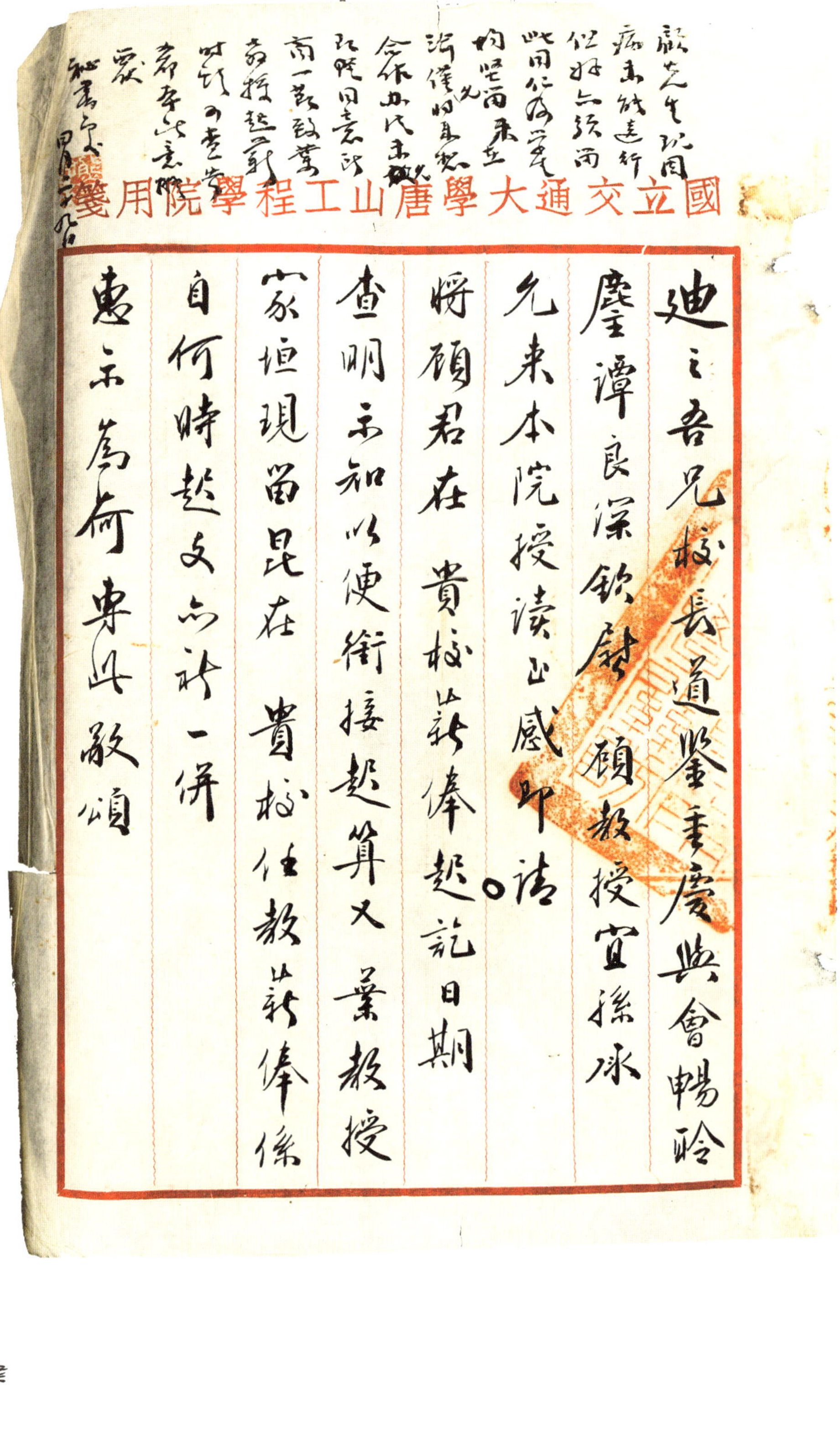
國立交通大學唐山工程學院用箋

迪之吾兄校長道鑒 季慶與會暢聆
麈譚 良深欽慰 顧教授宜孫承
允來本院授讀 正感叩請
將顧君在 貴校薪俸起訖日期
查明示知 以便銜接起算 又葉教授
家恒現留昆在 貴校任教 薪俸係
自何時起支 亦祈一併
惠示 為荷 專此 敬頌

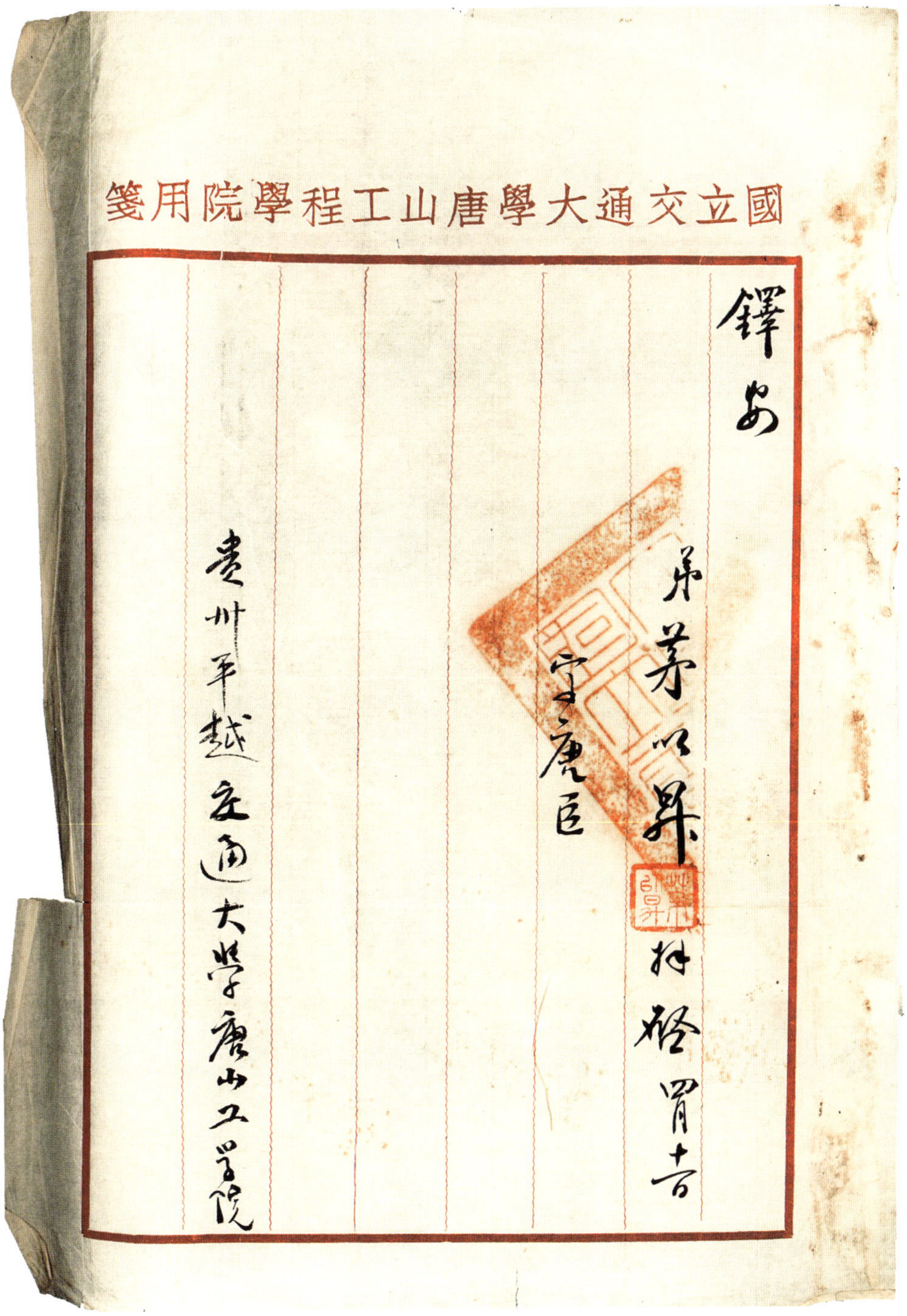
國立交通大學唐山工程學院用箋

鐸安

弟茅以昇拜啓 四月十二日

宇唐臣

貴州平越交通大學唐山工學院

蒋经国致函熊庆来。

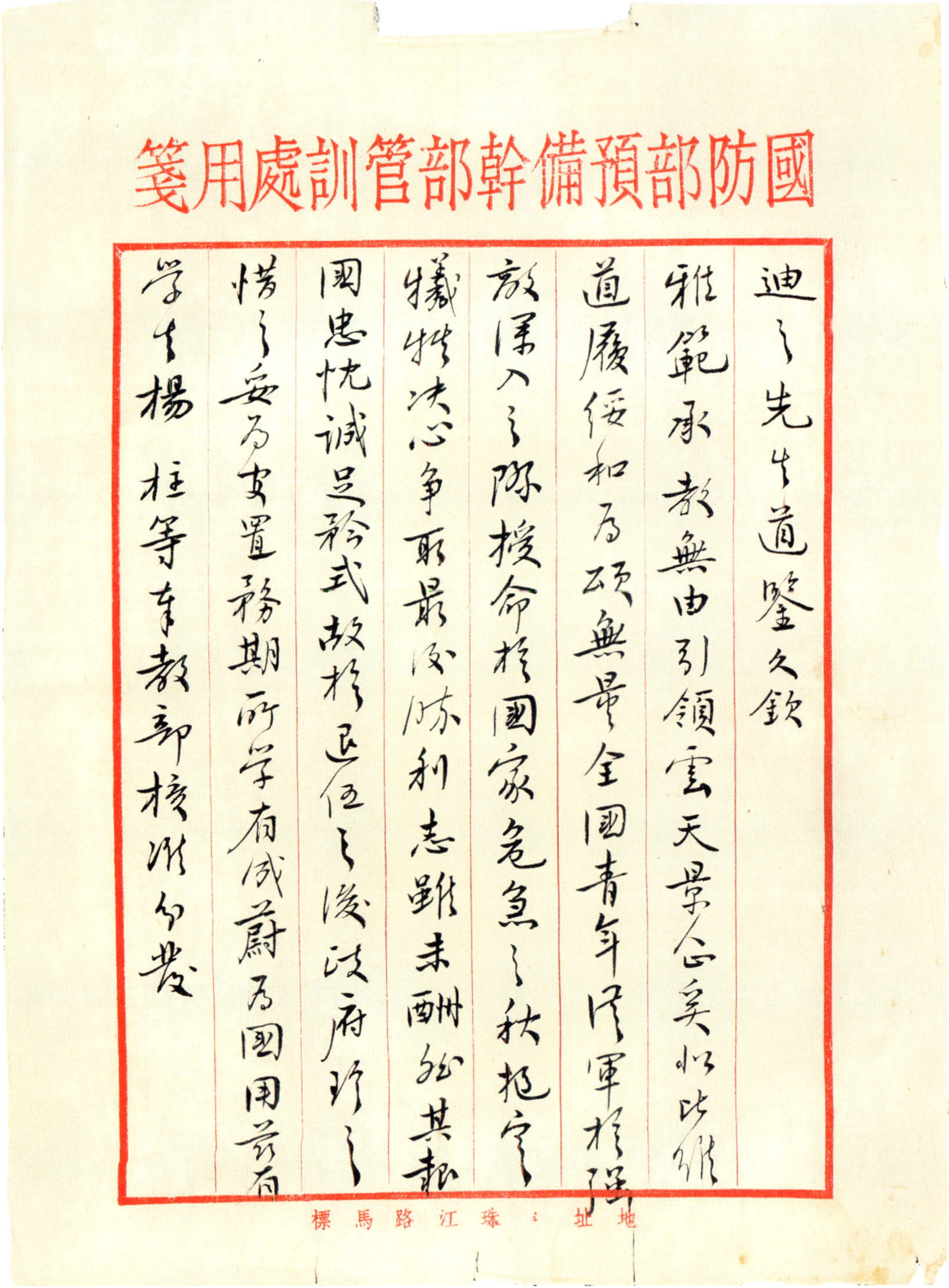

國防部預備幹部管訓處用箋

迪之先生道鑒：久欽雅範，承教無由，引領雲天，景企奚似。比維道履綏和為頌無量。全國青年從軍於强敵深入之際，授命於國家危急之秋，抱定犧牲決心，爭取最後勝利，志雖未酬，然其報國忠忱，誠足矜式。故於退伍之後，政府珍之惜之，妥為安置，務期所學有成，蔚為國用。茲有學生楊桂等奉教部核准分發

地址：珠江路馬標

國防部預備幹部管訓處用箋

貴校肄業諸生庶以尊師重道恪守校規為向學準繩迭經本處誥誡囑咐刻勝銘心務祈 惠予訓導嚴加管束使能在先生教育之下仰沾化雨時受春風表成優秀青年蔚為建國幹部幸甚幸甚專此奉達敬候

道安

蔣經國拜啟 十月 日

地址：珠江路馬標

由鄭先生用明白向教務訓導兩處分向照情形辦理 十一、廿八

至公堂为明清云南贡院内的重要建筑，云南大学建校后将其改建为礼堂。上世纪三、四十年代，许多全国性学术会议和演讲在此举行。1946年7月15日，闻一多在此发表了著名的《最后一次演讲》。

上图：云南大学建校初期的至公堂。

下图：1944年5月4日，闻一多在云南大学校园发表演讲。

上图：1946年3月，为“一二一”运动中死难的四烈士出殡，云大师生走在队伍中。
下图：在1948年的“七一五”运动中，军警围攻云大会泽院。

1938年5月，熊庆来就顾映秋捐建女生宿舍一事报呈龙云。

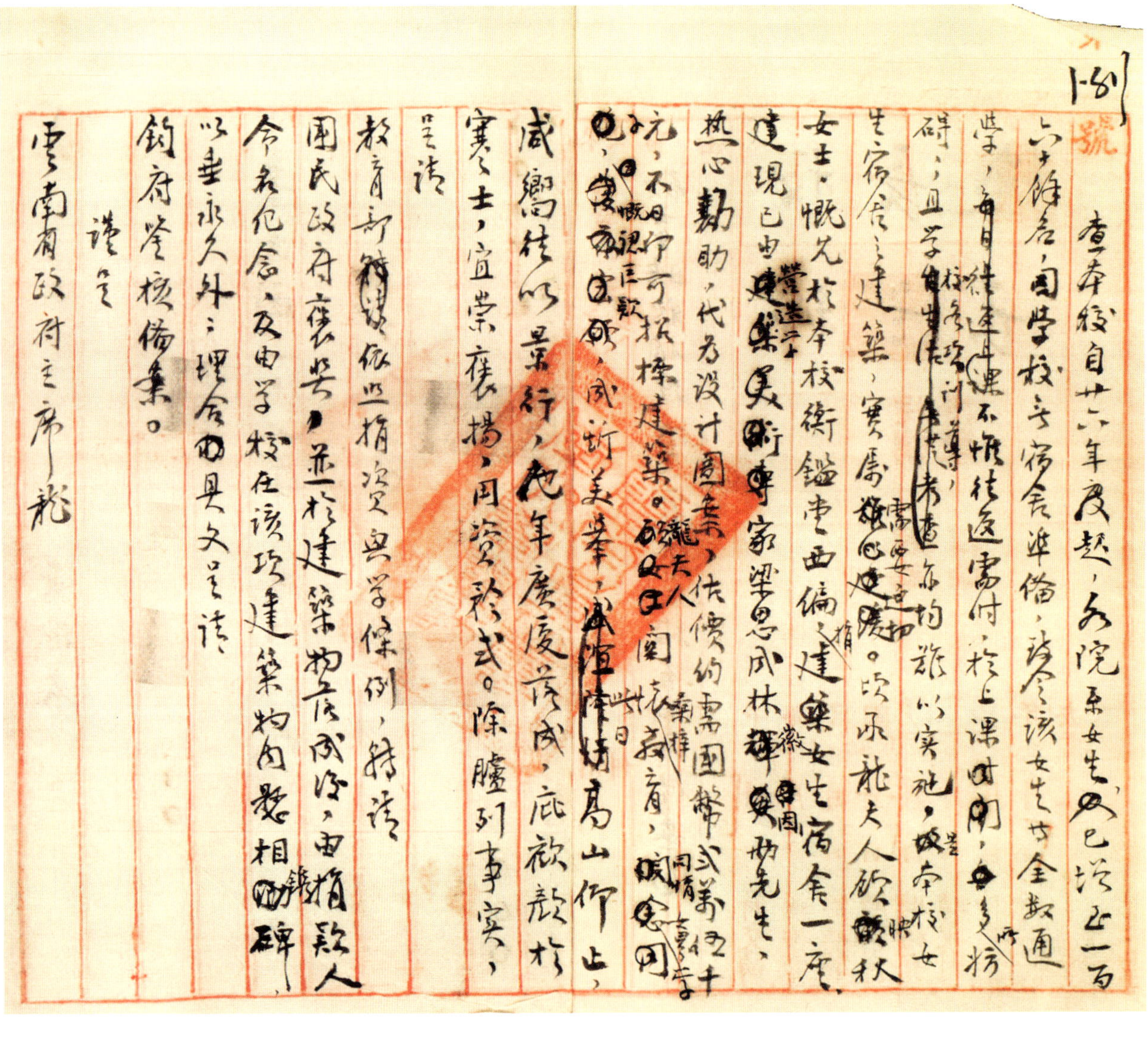

查本校自廿六年度起，各院系女生人数已达一百六十余名，因学校无宿舍准备，致令该女生等全数通学，每日往返上课，不惟往返需时，于上课时间多所妨碍，且学校当局亦无法管理。查各大学均有女生宿舍之建筑，以资实施。兹承龙夫人顾映秋女士，慨允于本校街铅字西偏，捐建女生宿舍一座，现已由营造建筑美术专家梁思成、林徽因两先生热心勤助，代为设计图案，估价约需国币式万伍千元，不日即可招标建筑。龙夫人关怀教育，嘉惠同学，慨捐巨款，成斯美举，诚堪高山仰止，咸钦景行，俟年后落成，庶惠于寒士，宜崇褒扬，用资矜式。除胪列事实，

呈请

教育部转依照捐资兴学条例，转请

国民政府褒奖，并于建筑物落成后，由捐款人命名纪念，及由学校在该项建筑物内悬挂相片、镌碑，以垂永久外，理合具文呈请

钧府鉴核备案。

谨呈

云南省政府主席龙

国立云南大学时期，为缓解校舍紧张状况，学校发起募捐活动，社会各界纷纷解囊。1938年，云南省主席龙云夫人顾映秋捐资建盖女生宿舍（今映秋院）。1939年，云南省军政要员卢汉夫人龙泽清捐资建盖女生食堂（今泽清堂）。1940年，滇中富商董澄农捐资建盖医学院细菌学馆（又名澄农馆）。

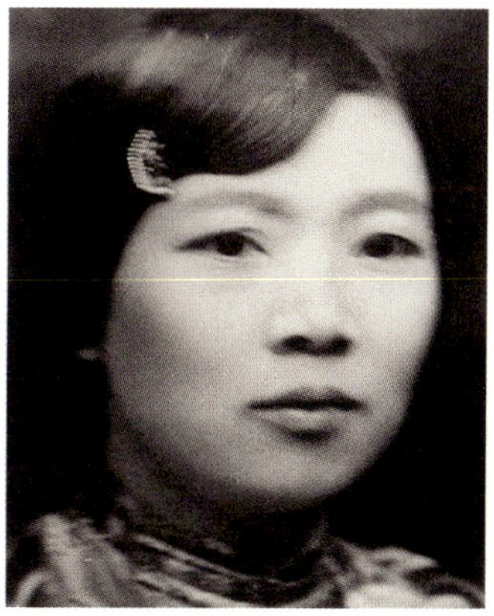

顾映秋。

根据梁思成、林徽因设计建盖的映秋院。

龙泽清与初建成的泽清堂。

李根源题写的“澄农馆”牌匾。

董澄农捐建的细菌学馆（澄农馆）。

云南大学校园内的晚翠园，园名由书法名家胡小石题写。医学院曾经坐落此园，刘文典、费孝通、冯景兰、方国瑜等多位名教授亦在此居住。因园内有枇杷树，故又名枇杷园。汪曾祺有名文《晚翠园曲会》，记园中昆曲演唱会盛况。

上图：早年的“云大医院”，坐落于今日云大校医院位置。
下图：国立云南大学时期的实习工厂，位于今日生物馆前的“空中花园”。

国立云南大学的教授宿舍，而今旧貌已换新颜。

东陆大学校门。

省立云南大学校门。

国立云南大学校门。

私立东陆大学关防。

省立云南大学关防。

省立东陆大学关防。

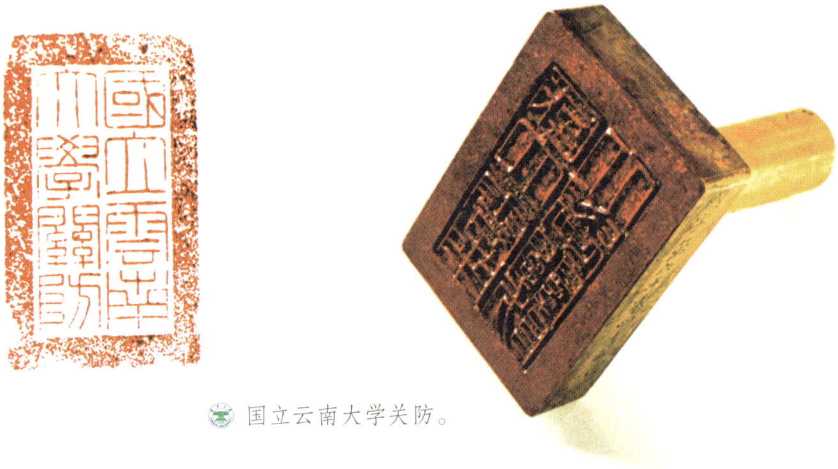

国立云南大学关防。

上图：国立云南大学校徽。

下图：云南大学校歌，熊庆来作词，赵元任作曲。

1922年10月草拟的《东陆大学组织大纲》，主要包括定名、校址、宗旨、经费、职权、董事会等内容。

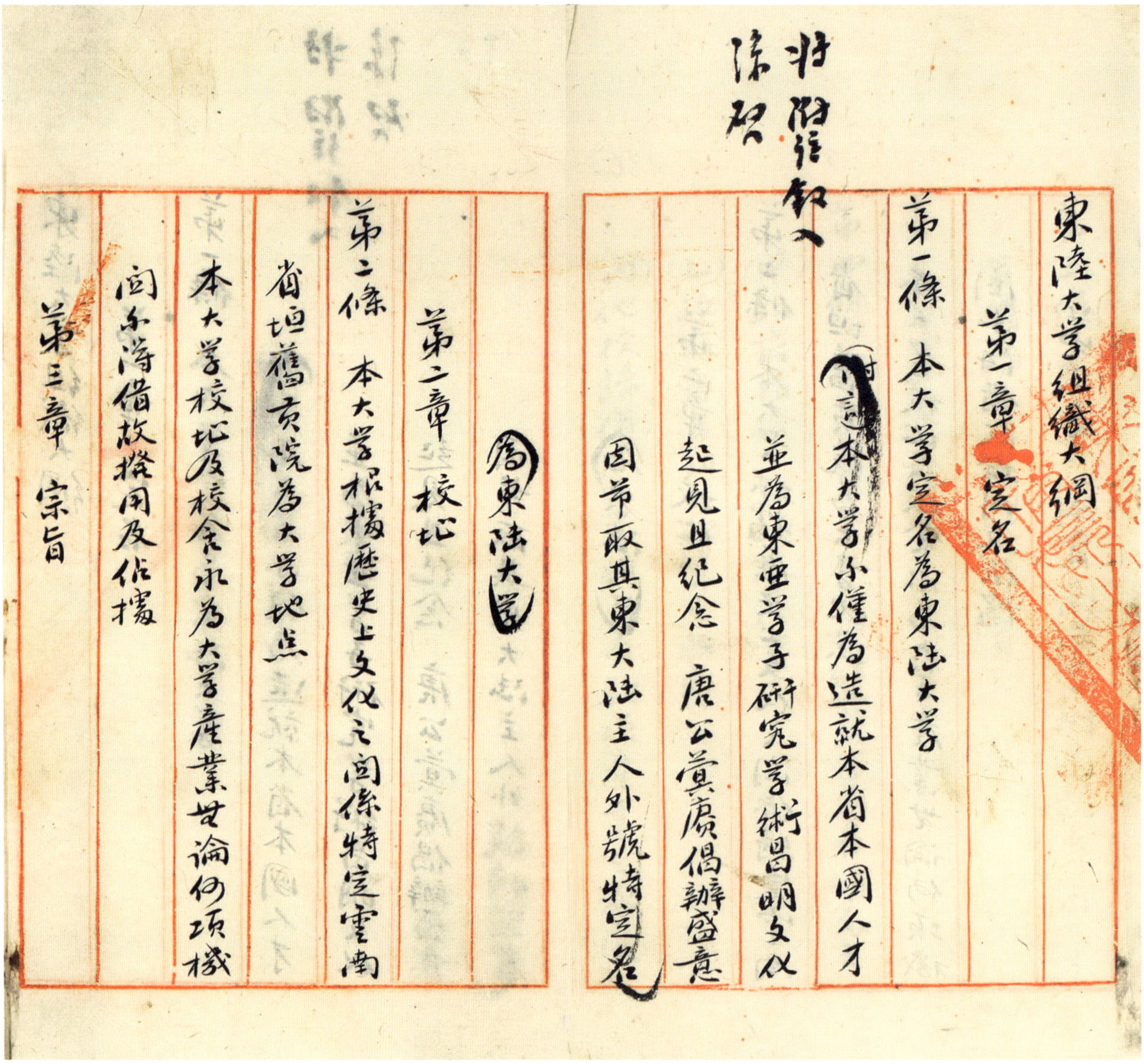

東陸大學組織大綱

第一章 定名

第一條 本大學定名為東陸大學

（附）誌本大學不僅為造就本省本國人才並為東亞學子研究學術昌明文化起見且紀念 唐公蓂賡倡辦盛意因節取其東大陸主人外號特定名

將附誌歸入條例

第二章 校址

第二條 本大學根據歷史上文化之關係特定雲南省垣舊貢院為大學地點

本大學校址及校舍永為大學產業無論何項機關不得借故撥用及佔據

第三章 宗旨

第三條　本大学以研究高深学術造就専門人才并傳播正誼真理為宗旨

第四章　經費

第四條　本大学基金及各種經費以左列各項充之

(甲)政府指撥之款項及產業

(乙)政府每年列入預算之經費

(丙)他校歸併本大学時原有款項產業之承受

(丁)由私人捐助

前項捐款如捐款人指定用途应依照其条件支用

捐款褒奖簡章另訂之

(戊)徵收学費

(己)校內每年結存金

第五條　本大学依前條籌集之基金及經費任何機關不得挪移及核減

到之

第五章 財权

第七條 本大学基金及開辦常年各費數目另以細則規定之

~~第十條 本大学按年編製預算決算案提交評議~~會通過

~~前項預算案中得設預備費~~

第六條 本大学[illegible]一切用人行政之权由本大学聘之任何機關不得干涉

第六章 學制

第八條 本大学分設文理法工農商醫[illegible]科並于各科中分設各系

第九條 本大学預科修業年限定為二年以具有中学畢業程度經過入学試驗者入之

第十條 本大学本科修業年限除法醫兩科定為

-15-

五年外其餘各科概定為四年以預科畢業生及其
有相當程度經過入學試驗者入之
第十一條 本大學研究科遇必要時得設置之
第十二條 本大學畢業生就所修之學科授以學士
學位其研究科學位俟該科開辦時另訂之
第七章 各會之組織
第十三條 本大學為維持獨立及謀進步起見分設
左列各會
(甲)校董會
(子)校董 校董之資格規定如左
(1)省教育行政長官
(2)省財務行政長官
(3)昆明市政長官
~~(4)[illegible]長~~
(5)熱心贊助本大學之成立者

(5)捐助巨款由董事會提交評議會通過者

(6)現任校長

(7)前二任校長

(8)由教授會選出者

(9)由本校畢業學生中選出者

(丑)校董會之職責列舉如左

(1)本大學財產之保管及處分

(2)本大學之維持及擴張

(3)本大學預算案之審查

(4)解決他種專門學校與本大學合併問題

(5)对於本大學內部之爭議為最後之評判

(6)關於本大學各種重要問題经校長或评议會認為須提交校董會審議者

(7)对於本大學经費出納之審計

(8)関于本大学経費之出納得由會推定一人或
二人為審計員

(9)其他属於校董會事件之散見于本大綱各
条者

(寅)校董會設會長一人由校董互選之

(卯)校董會處務細則由該會自定之

(乙)評議會

(辰)評議員之資格規定如左

(1)現任校長(于評議會開會時即以校長為主席)

(2)前二任校長

(3)各科各系主任

(4)秘書長

(5)圖書部長

(6)會計長

(7) 庶務長

(8) 体育部長

(9) 編輯部長

(巳) 評議會之校責列舉如左

(1) 編製本大學預算案

(2) 籌議校董會議決事項之執行手續

(3) 籌議本大學重要之建築及設備

(4) 建議本大學基金及各種經費之籌集及分配

(5) 其他未經規定或由校董會委託或由校長提議或教授會要求審議事項及屬於評議會事項之散見於本大綱各條者

(午) 評議會議事細則由該會自定之

(未) 評議會為處理校務便利起見得設各項委員會

(1) 常設委員會　應校務之需要得依照左列

各會組織之

~~(丁)校舍建築委員會~~

(一)招生委員會

(二)學生自治委員會

(三)圖書委員會

(四)出版委員會

~~([illegible])運動委員會~~

~~(戊)編纂委員會~~

(己)臨時委員會　遇有特種事務發生時組織之

(乙)各委員會設主任一人委員若干人由校長於評議會會員中指任之

(丙)行政會議

(甲)行政會議以左列各員組織之

(1)校長

(2)秘書長

(3)會計長

(4)庶務長

5(圖書長

(7)体育部長

(6)編輯部長

(8)各項委員會主任

(丙)行政會議議決左列各項

(1)全校行政事宜

(2)維持校内風紀

(3)審查各部行政事宜

(4)審查一臨時發生之各種行政事宜

(5)其他不屬於上列各項事宜

(丁)教授會

(戊)教授会以左列各员组织之
(1)校长
(2)前二任校长
(3)各科主任
(4)各系主任
5)各科各系教授

(亥)教授会審理左列各项
(1)科内系名行增减或变更时得建议于评议会
(2)筹议各科各系教授之改进方法
(3)编訂各科各系之教授课程
(4)関于各種学位授與及学位问题之審查（議决）
(5)関于校外講演及编輯事项之规畫
(6)籌畫関于研究学術上之组織及設備
(7)规定考覈学生標準及各项考试方法

（分）其他關於教授或學術上之研究經校長或評議會交付審議之事項

（戊）各科及各系教授會　各科各系教授（會）由各科各系教授組織之

上項教授會會議關于各科各系內範圍內教授事宜

上項會議開會時以各科各系主任為主席

第四章　校長與教職員之任用及責任

第十一條　本大學~~設名譽校長一人推舉現任省長~~〔以本大學發起人任之〕〔本大學〕設校長一人由教授會推選二人交由校董會選擇一人聘任之但在校董會未成立以前暫由本大學籌備處呈請省長任命

第十二條　本大學校長之責任列舉如左

（一）綜理校内一切行政事宜
（二）执行校董会一切議决事項
（三）任免校内各職員及僱用各人員
（四）為評議会主席
（五）為校董会校董
（六）其他屬于校長权責之散見于本大綱各条者

第十六條 本大学各科各設科主任一人即由各該科教授互選之除担任通常教授職务外具有左列各責任
（一）為該科教授会之主席
（二）代表該科為評議会会員
（三）执行該科教授會議决事件
（四）編訂該科預算案提交評議会審定
（五）主持該科研究学術上之組織及設備

(六)其他責任之散見于本大綱各條者

第十八條 本大學各系各設系主任一人由各該系教授互選之除担任通常教授職务外具有左列各責任

(一)為該系教授会之主席

(二)執行該系教授会議決事件

(三)編訂該系預算案提交於該科教授会

(四)主持該系研究学術上之組織及設備

(五)其他責任之散見于本大綱各條者

第十九條 本大學各科各系設教授若干员分任教授事务由校長延聘之但具有左列资格之一者始得聘用

(一)曾在外國大學畢業者

(二)曾在本國大學本科畢業者

（三）有精深著述经本大学教授会评定認可者

（四）外國著名学者

第二十(十九)條　本大学於必要時得设讲师及助教由校長延聘之

第二十條　本大学设秘書長一員由校長委任之其責任列舉如左

（一）輔助校長處理校内一切事务

（二）撰擬一切重要文件

（三）核定通常文件及一切纪録

（四）典守校印及校章

（五）督飭所属人员编订及保管校内一切文件

（六）逐日登記校务及编制校曆

（七）编製本学校统計

第二十一條　本大学设会计長一員由校長委任之其

責任列舉如左
(一)編製校內預算決算表冊
(二)校內經費之保管及出納
(三)校款之存儲及支取(但須得校長之許可及會計員之
同意共同署名蓋章)
第二十二條　本大學設庶務長一員由校長委任之
其責任列舉如左
(一)處理關于校內建築修繕設備及一切清潔整理
事項
(二)校內一切器具之添置保管及修繕
(三)校內司事校役之督率及關于勤惰之考查賞罰
第二十三條　本大學設圖書長一員由校長委任之
其責任列舉如左
(一)校內圖書之徵集購備及部署儲藏

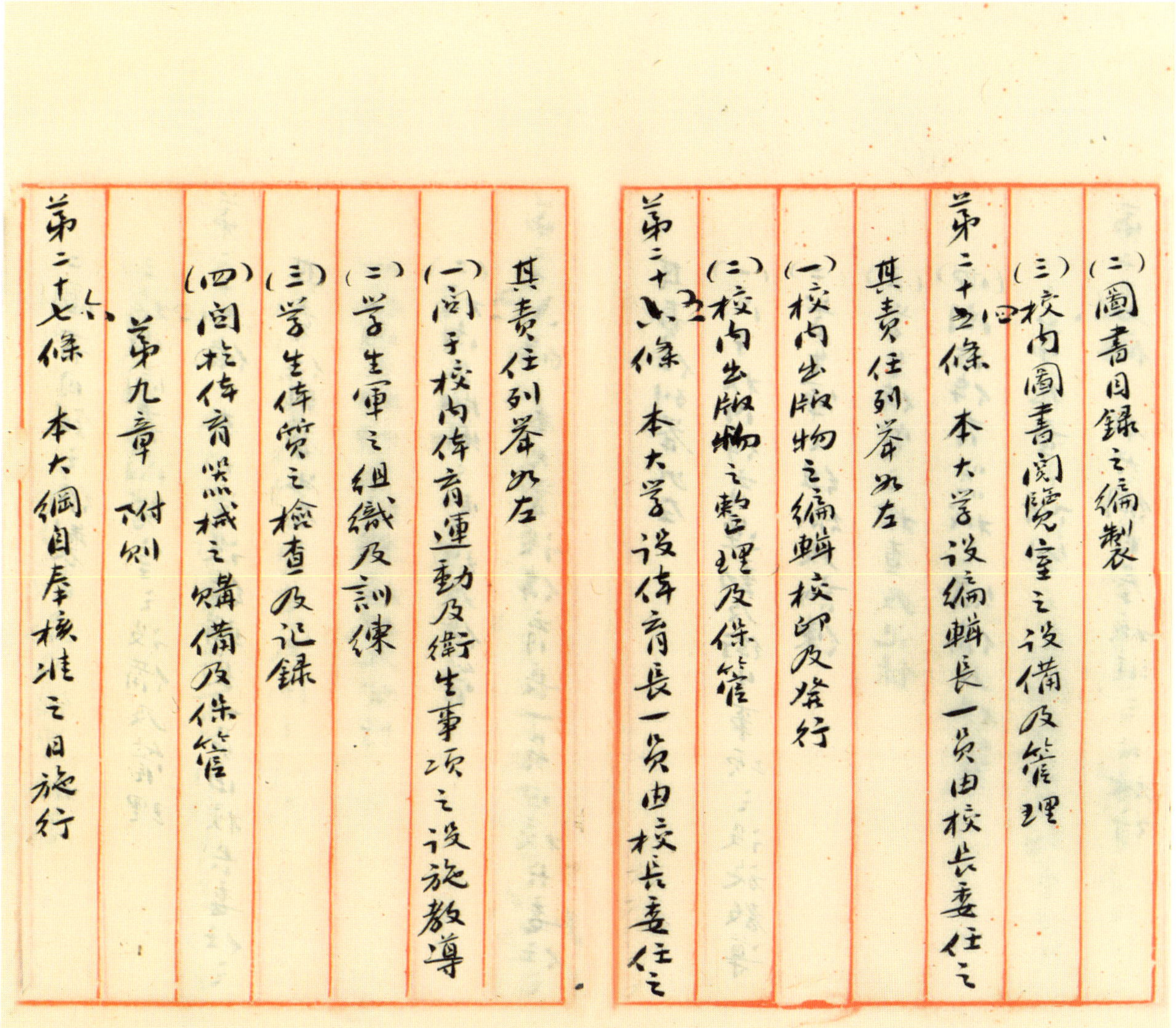

（二）圖書目錄之編製

（三）校內圖書閱覽室之設備及管理

第二十五（四）條　本大學設編輯長一員由校長委任之

其責任列舉如左

（一）校內出版物之編輯校印及發行

（二）校內出版物之整理及保管

第二十六（五）條　本大學設体育長一員由校長委任之

其責任列舉如左

（一）關于校內体育運動及衛生事項之設施教導

（二）學生軍之組織及訓練

（三）學生体質之檢查及記錄

（四）關於体育器械之購備及保管

第九章　附則

第二十七（六）條　本大綱自奉核准之日施行

第二十七條　本大綱修改之手續須經評議會四分三以上之出席三分二以上之通過再交由校董會認可

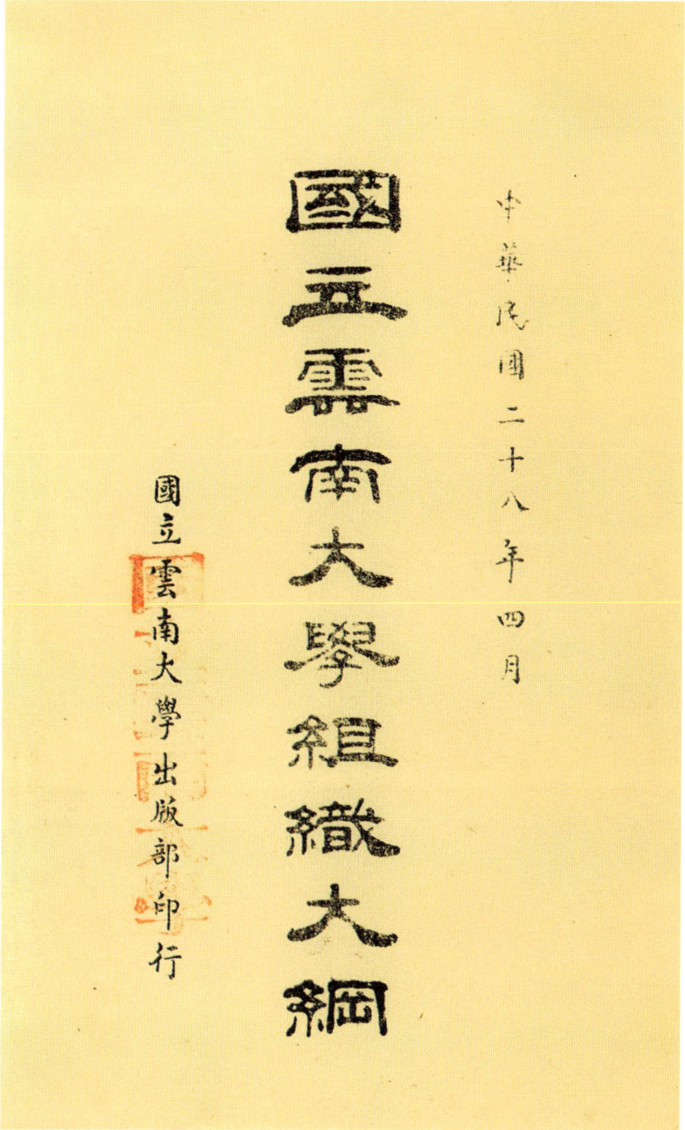
中華民國二十八年四月

國立雲南大學組織大綱

國立雲南大學出版部印行

1939年4月印行的《国立云南大学组织大纲》，规定了院系、组织、会议等内容。

國立雲南大學組織大綱 二十八年三月二十四日呈准備案

第一章　總綱

第一條　本大學直轄於教育部。

第二條　本大學根據中華民國教育宗旨，以研究高深學術，造就專門人材為宗旨。

第二章　院系

第三條　本大學設文法學院、理學院、工學院、醫學院、農學院，其分屬之學系如左：

(一)文法學院：文史學系、法律學系、政治經濟學系。

(二)理學院：算學系、理化學系、生物學系。

(三)工學院：土木工程學系、鑛冶工程學系。

(四)醫學院：不分系別。

(五)農學院：先設農場。

第四條　本大學得設研究院及研究所。

第五條　本大學設附屬中學一校。

第三章　組織

第六條　本大學設校長一人，總理校務，由國民政府任命之。

第七條　本大學各學院各設院長一人，由校長聘任之，商承校長會同教務長處理各該院院務。

第八條　本大學各學系各設主任一人，由院長商請校長聘任之，商承校長及各本院院長，處理各該系系務。

第九條　本大學各學系設教授副教授教員助教及講師（兼任）若干人，均由

一

院長系主任商請校長聘任之。

第十條　本大學設教務處，置教務長一人，由校長聘任之，商承校長處理全校教務。

第十一條　本大學教務處設註冊部、體育部、軍事訓練部、圖書館，各置主任一人，由校長分別聘任之，商承校長教務長，分掌各該部館事務。

第十二條　本大學設訓導處，置主任導師一人，由校長聘任之，商承校長領導全體導師處理大學全部訓導事宜。

第十三條　本大學設秘書處，置秘書長一人，由校長聘任之，商承校長之命，處理文書、庶務、出納、齋務事宜。

第十四條　本大學設秘書處，設文書、庶務、出納、齋務四課，各置主任一人，由校長分別聘任之，商承校長秘書長，分掌各該課事務。

二

第十五條　本大學設會計室，其組織依主計處之規定行之。

第十六條　本大學於各部課館主任之下，分別酌設職員若干人，由校長分別委任之。

第四章　會議

第十七條　本大學設校務會議，以校長教務長秘書長主任導師各學院院長、各學系主任、會計主任，及教授副教授代表若干人組織之。教授代表選舉規則及校務會議規則另訂之。

第十八條　校務會議，依大學組織法第十六條之規定，審議左列事項。

（一）本大學預算。

（二）本大學各學院系之設立及廢止。

（三）本大學課程。

(四) 本大學內部各種規則。

(五) 關於學生試驗事項。

(六) 關於學生訓育事項。

(七) 校長交議事項。

第十九條 各學院設院務會議，由各學院院長系主任教授及副教授組織之、院長為主席，計劃本院學術設備事項、審議本院一切進行事宜。

第二十條 本校設訓導會議，由校長各院院長教務長主任導師全體導師體育主任軍事主任教官組織之。每月舉行會議一次、以校長為主席、審議一切訓導事宜。

第廿一條 各學系設系務會議，由系主任及各系教授副教授講師組織之、系主任為主席，計劃本系學術設備及課程編製事項。

第廿二條 各項會議規則另訂之。

三

第五章 委員會

第廿三條 本大學設左列各種委員會，其委員由校長提經校務會議通過後聘任之。

(一) 課外作業指導委員會

(二) 招生委員會

(三) 編輯委員會

(四) 建築委員會

(五) 獎學基金委員會

(六) 獎助學金及公費免費學額審查委員會

(七) 其他委員會

第卄四條　委員會議決事項，由各委員會報告校務會議，或建議於校長，分別通過施行。

第卄五條　各委員會組織規則另訂之。

第六章　附則

第卄六條　本大學學則及課程另訂之。

第卄七條　本大綱呈請　教育部核准後施行。

第卄八條　本大綱如有未盡事宜，得經校務會議議決修正，呈請　教育部核准備案。

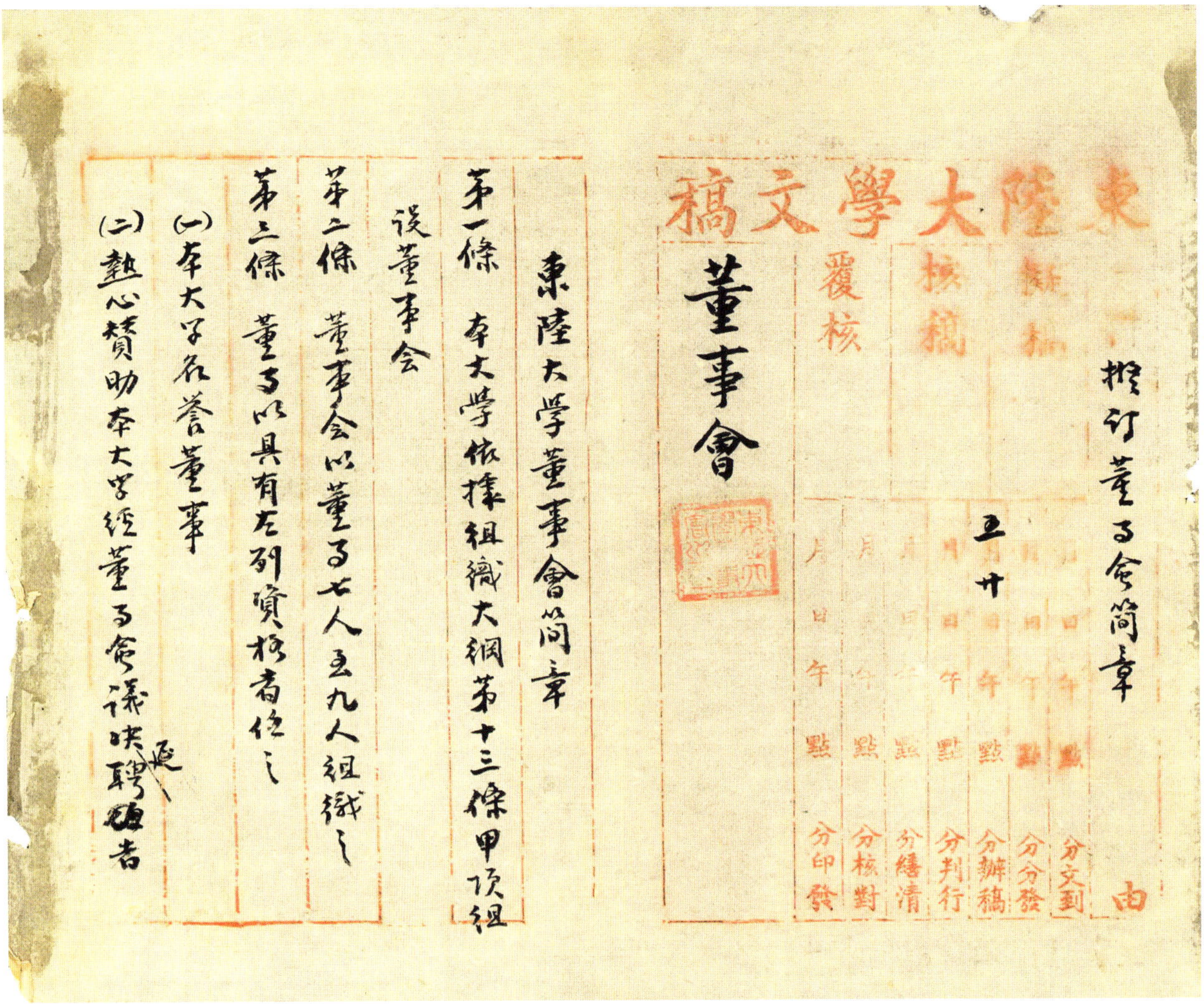
東陸大學文稿

由 擬訂董事會簡章

擬稿 核稿 覆核

董事會

分文到 月 日 午 點
分分發 月 日 午 點
分辦稿 十三 月 日 午 點
分判行 月 日 午 點
分繕清 月 日 午 點
分核對 月 日 午 點
分印發 月 日 午 點

東陸大學董事會簡章

第一條 本大學依據組織大綱第十三條甲項組設董事會

第二條 董事會以董事七人至九人組織之

第三條 董事以具有左列資格者任之

(一)本大學名譽董事

(二)熱心贊助本大學經董事會議決聘請者

1922年的《东陆大学组织大纲》中规定，本大学行政管理体制为董事会下的校长负责制。1922年，学校第一届董事会成立，唐继尧任董事长；1927年，第二届董事会成立，龙云任董事长；1928年，第三届董事会成立，龙云继续担任董事长。

图为《东陆大学董事会简章》，规定了人数、资格、职权等内容。

(三)捐助巨資經董事會議決延聘任者

(四)現任校長

(五)前二任校長

(六)由校友會選出者

(七)由本校畢業生中選出者

第四條　董事會之職權如左

(一)為本大學設立之代表

(二)本大學財產之保管及處分

(三)本大學之維持及擴張

(四)籌措經費及預決算案之審察

(五)經常開支之審計

(六)對於本大學內部之爭議為最後之評判

(七)選任校長

(八)關於本大學各種重要問題經校長提請

審議者

第五條　本會就董事中公推一人為董事長執行會務

遇董事長因故不能執行會務時得由董事互選一人為常務董事代行其職權

第六條　本會每半年開常會一次遇必要時經董事長召集或董事三人以上之提議得開臨時會

第七條　本會議決事項由本會董事或分由校長分別執行之

第八條　本會之議細則另訂之

第九條　本簡章有未盡事宜得隨時議決修改

第十條　本簡章自議決之日實行

1928年9月，第三届董事会成立大会后，龙云、王九龄、陈钧、董泽等与师生合影。

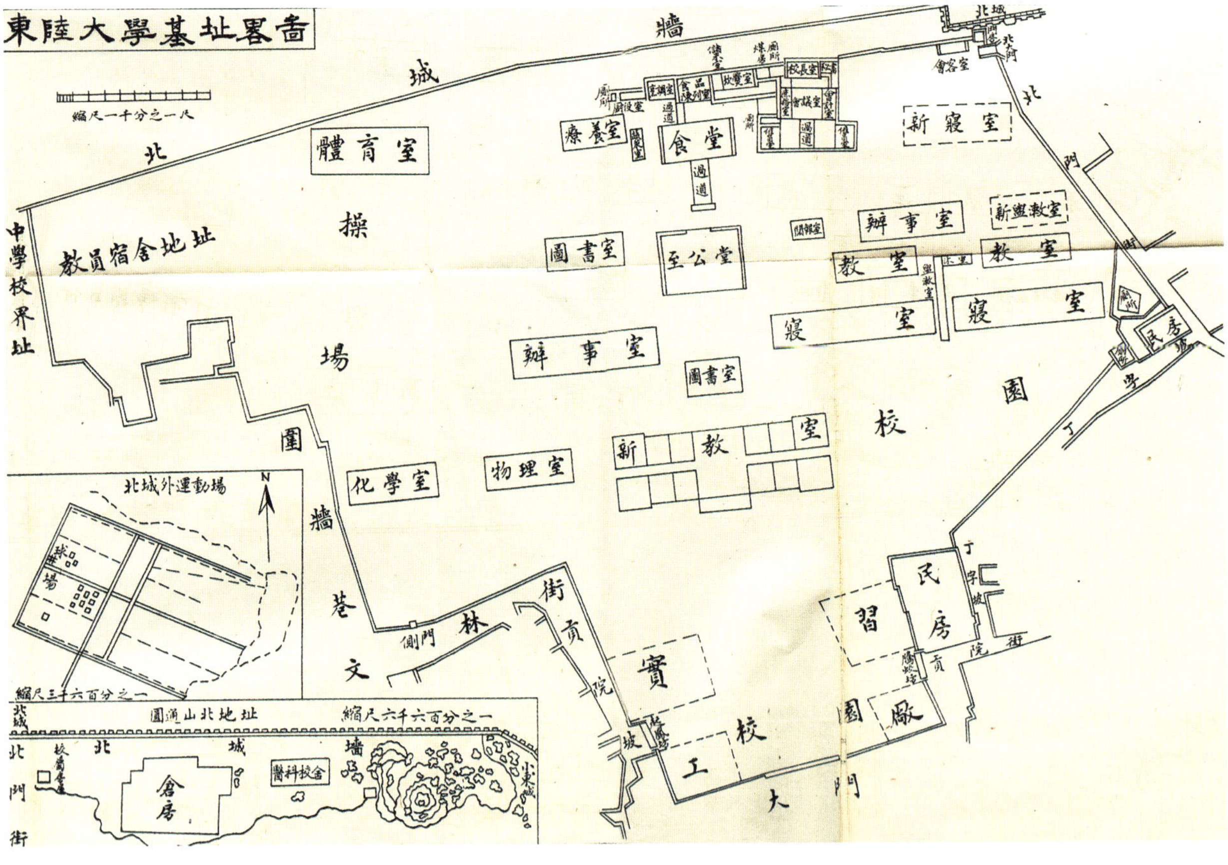

私立东陆大学校址平面图。

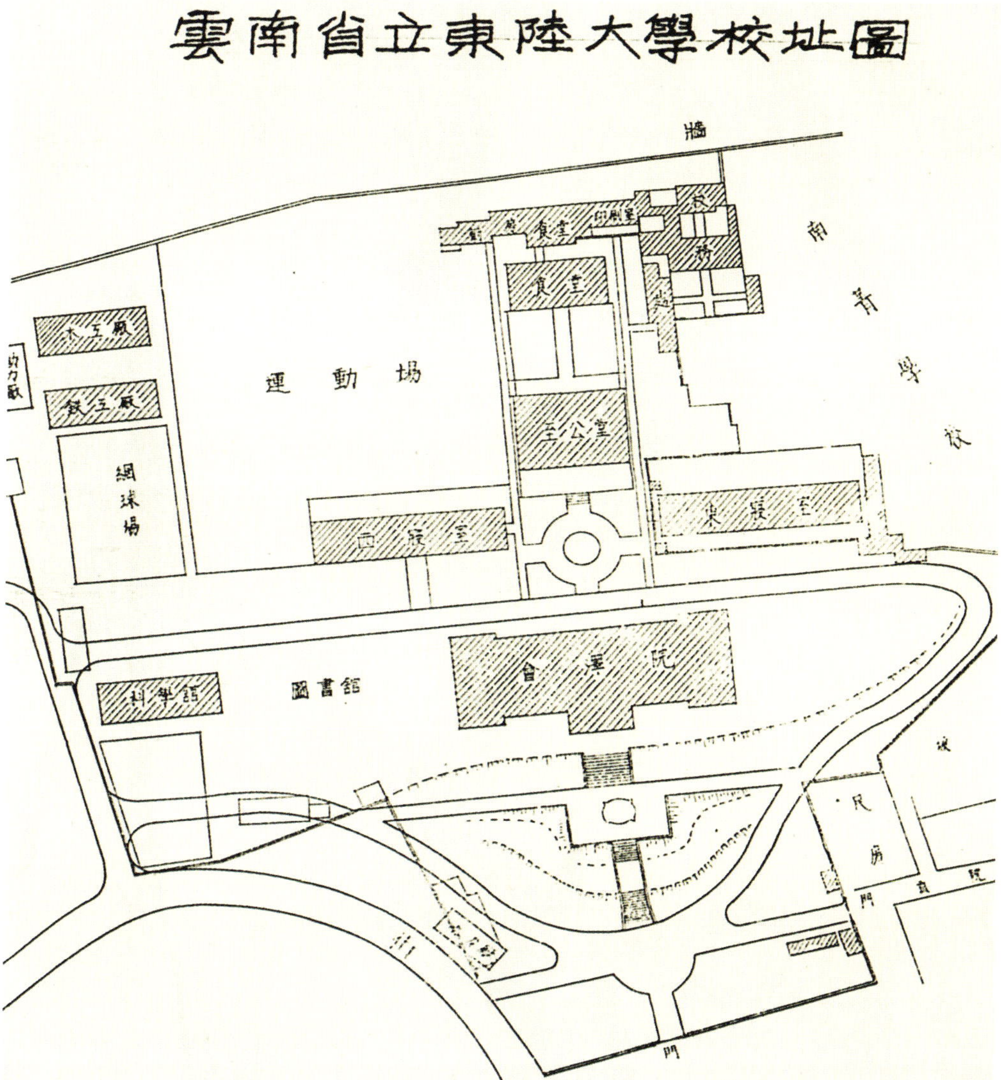

省立东陆大学校址平面图。

省立云南大学校址平面图。

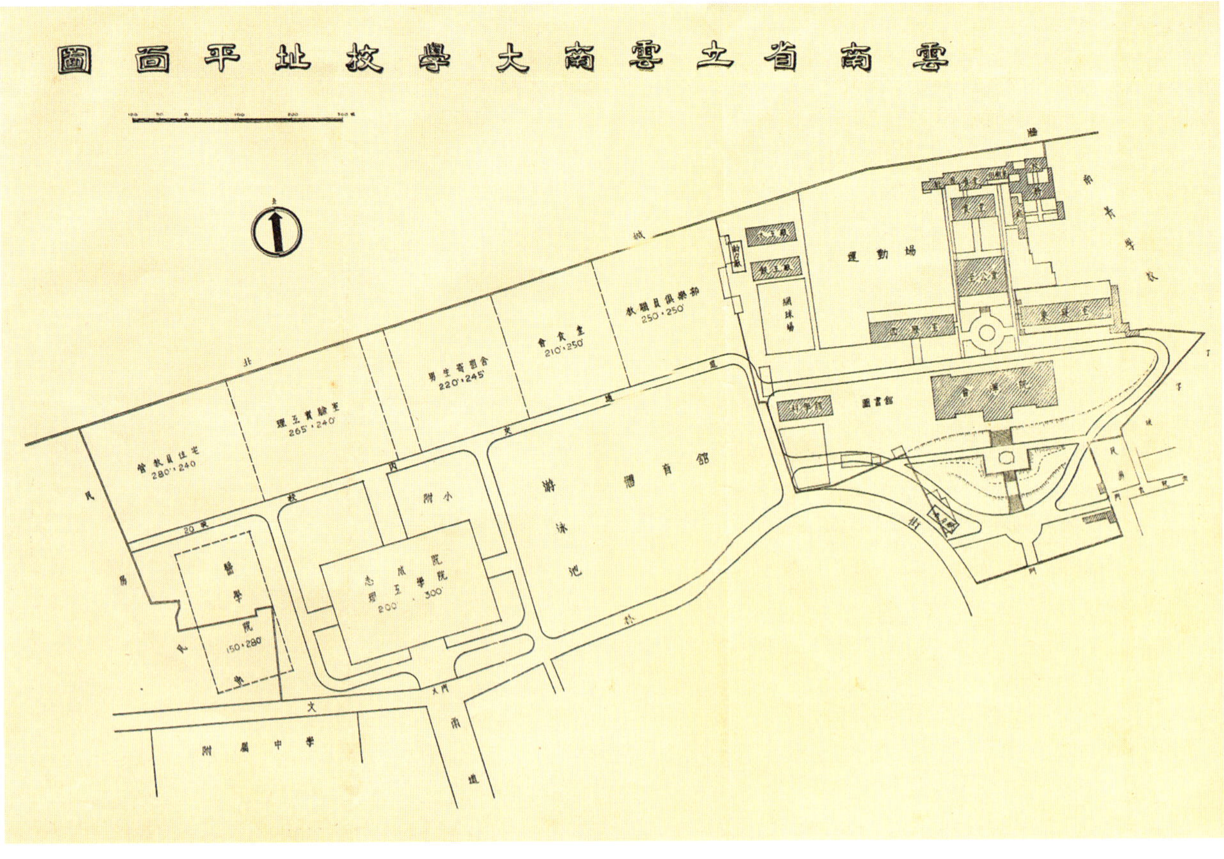

国立云南大学校址平面图。

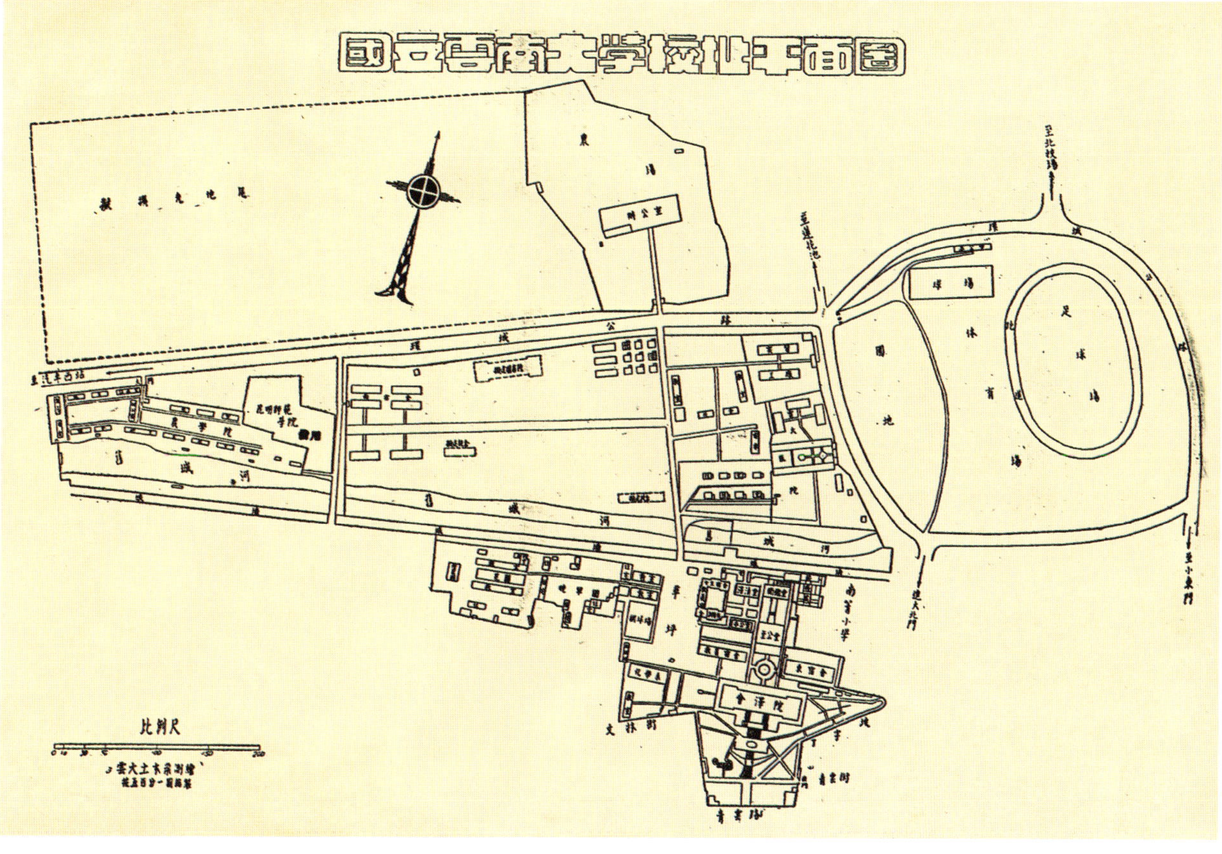

后记

每当走进档案库房，打开尘封多年的案卷，翻阅早已泛黄的历史档案，总是想起韦尔德女士的那段话。她说：『档案工作者沿着被时代磨损的文件，点亮了真理的火炬。这些文件好比古代羊皮纸卷上无数的金字，照亮了一切失去光泽的过去。』诗一般的语言，深刻地揭示了档案的价值与功能。

档案以其直接记录性特征而成为原始文献，受到世人的尊重。以档证史是一种最基本也是最重要的治史方法，并已成为史学传统，从太史公到今日众多史家无不这样实践，从而成就了难以计数的史学名著，为恢复和保存历史原貌发挥了不可替代的作用。档案又因其原生性、多样性和渗透性等特征，创造和丰富了人类的文化；而档案文化亦成为一种独特的历史现象，且积淀为十分丰厚的文化资源，中国第一历史档案馆所藏明清档案超过千万件，第二历史档案馆馆藏民国档案达二百二十余万卷，云南省档案馆馆藏量也在百万以上。

云南大学始建于1922年，1923年招生育才。原名私立东陆大学，由当时的云南省长唐继尧出资建立。其早期又经历了省立东陆大学、省立云南大学、1938年改为国立云南大学。由初创、发展到辉煌，实现了从边疆走向世界的夙愿，成为在世界上有些影响的中国著名大学。若以1949年为一个时间节点，云大早期历史还不到30年的时间，但它奠定了学基，创造了传统，且曾经达到了一个令人赞叹的历史高度。人们一直在追忆往昔的岁月，叙述当年的故事，日积月累，大学的文化也就更为丰富。在庆祝我们的母校90华诞之际编印这部《云大老档案》，是希望读者与编者一起回到原始文本，进而走入「历史现场」，更直观更真切地体验和感受那段永恒的岁月。我们以历史档案为重点，同时选择了部分老旧照片、校园碑匾、报刊杂志和图书资料编入其中。编排中又以历史进程为主线，串联起师资建设、人才培养、学术研究、运行规划及社会交往等重要内容，系统建构，立体展示。在编校及作简释的过程中，我们深切地感受到档案中不仅有真实而丰富的历史，还有深刻的思想和智慧。我们一直在努力探求学校的育人之道及学子们的成长之路，而读一读创办人唐老省长为东陆定下的「自尊、致知、正义、力行」的八字校训，或许会发现「道」即在「训」中。龙云为将云大由省立改国立，积极创造条件，亲自致函最高当局，并提出「国家兴学育才所贵平衡发展」的理念。熊庆来就任校长之初即提出并实施治校五举措，在纪念建校27周年又撰文提出「夫大学之重要，不在其存在，而在其学术的生命与精神」的观点。在礼聘国学大师刘文典的信函中，熊庆来又提出「欲于学术之讲求，开一新风气，必赖大师；有大师而未能久，则影响亦必不深」的著名论断。可见，档案不仅可以「证史」，更可以「启思」。

本书的出版得到云南省档案馆及学校档案馆、图书馆、出版社等单位的大力支持和帮助，一些校友也为我们提供了照片和资料，共同努力玉成此书。在此深表谢意。

张昌山谨记

二〇一三年四月

图书在版编目（CIP）数据

云大老档案 / 张昌山主编. —昆明：云南大学出版社，2013
（云南大学历史文化丛书 / 刘绍怀，何天淳主编）
ISBN 978-7-5482-1499-1

Ⅰ. ①云… Ⅱ. ①张… Ⅲ. ①云南大学—校史 Ⅳ. ①G649.287.41

中国版本图书馆CIP数据核字（2013）第066918号

责任编辑：石　可
责任校对：刘　焰
整体设计：刘　雨
电脑制作：刘文娟
夏雪梅
刘　雨
周　旸

云南大学历史文化丛书

主编　刘绍怀　何天淳

云大老档案

本册主编　张昌山

出版发行：云南大学出版社
制　　版：昆明凡影图文艺术有限公司
印　　装：昆明富新春彩色印务有限公司
开　　本：880mm×1230mm　1/16
印　　张：11.5
字　　数：200千
版　　次：2013年4月第1版
印　　次：2013年4月第1次印刷
书　　号：ISBN 978-7-5482-1499-1
定　　价：138.00元

社　　址：昆明市翠湖北路2号云南大学英华园内
邮　　编：650091
电　　话：（0871）65033244　65031071
网　　址：http://www. ynup. com
E-mail：market@ynup. com